西方美学
通识课

凌继尧 著

中共中央党校出版社

图书在版编目（CIP）数据

西方美学通识课 / 凌继尧著. -- 北京：中共中央党校出版社，2021.6
（新时代领导干部通识读物）
ISBN 978-7-5035-7126-8

Ⅰ. ①西… Ⅱ. ①凌… Ⅲ. ①美学史—西方国家—干部教育—学习参考资料 Ⅳ. ① B83-095

中国版本图书馆 CIP 数据核字（2021）第 102625 号

西方美学通识课

责任编辑 蔡锐华　王美丽
版式设计 张　敏
责任印制 陈梦楠
责任校对 李素英
出版发行 中共中央党校出版社
地　　址 北京市海淀区长春桥路 6 号
电　　话 （010）68922815（总编室）（010）68922233（发行部）
传　　真 （010）68922814
经　　销 全国新华书店
印　　刷 北京文昌阁彩色印刷有限责任公司
开　　本 710 毫米 ×1000 毫米　1/16
字　　数 273 千字
印　　张 20.5
版　　次 2021 年 6 月第 1 版　2021 年 6 月第 1 次印刷
定　　价 59.80 元

网　　址： www.dxcbs.net　　**邮　　箱：** zydxcbs2018@163.com
微 信 ID： 中共中央党校出版社　**新浪微博：** @党校出版社

总 序

领导干部要有通识通学通才

得知中共中央党校出版社准备出版一套领导干部通识教育读物，深受鼓舞。这一套系列丛书，涵盖文学、历史、哲学、经济、政治、军事、管理、科学、艺术等各个主要学科领域。它们将能丰富我们的知识，拓宽我们的眼界，推动我们的思维认知、选择决策，延伸发展我们的执政能力、教化能力、全面深化改革能力，优化领导干部素质，提高领导干部的境界和威信。

为了完成党领导全国各族人民，统揽伟大斗争、伟大工程、伟大事业、伟大梦想，推动中国特色社会主义伟大事业的历史使命，我们的领导干部，不但必须掌握既有的专门学科知识与技能，更要具备统揽大局、统筹全局的通识通学通才。

新中国成立前夕，在毛泽东提议下，党中央重新编审了一套 12 本干部要学习的马列主义著作，毛泽东专门把这套书定名为“干部必读”。这 12 本“干部必读”，也是一套马列主义著作的通识课，许多老同志至今对此记忆犹新，感奋不已。改革开放初期，邓小平提出了实现干部队伍革命化、年轻化、知识化、专业化的战略方针。其中的知识化，既包括了专业教育，也包括了通识教育、通才教育。习近平总书记十分重视对领导干部的本领和能力的培养教育，他提出“领导干部要爱读书读好书善读书”，领导干部要增强“八大本领”，年轻干部要提升“七种能力”。习近平总书记强调，经济、政治、历史、文化、社会、科技、军事、外交等方面的知识，领导干部要结合工作需要来学习，不断提高自己的知识化、专业化水平。要坚持干什么学什么、缺什么补什么，有针对性地学习掌握做好领导工作、履行岗位职责所必备的各种知识，努力使自己真正成为行家里手、内行领导。这样才能成为一个复合型领导干部，也就是一个通才。

作为复合型领导干部，还要善于汲取世界先进文明成果。文明因多样而交流，因交流而互鉴，因互鉴而发展。马克思主义和社会主义思想传入中国，再到改革开放以来全方位对外开放，中华文明始终在兼收并蓄中历久弥新。我们只有张开双臂拥抱世界，才能不断扩大对外开放，社会主义市场经济才能取得高质量发展。

孔子提出了“君子不器”的观点，就是说，君子的使命感责任感在于修齐治平，大任在于家国天下，不能仅仅满足于技能性操作，更要把握天命天道，以及多方面的追求规范，用今天的话来说，就是要把握历史的发展规律，要树立正确的“三观”与科学的价值体系，从而更好、更全面地推动中国的进步与发展。

我们常说，博观约取，厚积薄发。通识教育就是一个“博观”“厚积”的过程，这个过程做扎实了，就能“约取”“薄发”。领导干部要做到通识，要融会贯通多学科、跨学科与人民历史性实践的方方面面的文明成果。这样一个成果的获得，也正是马克思提出的实现人的全面发展的理想在中国特色社会主义现代化中的体现。经过摸索探寻研讨总结，希望这套丛书的出版能有助于领导干部自我教育的努力，有利于我们的干部通识教育的发展与完善。

王蒙，著名作家、学者，曾任文化部部长，2019 年 9 月被授予“人民艺术家”国家荣誉称号。

目 录

第一讲　早期希腊美学和苏格拉底　/ 001

一、弦长比例和宇宙和谐　/ 003

二、“认识你自己”　/ 009

第二讲　柏拉图　/ 019

一、“什么是美”和“什么东西是美的”　/ 021

二、美是理式　/ 024

三、宇宙学美学　/ 028

四、艺术灵感　/ 029

五、柏拉图美学的影响　/ 032

第三讲　亚里士多德　/ 035

一、“吾爱吾师，吾更爱真理”　/ 037

二、从马其顿王宫到吕克昂学园　/ 041

三、对《俄狄浦斯》的阐释　/ 047

第四讲　希腊化时期和罗马早期的哲学美学　/ 051

一、希腊化时期的艺术和美学风貌　/ 053

二、美在于适度和比例　/ 057

三、宁静的审美体验　/ 063

第五讲　罗马文艺美学　/ 069

一、罗马文化的若干特点　/ 070
二、罗马的拉丁古典主义的奠基者　/ 075
三、作为审美范畴的崇高　/ 081

第六讲　普洛丁　/ 089

一、太一、理智和世界灵魂　/ 090
二、美的等级结构　/ 092
三、审美上升历程　/ 094
四、普洛丁美学的影响　/ 095

第七讲　中世纪美学　/ 099

一、绝对美、绝对真、绝对善的三位一体　/ 101
二、美的三要素说　/ 111
三、经院美学的形象化　/ 120

第八讲　文艺复兴美学　/ 125

一、中世纪和文艺复兴　/ 126
二、美与和谐　/ 130
三、“绘画科学”　/ 134

第九讲　法国新古典主义　/ 141

一、“他杀死了诗！”　/ 143
二、新古典主义戏剧的创始人　/ 147

三、文学的《古兰经》 / 151

第十讲 英国经验主义 / 157

一、美不在物而在心 / 159
二、崇高和美的根源 / 164

第十一讲 法国启蒙运动 / 173

一、关于“趣味无可争论” / 174
二、反对艺术成为“装饰铁链的花带” / 178
三、原初的自然和贵族文明浸润的自然 / 181

第十二讲 德国启蒙运动 / 189

一、“美学的教父” / 190
二、高贵的单纯和静穆的伟大 / 195
三、画与诗的界限 / 200

第十三讲 维柯和意大利美学 / 209

一、巴洛克和新古典主义 / 210
二、“新美学之父” / 214

第十四讲 康德 / 221

一、“全部哲学的入门” / 224
二、美的分析 / 229
三、崇高的分析 / 237

第十五讲　歌德和席勒　/ 243

一、“在特殊中显出一般”　/ 244

二、提出“美育”术语的第一人　/ 251

第十六讲　黑格尔　/ 263

一、美学作为绝对精神学说的一部分　/ 264

二、美是理念的感性显现　/ 268

三、象征型、古典型和浪漫型　/ 271

四、艺术世界的构成　/ 276

五、对《安提戈涅》的阐释　/ 279

第十七讲　叔本华和尼采　/ 283

一、“独特的哲学诗篇”　/ 284

二、日神精神和酒神精神　/ 290

第十八讲　俄国革命民主主义者　/ 299

一、“寓于形象的思维”　/ 300

二、“美是生活”　/ 307

后　记　/ 315

第一讲
早期希腊美学和苏格拉底

希腊美学指公元前 6 —前 4 世纪希腊人的美学，历时 200 年，它与希腊城邦的诞生和繁荣同步。希腊从原始社会进入奴隶社会后，出现了城邦。城邦指拥有一个城市以及周围不大的一片乡村区域的独立主权国家。每个城邦有自己的法律、议事会、执政官、法庭和军队。希腊不是一个统一的国家，而是由数以百计的、独立的“蕞尔小邦”组成的联合体。希腊最强大的城邦是雅典和斯巴达。希腊美学分为三个时期：早期、过渡期和鼎盛期。早期希腊美学形成于公元前 6 世纪—前 5 世纪中期，过渡期以苏格拉底为代表，鼎盛期在柏拉图和亚里士多德那里达到希腊美学的高峰。

在世界民族之林中，希腊民族并不是最古老的民族，然而，它是历史的宠儿。它在古代创造的灿烂文化，成为西方文明的源头。它的瑰丽的文学艺术具有“永恒魅力”，“就某方面说还是一种规范和高不可及的范本”[①]。在它的哲学中，“几乎可以发现以后的所有看法的胚胎、萌芽”[②]。这种论述同样适用于希腊美学。

与现代希腊相比，古代希腊的面积要大得多。它以希腊半岛为中心，包括爱琴海诸岛、小亚细亚西部沿海、爱奥尼亚群岛以及意大利南部和西西里岛的殖民地。希腊文明是海洋文明。希腊多山环海，岛屿密布，海岸绵长，航海条件良好。同时，希腊地势崎岖不平，平原少，土地贫瘠，只适合种植葡萄和橄榄，不适合种植粮食作物，希腊人只有通过海外贸易才能维持自己的生存和发展。

---

① 《马克思恩格斯选集》第 2 卷，人民出版社 2012 年版，第 711 页。
② 《马克思恩格斯选集》第 3 卷，人民出版社 2012 年版，第 877 页。

一、弦长比例和宇宙和谐

早期希腊美学的代表人物有毕达哥拉斯、赫拉克利特、恩培多克勒和德谟克利特等，他们研究的主要对象是人的自然环境和宇宙，寻找自然本原是他们共同的特点。毕达哥拉斯（前 580 至前 570 —约前 500）出生于小亚细亚沿岸希腊人建立的殖民城邦萨摩斯岛，他和他的弟子形成的学派被称为毕达哥拉斯学派。

传说有一次毕达哥拉斯路过一家铁匠铺，听到大小不同的 5 个铁锤打击铁砧发出叮叮当当的声音很有节奏，像是一支悦耳的乐曲。他不觉停止了脚步，若有所思地端详着这些铁锤，并让人称了一下，它们的重量符合一定的比例：6∶12=1∶2，6∶9=2∶3，6∶8 和 9∶12=3∶4。毕达哥拉斯豁然开朗，匆匆赶回家又做了一些实验，他发现弦长成一定比例时能发出和谐的声音。于是他得出结论，音乐的和谐是由数的比例造成的。毕达哥拉斯和他的学派认为这种和谐就是美，而弦上的节奏就是横贯全部宇宙的和谐的象征。

（一）数本原说

如果用最简单的语言来概括毕达哥拉斯学派美学的内容的话，那就是数的和谐。希腊原始社会进入奴隶社会后，哲学家们开始用自己的思维结构来代替原始社会的意识形态——神话。随着生产的发展和智力的增强，希腊原始人开始懂得进行概括。比如，起先他们根据自己每天不同的感觉来认识太阳，认为每天的太阳都是新的，有多少个白天就有多少个太阳。后来他们逐渐懂得，尽管他们每天对太阳的感觉不同，然而太阳是同样的，它只有一个。在希腊语中，“神话”的含义是“词语”，希腊神话是关于神的词语，希腊人用词语称呼周围的事物，就是在进行某种概括。希腊诸神是人格化的自然物或自然力量。众神之首宙斯是雷电之神，波塞冬是海洋神，哈得斯是冥神，阿波罗是太阳神等。众神住在希腊最高的奥林匹斯山上。他们长生不老，支配着自然力量，主宰着人间祸福。然而，他们有道德缺陷，和人一样有虚荣心、妒忌心和复仇心，贪图享受，争权夺利，也常常偷情。

早期希腊美学不是神话，但是在概括这一点上它和神话有共同性。早期希腊美学家是自然哲学家，他们普遍企图寻找一种统摄世界万物的原则或元素，以便认识和掌握它们。在当时的经济生活中，随着产品交换的产生，数的作用得到增强。毕达哥拉斯学派大多是数学家，把数当作万物的本原与他们对数的崇拜和神化有关。

数怎样成为万物的本原呢？毕达哥拉斯学派认为，由一产生二，由一和二产生出各种数目。一是点，二是线，三是面，四是体，从体产生出一切形体。毕达哥拉斯学派的数本原说是对世界做出的形而上的、哲学的解释，这是它的积极意义。毕达哥拉斯是第一个使用“哲学”（原意为“爱智”）这个术语的人。然而，数本原说也有它的局限性。它带有神秘色彩，和神话很接近。毕达哥拉斯学派直接宣称数是神，神首先是数。现在刚入小学的学生都知道，前4位数1、2、3、4相加等于10，而这个发现却使毕达哥拉斯学派惊讶不已，那毕竟是2500年前。毕达哥拉斯学派把10看作玄之又玄的、完美的数。所以，数本原说对世界的解释还是神话学的和宗教的。

毕达哥拉斯学派用数的和谐来解释宇宙的构成，创立了宇宙美学理论。宇宙的原意是“秩序”。在希腊美学中，宇宙是最重要的审美对象。在某些意义上可以说早期希腊美学就是宇宙美学或宇宙学美学。毕达哥拉斯学派宇宙学美学理论把数学、音乐和天文学结合起来，其主要内容是：数是宇宙的本原，宇宙内的各个天体处在数的和谐中。太阳和地球的距离是月亮和地球的距离的两倍，金星和地球的距离是月亮和地球的距离的三倍。每个个别的天体也都处在一定的比率中。天体的运行是和谐的，距离越大的天体运动越快，并发出高昂的音调；距离越小的天体运动越慢，并发出浑厚的音调。和距离成比率的音调组成和谐的声音，这就是宇宙谐音。可以听到、可以看到、可以触摸的宇宙，总之，具体可感的宇宙是最高的美。对宇宙美的观照是希腊美学的一个重要特点。希腊思维（无论是唯物主义还是唯心主义）具有静观性，因为它认可现有的存在，而不要求对存在作根本的改造。

毕达哥拉斯学派的数不仅具有本体论和认识论意义，而且具有审美意义。从他们对数的理解中，产生出希腊美学一个极其重要的特征，那就是造型性。在毕达哥拉斯学派看来，一切事物的形状都具有几何结构，几何结构则与数字相对应：世界生成过程是由点产生出线，由线产生出面，由面产生出体，从体产生出可感形体。“可以直接地说，在希腊没有一种文化领域不以某种程度表现出这种造型性。”[①] 连数学和天文学这样的学科，在希腊人那里也具有明显的形体性。希腊数学几乎总是几何学，尤其是立体几何学。

（二）艺术中的比例

毕达哥拉斯学派对美学的另一贡献是从和谐的比例的角度，探讨了现代含义上的艺术问题。和谐的比例的审美本质在于，它说明了部分和整体以及统一的整体中部分与部分之间的关系。在这种关系中，一个部分和其他部分尽管有差异，但是它们仍然保持着统一的结构。西方艺术史早就确定，希腊雕像中的肚脐眼是按照黄金分割的规律划分人的整个身高的一个点。黄金分割指这样的比例：把一条线分成两段，长的一段和整条线之比等于短的一段和长的一段之比。就一个人的整个身高而言，从肚脐眼到脚底是下段，从肚脐眼到头顶是上段。身高与下段之比，等于下段与上段之比。就上段而言，从肚脐眼到颈是长段，从颈到头顶是短段。上段与长段

① ［苏联］洛谢夫：《希腊罗马美学史》第 1 卷，莫斯科 1963 年版，第 50 页。

之比，等于长段与短段之比。仅就下段而言，膝是黄金分割的一个点。黄金分割的理论据说是由毕达哥拉斯学派提出来的，然后在柏拉图那里得到运用。

文艺复兴时期这种“神的比例”正是以毕达哥拉斯和柏拉图的面貌出现的。对于毕达哥拉斯学派的比例学说，2 世纪怀疑论者塞克都斯·恩披里柯作过一个总的说明：“没有比例任何一门艺术都不会存在，而比例在于数中，因此，一切艺术都借助数而产生……于是，在雕塑中存在着某种比例，就像在绘画中一样；由于遵照比例，艺术作品获得正确的式样，它们的每一种因素都达到协调。一般说来，每门艺术都是由理解所组成的系统，这个系统是数。因此，‘一切模仿数’，也就是说，一切模仿与构成万物的数相同的判断理性，这种说法是恰当的。这就是毕达哥拉斯学派的主张。”①

公元前 5 世纪希腊著名的雕塑家和艺术理论家波利克里托写过关于雕像中数的比例的著作《法规》，他的雕像“持矛者”也被称作“法规”。《法规》之所以重要，因为它是早期希腊美学中罕见的纯艺术分析的范例。它仅仅从形式方面确定雕塑的结构，即整体和各部分之间的比例关系。而希腊美学在首次确定艺术结构时，实际上确定的是人体的结构。

波利克里托是当时唯一从自己的艺术实践中总结出艺术理论的人。有的研究者把他说成是毕达哥拉斯学派的门徒，即使这种说法有商榷的余地，然而可以肯定的是，波利克里托的理论和毕达哥拉斯学派的比例学说有着密切的关系，而且，流传下来的《法规》残篇和有关“法规”雕像的情况最早见诸毕达哥拉斯学派的记载。菲隆写道：“许多人在制作同样大小的工具时，利用同样的结构、同样的木材和数量相同、重量不变的铁，结果，他们制作的工具中有一些能被投掷得远，并且打击有力，而另一些则大为逊色。问其原因，他们不能回答。因此，为了将来能够回答，雕塑家波利克里托的名言是合适的：“‘（艺术作品的）成就产生于许多数的关系，而

---

① ［古希腊］恩披里柯：《驳数理学家》第 7 卷，第 106 节。

且，任何一个细枝末节都会破坏它。’”[①] 可见，同一门类的艺术虽然由同样的材料制成，然而形式（“许多数的关系”）上的细微差异会使它们产生迥然不同的效果。

波利克里托在《法规》中就论述了人体的各种比例关系。他按照自己的学说从事雕塑创作，十分注意手指和手指、手指和手掌、手掌和肘、肘和手臂的比例，以及各部分和整体的比例。波利克里托的法规就是毕达哥拉斯学派的数。希腊雕塑的特点是凝重、丰厚，具有特别强烈的体积感。另外，毕达哥拉斯学派对比例的强调并不是机械的、刻板的公式。他们特别看重的是比例关系中动态的韵律感，就像天体运动一样。波利克里托的“持矛者”姿态平稳放松，一只手握矛，另一只手下垂，身体重量由一条腿承担，另一条腿向后方斜放。在保持均衡美的同时，体现出一种韵律感。这种律动在米隆“掷铁饼者”的瞬间爆发力中尤其明显。

（三）毕达哥拉斯学派美学的影响

毕达哥拉斯学派关于数的学说虽然没有达到范畴的辩证法，但是已经达到数的辩证法，它在整个希腊罗马美学中起到重要作用，希腊罗马美学具有数学性。毕达哥拉斯学派的数作为确定边界的元素，是本体秩序的表述，它们使得造型性成为希腊美学的重要特征。18 世纪和 19 世纪上半叶西方学者多次论述了希腊美学的这种特征。雕塑是希腊艺术最杰出的成就。“在这里，雕塑不仅仅被看作为一种特殊的艺术，而且被看作为希腊艺术、文学、哲学和科学各个领域中创造艺术形象的共同方法。”[②]

由于把世界及其万物看作明确的几何形体，因此，与几何形体的结构有关的审美原则在希腊美学中占有特别重要的地位。这些审美原则包括对称、比例、尺度、和谐、均等、秩序等。毕达哥拉斯学派认为身体的美在

---

① ［德］第尔斯编、克兰茨修订：《苏格拉底以前的哲学家残篇》第 40 章 B 部分第 2 则残篇。
② ［苏联］洛谢夫：《希腊罗马美学史》第 1 卷，莫斯科 1963 年版，第 50 页。

于各部分的对称。希腊雕塑和神庙采用明显的对称形式，作品按照中心点或中轴线展开。对称在以后的艺术，比如在文艺复兴绘画中仍然起作用，但是已经不那么直接了。文艺复兴绘画描绘了光、色和地平线，并不遵循原始的对称规律。

毕达哥拉斯学派的美学还对科学研究产生了巨大影响。毕达哥拉斯发现弦长成一定比例时能发出和谐的声音，20 世纪德国科学家、量子力学的创始人之一海森堡把这一发现说成是“人类历史上的一个真正重大的发现”。毕达哥拉斯进而用和谐的观点解释宇宙的构成和宇宙的美，乐器弦上的节奏就是横贯全部宇宙的和谐的象征。1 —2 世纪希腊天文学家托勒密和 15 —16 世纪波兰天文学家哥白尼都研究过毕达哥拉斯的和谐论，从宇宙和谐的观念来构筑自己的体系。在哥白尼以后，天文学上最大的成就是开普勒发现的行星运动定律，即开普勒定律。从自己的早期研究开始，开普勒就坚信毕达哥拉斯的宇宙和谐观念。他在《宇宙的秘密》一书中，运用毕达哥拉斯的方法检验哥白尼理论中行星轨道数学上的和谐关系。22 年后，他在《宇宙的和谐》一书中发表了开普勒第三定律，即行星运动的“和谐法则”，它阐述了行星运动的周期和距离的关系。这本书的书名就表明，和谐是开普勒终生探索的目标。美国科学家、诺贝尔物理奖获得者钱德拉塞卡在《莎士比亚、牛顿和贝多芬——不同的创造模式》一书中指出：“开普勒一定受到了毕达哥拉斯美的概念的影响，当他把行星绕太阳的转动和一根振动弦进行比较时，他发现，不同行星的轨道有如天体音乐一般奏出了和谐的和声。开普勒深深感激上帝为他保留了这份发现，使他能够通过他的行星运动定律，得到了一种最高的美的联系。”[①]

早期希腊美学对宇宙本源的探求，使得他们把造型明确、几何形体固定的宇宙看作最重要的审美对象。早期希腊美学家把观照宇宙的秩序视为

---

① [美]S. 钱德拉塞卡：《莎士比亚、牛顿和贝多芬——不同的创造模式》，杨建邺、王晓明等译，湖南科学技术出版社 1996 年版，第 61 页。

人生的目的。对于他们来说，可以听到、可以看到、可以触摸的宇宙是最高的美。希腊美学的过渡期形成于公元前 5 世纪下半叶，当时希腊社会进入古典时期的繁荣阶段。希腊哲学和美学也发生了重大转折：从对自然的研究转向对人和社会的研究。过渡期的代表人物苏格拉底跨越了早期希腊的宇宙学美学，揭开了人本主义美学的序幕。

二、“认识你自己”

“认识你自己”是希腊德尔菲神庙的铭文，苏格拉底用这句铭文明确地说明了希腊哲学和美学研究中从宇宙到人间的方向转换，而他就是这种转换的主要代表。

（一）苏格拉底

苏格拉底（前 469 —前 399 年）是柏拉图之前最重要的希腊美学家。他出生于雅典，适逢伯里克利的黄金盛世。伯里克利是古希腊著名的政治家，雅典的执政官，他的执政时期是雅典的黄金时代。苏格拉底的父亲是雕刻匠，母亲是助产婆。苏格拉底小时候学过雕刻、音乐和其他文化知识。苏格拉底外貌丑陋，脸面扁平，大狮鼻，嘴唇肥厚。然而他智慧超群，希腊北部城镇德尔菲的阿波罗神庙的预言宣称没有人比他更有智慧。苏格拉底很穷，无论赴宴做客，还是行军打仗，他常穿一件破大衣。他能吃苦耐劳，忍饥挨饿。然而他蔑视钱财，整天奔忙于公共场所、广场和市场上，和人们相见、交谈。他终生论证真理，建立由感觉和理性所证实的生活逻辑。有时为了思考一个问题，他会有些怪异地站在一个地方不动，从清早站到傍晚，并且站着过夜。他的后半生是在长达 27 年的伯罗奔尼撒战争中度过的，这场战争是雅典由强盛走向衰落的转折点。

伯罗奔尼撒战争是以雅典为首的提洛同盟与以斯巴达为首的伯罗奔尼撒同盟之间的一场战争，几乎涉及了当时整个希腊世界。古希腊史学家修昔底德创作的历史著作《伯罗奔尼撒战争史》(有多种中译本，其中之一由广西师范大学出版社 2004 年出版）全面讲述了这场战争。我们现在经常谈论的“修昔底德陷阱”就是以这位历史学家命名的，指一个新崛起的大国必然要挑战现存大国，而现存大国也必然来回应这种威胁，这样战争变得不可避免。案例就是提洛同盟和伯罗奔尼撒同盟的战争。

在希腊各个城邦中，斯巴达面积最大。斯巴达人既不务农，又不经商，他们靠奴隶的劳动维持生活。他们对奴隶极其残酷。斯巴达像一座大兵营，全体公民都是战士，生活在按照军事编制的集体里。他们崇尚武力，骁勇善战。所有男人都在公共食堂就餐，上至国王、下至普通公民都吃同样粗糙的食物。斯巴达成为刚毅勇敢、视死如归的代名词。雅典与斯巴达形成鲜明的对比，它被称作“希腊智慧的首府”“全希腊的学校”。这里的商品经济发达、民主政治健全、文化艺术辉煌。奴隶的处境也比斯巴达好得多。斯巴达人嘲笑说，在雅典街头无法辨别出哪一个是奴隶，哪一个是奴隶主。雅典诞生了政治家梭伦、伯里克利，戏剧家埃斯库罗斯、索福克勒斯、欧里庇得斯、阿里斯托芬，历史学家修昔底德，雄辩家狄摩西尼，雕刻家菲狄亚斯、普拉克西特利斯，哲学家苏格拉底、柏拉图等。真是灿若群星，蔚为大观。

雅典人总有那么多的闲暇，下午会在浴室或运动场待上很长时间。亚里士多德专门论述过闲暇，认为科学、哲学和艺术产生于闲暇。雅典人的闲暇一是因为有奴隶的劳作，二是因为他们的生活标准极其低下。奴隶主和奴隶都吃同样的食物，穿同样的服装，他们的食物、服装以及家具、房屋都十分简朴。可是，雅典人的精神生活却十分富有。随着雅典势力的膨胀，它称雄整个希腊，这引起希腊传统霸主斯巴达的不满。公元前 431 年，斯巴达军队入侵雅典，爆发了伯罗奔尼撒战争。雅典在战争中失败。

伯罗奔尼撒战争结束不久，苏格拉底作为针砭时弊的神圣牛虻，被雅典法庭以“亵渎神明”和“败坏青年”两条罪名判处死刑。这是希腊的悲剧。“除了对耶稣的审判和处死以外，没有任何其他审判和处死，像对苏格拉底的审判和处死一样，给人留下如此深刻的印象了。”①

苏格拉底没有任何著作，他的言行主要见诸他的两个弟子——色诺芬（约前 430 —前 355 年或前 354）和柏拉图的著作。色诺芬记述苏格拉底的著作有《回忆录》、《苏格拉底在法官前的申辩》（这两种著作的中译本合称《回忆苏格拉底》，1984 年由商务印书馆出版）、《经济论、雅典的收入》（中译本 1981 年由商务印书馆出版）和《会饮篇》。柏拉图的对话多以苏格拉底为主角，一般认为，柏拉图早期对话基本上反映了苏格拉底的思想。在色诺芬的著作中，与苏格拉底美学思想关系密切的是《回忆录》。

苏格拉底虽然长相丑陋，然而他要与希腊著名的美男子比美。色诺芬在《会饮篇》中记载了苏格拉底和美男子克里托布卢的对话：

苏格拉底：你知道我们需要眼睛干什么吗？

克里托布卢：知道啊，那是为了看。

苏：这样的话，我的眼睛比你的美。

克：为什么呢？

苏：因为你的眼睛只能平视，而我的眼睛能斜视，它们是凸出来的。

克：按照你的说法，虾的眼睛比其他动物的要好了？

苏：当然，因为对视力而言它们有极好的眼睛。

克：那好，谁的鼻子更美呢，是你的还是我的？

苏：我想是我的。如果神给我们鼻子仅仅是为了嗅的话：你的鼻孔朝下，而我的鼻孔朝上，因而它们能够嗅到来自四面八方的气味。

克：扁平的鼻子何以比笔直的鼻子更美呢？

苏：那是因为它不遮挡视觉，而使眼睛立即看到想看的东西；而高鼻

① ［美］斯东：《苏格拉底的审判》，董乐山译，生活 · 读书 · 新知三联书店 1998 年版，第 1 页。

子仿佛恶作剧似的，用一道屏障隔开了双眼。[1]

这则对话通常被作为笑话看待，或者被理解为令人惊讶的奇谈怪论，它把“美是效用”的观点推演到荒谬的地步。实际上这则体现了苏格拉底式讽刺的笑话包含着严肃的内容。苏格拉底当然承认克里托布卢的外貌比自己美，他的对话正是以诙谐的方式暗示生理上合目的性的器官不一定就是美的，美的对象不同于合目的性的对象。美的事物是合目的性的，但是，合目的性的事物不一定是美的。美不同于善，不同于效用。美和它们的区别在于形式，因为美的事物如眼、鼻等，属于有观赏价值的领域。在苏格拉底那里，美学不同于目的论。

（二）美的普遍定义

“认识你自己”不仅拓宽了美学研究的领域，而且改变了美学研究的途径。“认识你自己”是一种自我意识的表现。在苏格拉底看来，人由灵魂、肉体以及这两者的结合三部分组成。其中占统治地位的是人的灵魂。因此，“认识你自己”并不是认识人的外貌和躯体，而是认识人的灵魂。灵魂中最接近神圣的部分是理性，理性是灵魂的本质。于是认识灵魂就是认识理性。苏格拉底力图通过理性获得绝对的知识，这是他的哲学的中心。他从理性出发探讨万物存在的原因时，追求概念的普遍性定义。追求美的普遍定义是苏格拉底的哲学活动和哲学观点在美学领域里的表现。

色诺芬在《回忆录》中记载了苏格拉底和他的弟子亚理斯提普斯关于美的问题的对话：

亚里斯提普斯：你知道有什么东西是美的？

苏格拉底：我知道许多东西都是美的。

---

① ［古希腊］色诺芬：《会饮篇》第 5 章第 5—7 节。

亚：这些美的东西彼此相似么？

苏：不尽然，有些简直毫无相似之处。

亚：一个与美的东西不相似的东西怎么能是美的？

苏：因为一个美的赛跑者和一个美的摔跤者不相似；就防御来说是美的矛和就速度与力量来说是美的镖枪也不相似。①

亚：那么，粪筐能说是美的吗？

苏：当然，一面金盾却是丑的，如果粪筐适用而金盾不适用。

亚：你是否说，同一事物同时既是美的又是丑的？

苏：当然，而且同一事物也可以同时既是善的又是恶的，例如对饥饿的人是好的，对发烧的病人却是坏的，对发烧的病人是好的，对饥饿的人却是坏的。再如就赛跑来说是美的而就摔跤来说却是丑的，反过来说也是如此。因为任何一件东西如果它能很好地实现它在功用方面的目的，它就同时是善的又是美的，否则它就同时是恶的又是丑的。②

这段引文在西方美学史上很重要，它的重要性至少表现在两个方面。

第一，事物的美丑取决于效用和用者的立场。美不是事物的一种绝对属性，它依存于事物的用途，依存于事物对其他事物的关系。这里已经隐含着“美是价值”的观点，美是事物的价值属性，审美关系是一种价值关系。在苏格拉底那里，美和善是统一的，这并不是说美就是善，而是说美和善作为价值有其统一的本质。

第二，苏格拉底在西方美学史上第一次区分出美的事物和美本身。彼此不同的事物都可以是美的，同一个事物可以时而美、时而丑，可见美的事物和美本身不是一回事。美的事物是相对的、变化的，美的意义却是永

① ［古希腊］色诺芬：《回忆录》第 3 卷第 8 章第 3—4 节。采用朱光潜译文，见北京大学哲学系美学教研室编：《西方美学家论美和美感》，商务印书馆 1980 年版，第 18 页。

② ［古希腊］色诺芬：《回忆录》第 3 卷第 8 章第 6—7 节。采用朱光潜译文，见北京大学哲学系美学教研室编：《西方美学家论美和美感》，商务印书馆 1980 年版，第 19 页。

恒的、不变的。美的事物是“多”，美的意义是“一”，原初的“一”。美的事物以美本身为前提，它们是美本身的实现，美本身是美的事物的原则。结合苏格拉底的整个哲学思想来看，有用的东西之所以美是合目的性。合目的性是美的基础、是美的本质。

（三）人本主义的艺术意识

苏格拉底人本主义的美学观也体现在他的艺术意识上。他的艺术意识仍然以人、人的生活为主要对象。这决定了他的艺术模仿理论的特征：艺术模仿生活。这种模仿理论在西方美学史上是第一次出现，它对希腊美学和以后的美学产生了重要影响。

苏格拉底对艺术模仿生活的理解可以分为四个层次。首先，艺术模仿生活应当逼真、惟妙惟肖。画家“用颜色去模仿一些实在的事物，凹的和凸的，昏暗的和明亮的，硬的和软的，粗糙的和光滑的，幼的和老的”[①]。雕塑家在创作赛跑者、摔跤者、练拳者、比武者时，“模仿活人身体的各部分俯仰屈伸紧张松散这些姿势”[②]，从而使人物形象更真实。

其次，艺术模仿生活而又高于生活，艺术模仿包含提炼、概括的典型化过程。苏格拉底问画家巴拉苏斯：“如果你想画出美的形象，而又很难找到一个人全体各部分都很完美，你是否从许多人中选择，把每个人最美的部分集中起来，使全体中每一部分都美呢？”巴拉苏斯的回答是肯定的。[③]

再次，艺术模仿现实不仅要做到形似，而且要做到神似。苏格拉底认为模仿的精华是通过神色、面容和姿态特别是眼睛描绘心境、情感、心理活动和精神方面的特质，如“高尚和慷慨，下贱和鄙吝，谦虚和聪慧，骄

---

① 北京大学哲学系美学教研室编：《西方美学家论美和美感》，商务印书馆 1980 年版，第 19 页。
② 北京大学哲学系美学教研室编：《西方美学家论美和美感》，商务印书馆 1980 年版，第 21 页。
③ 北京大学哲学系美学教研室编：《西方美学家论美和美感》，商务印书馆 1980 年版，第 19 页。

傲和愚蠢"[①]。这样描绘的人物形象更生动、更能引起观众的快感。早期希腊美学强调艺术中的比例、对称等几何形体方面的特征，而苏格拉底更强调艺术对人的内在心理、精神风貌的描绘。

最后，艺术只要成功地模仿了现实，不管它模仿的是正面的生活现象，还是反面的生活现象，都能引起审美享受。苏格拉底问雕塑家克莱陀："把人在各种活动中的情感也描绘出来，是否可以引起观众的快感呢？"[②]对此，苏格拉底和克莱陀都持肯定的态度。"各种活动中的情感"自然也包括仇恨、威胁等情感。由艺术模仿所引起的审美快感与模仿对象无关。不过，苏格拉底在阐述这种观点时，还不那么坚决，还有犹豫。这从他对画家巴拉苏斯的提问中可以看出："哪种画看起来使人更愉快呢？一种画的是美的善的可爱的性格，另一种画的是丑的恶的可憎的性格？"[③]这个提问隐隐约约地表明，艺术带来的审美享受与艺术描绘的对象的美和善有关。直到亚里士多德才明确地主张，艺术产生的审美享受不取决于它所描绘的对象。

从合目的性的观点看待艺术，是苏格拉底人本主义艺术意识的又一种表现。他主张舞蹈不仅要轻盈美观，而且要有益于健康。建筑要既美观又适用。有无合目的性，是苏格拉底和早期希腊美学家对比例作出不同理解的症结所在。在和胸甲制造者皮斯提阿斯的谈话中，苏格拉底准确地区分了这两种不同的比例。皮斯提阿斯制造的胸甲既不比别人造的更结实，也不比别人造的花更多的费用，然而他卖得比别人的昂贵。苏格拉底问其原因，他说他造胸甲时遵循比例。

苏格拉底：你怎样表现出这种比例呢，是在尺寸方面，还是在重量方

---

① 北京大学哲学系美学教研室编：《西方美学家论美和美感》，商务印书馆 1980 年版，第 20 页。
② 北京大学哲学系美学教研室编：《西方美学家论美和美感》，商务印书馆 1980 年版，第 21 页。
③ 北京大学哲学系美学教研室编：《西方美学家论美和美感》，商务印书馆 1980 年版，第 20 页。

面，从而以此卖出更高的价格？因为我想，如果你要把它们造得对每个人合身的话，你是不会把它们造得完全一样和完全相同的。

皮斯提阿斯：我当然把它造得合身，否则胸甲就一点用处也没有了。

苏：人的身材不是有的合比例、有的不合比例吗？

皮：的确是这样。

苏：那么，要使胸甲既对身材不合比例的人合身、同时又合比例，你怎样做呢？

皮：总要把它做得合身，合身的胸甲就是合比例的胸甲。

苏：显然，你所理解的比例不是就事物本身来说的，而是对穿胸甲的人来说的，正如你说一面盾对于合用的人来说就是合比例的一样；而且按照你的说法，军用外套和其他各种事物也是同样的情况。①

早期希腊美学所理解的比例是事物本身的比例，没有涉及这些比例的效用，不含有目的性原则。苏格拉底对比例作了人本主义的理解，他所理解的比例不是就事物本身来说的，而是就事物对使用者的关系来说的，包含了目的性原则。前者可以称作自在的比例，后者可以称作自为的比例。苏格拉底对这两种比例的区分在西方美学史上很重要。苏格拉底所理解的这种比例，即合目的性的美被后来的希腊人称为“适当”，而被罗马人翻译为“合适”。

苏格拉底的美学通过弟子柏拉图和再传弟子亚里士多德而发扬光大。希腊奴隶制的发展导致希腊城邦的瓦解，因为小国寡民的城邦无法适应生产力的进一步发展。公元前 4 世纪以柏拉图和亚里士多德为代表的希腊鼎盛期美学，就形成于希腊城邦衰落和瓦解的社会历史背景中。苏格拉底美学用社会代替宇宙，把人的生活提到首位。然而，对于希腊人来说，没有宇宙的人的生活还是不完满的。柏拉图和亚里士多德的美学既不仅仅局限

① ［古希腊］色诺芬：《回忆录》第 3 卷第 10 章第 10—13 节。

于宇宙学，又不仅仅局限于人本主义，而把这两者结合，把人的生活看作宇宙发展的结果。柏拉图和亚里士多德的美学仍然是宇宙学美学，但是和早期希腊美学相比，“宇宙”的含义已经发生了深刻的变化。在早期希腊美学家那里，宇宙是天文学的；而在柏拉图和亚里士多德那里，宇宙成为社会学的，是一种社会的“宇宙”。在这种意义上，苏格拉底美学是早期希腊美学和柏拉图、亚里士多德美学之间的过渡环节。没有这个中间环节，希腊美学就不完整。

第二讲
柏拉图

柏拉图（前 427 一前 347 年）生于雅典的名门望族。柏拉图原名阿里斯托克勒，因为他的胸肩宽阔，一说额头宽阔，原名就被希腊文表示“宽阔”的谐音词“柏拉图”所替代。柏拉图出生那年伯罗奔尼撒战争已经进行到第四个年头。这场战争严重地破坏了希腊的经济和社会，导致各城邦之间战争不断，激化了各城邦中的阶级矛盾，使奴隶数量大增。它标志着希腊古典时期的结束（希腊古典时期为公元前 6 世纪末一前 4 世纪初），城邦由此走向衰落和瓦解。柏拉图目睹了城邦的衰落，他幻想恢复城邦昔日的辉煌，然而逝去的东西再也无法返回。

柏拉图从小受过良好的、全面的教育。他 20 岁时成为苏格拉底的学生，在苏格拉底身边学习了七八年。公元前 404 年斯巴达国王吕西斯特拉图占领雅典时，在那里建立了一个寡头政治的傀儡政府，处于斯巴达的保护下，称作“三十僭主”。“三十僭主”由于施行暴政，执政 8 个月后即被推翻。雅典恢复了民主政体，然而当局却以莫须有的罪名判处柏拉图深深尊敬的老师苏格拉底以死刑。

苏格拉底饮鸩服刑后，他的弟子们各奔东西，开始了独立的生活。雅典这块令柏拉图伤透心的地方他已无法继续居住下去，他离开雅典，开始周游各地。在周游过程中，他和毕达哥拉斯学派结下了深厚的友谊。当时的毕达哥拉斯学派成员主要是天文学家和数学家，特别是几何学家，他们擅长在空间几何关系、数的结构关系上把握世界。毕达哥拉斯学派对柏拉图发生了重要影响。苏格拉底教导柏拉图追求知识和道德理想，毕达哥拉斯学派则使柏拉图重视思维的精确性、理论建构的严密性和考察对象的全面性。

公元前 387 年柏拉图从西西里岛回到阔别多年的雅典。他在雅典西北郊区购置了带花园的住宅，在那里居住并创办了哲学学校。由于学校地处希腊阿提卡的英雄阿卡德摩斯（Academus）的园林墓地，而被称作“学园”（Academy）。学园存在了 9 个世纪之久。除了又去了两次西西里岛外，柏拉图一直在学园中过着平静、俭朴、家庭式的生活。柏拉图去西西里岛是为了推行他的政治主张——建立理想国。柏拉图是一位出色的哲学家，然而却是一位蹩脚的政治家。他三下西西里，企图施展自己的政治抱负，结果未能如愿，还差点丢掉身家性命。

柏拉图是学园的第一任领袖，他生前就指定外甥斯彪西波为自己的继承人。学园领袖的更迭标志着学园发展的不同阶段。学园门口写着“不懂几何学者不得入内”，这表明柏拉图及其弟子对数学，包括几何学的重视。其中不难看出毕达哥拉斯学派的影响。起初，柏拉图沿着学园的林荫道一边散步，一边和弟子们交谈。后来，他坐在室内设立的主讲席上讲学。讲学之余，柏拉图继续写他那著名的对话。

柏拉图的对话现存 40 余篇，书信 13 封。其中 27 篇对话被确定为真品或者可信度很高的作品，4 封书信被确定为真品。在柏拉图的对话中，柏拉图本人始终没有出场，出场担任主角的大部分是他的师尊苏格拉底。早期对话表达苏格拉底的观点，过渡期对话表达柏拉图观点的酝酿，成熟期和晚期对话表达柏拉图的观点。除了《申辩篇》和书信外，柏拉图的全部著作都以对话写成。柏拉图对话瑰丽多彩的文风和严肃深邃的思想珠联璧合，相映生辉。哲学家柏拉图和诗人柏拉图紧密地结合在一起。

一、“什么是美”和“什么东西是美的”

柏拉图的《大希庇阿斯篇》是西方第一篇系统地讨论美的著作，通篇是苏格拉底和希庇阿斯的对话。柏拉图通过他的师尊说明自己的观点。希庇阿斯是一位智者。智者指公元前 5 世纪希腊一批以传授知识、辩论术、语法和修辞学为业的哲学家。

智者是希腊民主制度的产物。在希腊民主制度下，公民参与政治活动和文化活动的机会大增。在这些活动中，往往要发表演说，进行辩论。于是，能言善辩成为人们追求的一种本领。智者作为周游于希腊各城邦、收费传授雄辩术的教师应运而生。智者又被称为诡辩者。诡辩者当然是一个贬义词。不过，“早期智者是高尚的、备受尊敬的人，他们常常被所在的城邦委以外交使命”。“智者”一词后来“获得吹毛求疵的咬文嚼字断章取义者的贬义”，“那是伟大智者的不肖的后继者，尤息底莫斯和狄奥尼索多洛斯连同他们的逻辑诡辩造成的”。①

在柏拉图的对话中，智者一般都作为苏格拉底的对立面出现，受到苏格拉底和柏拉图的攻击和嘲讽，往往被描绘成夸夸其谈、扬扬自得的江湖骗子和傻瓜。在《大希庇阿斯篇》中，希庇阿斯在大智若愚的苏格拉底的层层诘问下窘态百出，不得不屡屡承认自己的无知。实际上希庇阿斯博闻强记，精通多种学问。《大希庇阿斯篇》有很大的文学虚构成分。柏拉图有两篇《希庇阿斯》，一篇写得较好，篇幅也较长，叫《大希庇阿斯篇》，另一篇则叫《小希庇阿斯篇》。

《大希庇阿斯篇》一开头，希庇阿斯就说：“苏格拉底啊，我实在太忙了。”然后他自夸声名和学识，说不久要公开朗诵一篇文章，请苏格拉底去听。苏格拉底说，要评判文章的美丑，先要知道美是什么。他有一个论敌拿这个问题问过他，由于自己蠢笨，回答不出，丢了脸，他想请教高明的希庇阿斯，以便下次应战。希庇阿斯连声说，这个问题小得很，小得微不足道。苏格拉底就假装那个论敌，和希庇阿斯辩论美的问题。其实，这位假想的论敌还是苏格拉底。他用第三者的口吻，可以痛快地嘲讽希庇阿斯。

那位论敌要问的问题是：什么是美？而不是：什么东西是美的？也就是说，他感兴趣的是美本身和美的定义，而不是各种美的东西的罗列。前者是

① [德]E. 策勒尔：《古希腊哲学史纲》，翁绍军译，山东人民出版社 1992 年版，第 85 页。

各种美的东西之所以为美的本质，后者则是具体的、千姿百态的美的现象。希庇阿斯却看不出这两个问题有什么分别，他的第一个答案是："美就是一位年轻漂亮的小姐。"苏格拉底半开玩笑地说，一匹母马或一只汤罐也可以是美的。但这还不是美本身，"这美本身把它的特质传给一件东西，才使那件东西成其为美"，一个年轻小姐、一匹母马或一只瓦罐都不能起这种作用。

由此希庇阿斯给出第二个答案："黄金是使事物成其为美的。"他说，一件东西纵然本来是丑的，只要镶上黄金，得到一种点缀，使它显得美了。苏格拉底以那位论敌的口吻反驳道：你瞎了眼睛吗？希腊大雕刻家菲狄阿斯雕刻女神雅典娜的像没有用金做她的眼或面孔，用的是象牙。而且，他雕两个眼珠子不用象牙，用的是云石。由于象牙和云石配合得很恰当，所以雕像很美。

这就引出美的第三个定义："恰当的就是美的。"在讨论这个定义时，希庇阿斯只注意到恰当和事物外在性质的关系，恰当是使一个事物在外表上显得美的。例如，其貌不扬的人穿起合适的衣服，外表就好看起来了。苏格拉底强调，美本身不是外在的性质，而是事物的内在内容。恰当使事物在外表上显得比它们实际美，所以隐瞒了真正的本质。至于恰当是否产生实际美，对话没有明确谈到。辩来辩去，美终于"从手里溜脱了"。希庇阿斯理屈词穷，想一走了之。苏格拉底留住了他，换了一个讨论方式。苏格拉底提出了一些可能的美的定义，逐一进行讨论。这些定义有：美是有用的，美是有益的，美是视觉和听觉所产生的快感。可是说来说去，仍然没有能够解决"美本身是什么"的问题。从这场讨论中，苏格拉底得到了一个收获，那就是更清楚地了解了一句言喻："美是难的。"

在《大希庇阿斯篇》中苏格拉底代表了柏拉图的观点。这篇对话对美学的最大贡献就是区分了"什么是美"和"什么东西是美的"这两个问题。柏拉图问的是美本身，这美本身，加到任何一件事物上面，就使那件事物成其为美，不管它是一块石头、一块木头、一个人、一个神、一个动作，还是一门学问。柏拉图对美本身的追问被称为天才的追问，正是有了这个追问，西方才产生了美学。两千多年来，美学家们通过探索美的本质，来理解和解释各种具体的美的现象。在这种意义上，柏拉图是哲学美学的始祖和创立者。所谓哲学美学，就是以美的本质为核心来研究审美对象的美学。

柏拉图所说的美本身是什么呢？《大希庇阿斯篇》没有做出明确的回答。这篇对话是柏拉图的早期作品，从中可以见到柏拉图思想发展中徘徊犹豫的情况。在以后的对话中，柏拉图回答了这个问题：美是理式。

二、美是理式

我们喝的水是水，洗衣服的水也是水，河里流动的水还是水，天上下的雨是水滴。柏拉图发现，所有这些个别的水都归属于共同的水的理式。个别的水是可以见到、可以触摸的，而水的理式是不可以见到、不可以触摸的。水可以是固体和液体，也可以是气体。而水的理式既不是固体，又不是液体，也不是气体，它根本不是什么体，它是非物质的。只要我们不承认关于水的理式的概括性，那么，立即消失的不仅是水的理式，而且是水本身；不仅是水本身，而且是水的一切局部的和个别的属性、表现和状态。不能不承认，理式的发现是人类认识史上天才的发现。

柏拉图所说的美本身就是美的理式。“理式”是柏拉图哲学和美学中的核心概念，它在希腊文中分别由 eidos 和 idea 两个词来表示。一般来说，这两个词的含义没有区别，柏拉图在同样的意义上使用它们。据国外学者统计，在柏拉图的全部著作中，eidos 出现过 408 次，idea 出现过 96 次。[①] 我国的西方哲学史著作通常把 eidos 和 idea 译为理念。我国著名美学家、英语

① 里特尔在《柏拉图新探》（慕尼黑 1910 年版，第 228—326 页）中研究了这两个术语。在他的研究基础上，洛谢夫在《希腊象征主义和神话》（莫斯科 1993 年版，第 136—708 页，该书写于 1918—1921 年，初版于 1928 年）中花了五六百页的篇幅对这两个术语进行了更详尽的考察。里特尔和洛谢夫对柏拉图 eidos 和 idea 使用频率的统计均是手工进行的，当时还不可能用上计算机。两人的统计结果有出入，这里采用的是洛谢夫的统计结果。

一级教授朱光潜极力倡导采用理式的译名，由于他的影响，我国美学著作中采用这种译名的较多。朱光潜写道：“柏拉图所谓‘理式’（eidos，即英文 idea）是真实世界中的根本原则，原有‘范形’的意义。如一个‘模范’可铸出无数器物。例如‘人之所以为人’就是一个‘理式’，一切个别的人都从这个‘范’得他的‘形’，所以全是这个‘理式’的摹本。最高的理式是真，善，美。‘理式’近似佛家所谓‘共相’，似‘概念’而非‘概念’；‘概念’是理智分析综合的结果；‘理式’则是纯粹的客观的存在。所以相信这种‘理式’的哲学，属于客观唯心主义。”[①]

柏拉图提出理式论是沿着早期希腊美学家的思路前行，他们都力图用人的思维代替神话思维。毕达哥拉斯把世界的本原说成是数，并且直接宣告数就是神，柏拉图的理式也是神。但这里的神不是基督教一神教中的神（上帝），而是希腊神话中多神教中的神。在希腊神话中，神既是某种自然现象的神化，又是对某类事物、现实的某种领域的概括。例如，希腊神话中的赫费斯托斯是一位铁匠，他之所以能够进入神话，因为他是火的概括。希腊人看到闪电迸发出的火花，看到铁匠炉中的火苗，看到森林的火灾，看到夜间闪烁的火光，就用一个词语来概括它们，即赫费斯托斯。赫费斯托斯成为火神和炼铁业的庇护神。早期希腊美学和柏拉图美学都不是神话，但是在概括这一点上，它们和神话有共同性。

柏拉图的理式论是在思考“物是什么，对物的认识怎样才可能”的问题时产生的。为了区分和认识物，应该针对每个物提出这样的问题：这个物是什么？它和其他物的区别在哪里？物的理式正是对上述问题的回答。柏拉图认为，每一种物都和任何一种其他物有所区别，因此，它具有一系列本质特征，而物的所有这些本质特征的总和就是物的理式。比如，房子是由某些建筑材料构成的东西，这是其一。房子适用于不同的目的：居住、栖息、放置物品、从事某种活动等，这是其二。房子所有这些本质属性的

---

① 《朱光潜全集》第 12 卷，安徽教育出版社 1991 年版，第 109 页。

总和就是房子的理式。如果我们不懂得房子的结构和用途，那么我们就没有房子的理式，也就根本不能把房子同其他事物如汽车、火车、轮船等区分开来。换言之，物的存在就要求它是某种理式的载体。为了认识物，同它发生关系，利用它，制造它，必须要有物的理式。任何物，乃至世上存在的一切都有自身的理式。如果没有理式，那么就无法使甲区别于乙，整个现实就变成不成形和不可知的混沌。

任何一种物的理式不仅是对物的概括，而且是对物的极端概括。它是组成它的各种特殊性和个别性的一般性。一切个别性只有在同一般性、同理式的联系中才能得到理解。例如，北京的四合院是房子，上海的石库门也是房子，天津的小洋楼还是房子。理式是对它名下的所有个别物的无限概括。一切有限要求承认无限，一切个别都受一般管辖。作为物的一般性，理式是物的规律。柏拉图是第一个使用“辩证法”术语的人。他的理式论包含着一般和个别的深刻的辩证法。柏拉图用理式来代替神。柏拉图的理式是以素朴的方式提出的自然规律和社会规律，他力图用这些规律来替代古老的神话。那个时代对自然规律和社会规律的探索刚刚开始，对这些规律的解释也是相当素朴的。不过，柏拉图对万物规律的探索表明了由神话向人的思维过渡的深刻变革。在这里，柏拉图站在先进的立场上。

洋溢着欢乐和青春气息的《会饮篇》斩钉截铁、酣畅淋漓地肯定了美的理式的永恒性、绝对性和单一性。“这种美是永恒的，无始无终，不生不灭，不增不减的。它不是在此点美，在另一点丑；在此时美，在另一时不美；在此方面美，在另一方面丑；它也不是随人而异，对某些人美，对另一些人就丑。还不仅此，这种美并不是表现于某一个面孔，某一双手，或是身体的某一其他部分；它也不是存在于某一篇文章，某一种学问，或是任何某一个别物体，例如动物、大地或天空之类；它只是永恒地自存自在，以形式的整一永与它自身同一；一切美的事物都以它为泉源，有了它那一切美的事物才成其为美，但是那些美的事物时而生，时而灭，而它却毫不因之有所增，有所减。”[①] 这段话常常为西方美学史著作所援引，它集中而扼要地阐述了美的理式（也是一般理式）的特征。

柏拉图的理式论有科学的一面，但是也有情感的一面。所谓情感的一面，指的是面对理式柏拉图陷入狂喜中。理式完全不是物自身，而只是物的定义、物的含义。这种发现使柏拉图和他的弟子们惊喜不已，结果夸大了理式的作用，导致了理式世界和物的世界完全脱离。柏拉图不仅主张理式高于物质，而且理式形成了一种独特的世界，理式世界向现实世界释放自身的威力。柏拉图也因此成为客观唯心主义的鼻祖。柏拉图把世界分成三种：第一种是理式世界，它是先验的、第一性的、唯一真实的存在，为一切世界所自出。第二种是现实世界，它是第二性的，是理式世界的摹本。第三种是艺术世界，它模仿现实世界。与理式世界相比，它不过是“摹本的摹本”“影子的影子”，和真实“隔着三层”。他在《理想国》第10卷中以床为例说明他的观点。[②] 床有三种，第一种是床的理式，它是真实体，统摄许多个别的床。第二种是木匠制造的床，木匠不能制造“床之所以为床”的理式，只能制造个别的床，个别的床只是近乎真实体的东西。第三种是画家画的床，他画的床和真实体相去甚远。

柏拉图的后期继承者们又进一步走入极端，使得客观物质世界在理式世界面前黯然失色并完全消失。物质世界只是每个个人意识中理式的产物。从而，客观唯心主义为主观唯心主义开辟了道路：我们周围的世界完全取决于人的内在自我，或者人的“理式”。这些因素导致了理式论的变形。

了解到这种情况，那么，无论赞成柏拉图还是批判他，都不能不承认，柏拉图理论中最重要的内容是发现了一般理式存在这个事实，以及理式对于物的认识的必要性和理式的非物质性。

---

① ［古希腊］柏拉图：《文艺对话集》，朱光潜译，人民文学出版社 1963 年版，第 272—273 页。

② 参见［古希腊］柏拉图：《文艺对话集》，朱光潜译，人民文学出版社 1963 年版，第 67—73 页。

三、宇宙学美学

柏拉图的宇宙美学最充分地体现在他的后期对话《蒂迈欧篇》中。《蒂迈欧篇》指出，宇宙由灵魂和躯体两部分组成。柏拉图接受了早期希腊哲学家的观点，认为宇宙的躯体由火、气、水、土四种元素构成。他所强调的是，这四种元素必须按照一定的比例安排：火：气＝气：水＝水：土。宇宙的躯体是表面光滑的球形，从中心到各边的长都相等。宇宙的灵魂，即后来的世界灵魂先于躯体，高于躯体，在宇宙中占统治地位。

与美学直接有关的是柏拉图对宇宙灵魂结构的划分。柏拉图深受毕达哥拉斯学派的影响，用数的关系来进行这种划分。宇宙灵魂的结构决定了宇宙的结构。太阳、金星、水星、月亮、火星、木星、土星按照1、2、4、8和1、3、9、27的比例关系在各自的轨道中往复运动。柏拉图为什么恰恰选择这两个数列来划分宇宙的结构呢？原来，这两组数列是黄金分割的比例：在1、2、4、8数列中，前三位数之间和后三位数之间的比例分别是2∶4＝1∶2，4∶8＝2∶4。1、3、9、27数列中数字之间的比例关系也是如此：3∶9＝1∶3，9∶27＝3∶9。柏拉图没有使用过黄金分割的术语，也没有对黄金分割的规则作出说明。他对黄金分割的比例的选择与其说是自觉的、有意的，不如说是审美的、直觉的。在他心目中，宇宙结构具有的不是普通的比例，而是美的、艺术的比例。难怪希腊美学把宇宙看作美的艺术作品。柏拉图所理解的宇宙结构处在严格的、经过精确计算的数的比例关系中。不仅如此，柏拉图数的比例还有另外的审美意义，它表示宇宙的某种乐音。在这方面，他同样深受毕达哥拉斯学派的影响。毕达哥拉斯学派用数量关系来表示乐音，例如，2∶1是八度音程，4∶3是四度音程，3∶2是五度音程，9∶8是纯音。在这种意义上，宇宙是一部完美的音乐作品。在希腊美学中，宇宙不仅是可以见到的美，而且是可以听到的美。

柏拉图并不是一位天文学家，他所描绘的也不是一幅准确的天文学图景。然而他的宇宙生成学说仍然具有重要的美学意义。宇宙是按照黄金分割的比例构成的、具有和谐乐音的整体，这是柏拉图宇宙美学的第一个要点。这种美学的另一个要点是，把宇宙看作三维的几何形体和活的有机体。地球位于圆心，依次向外7个星体分别为月亮（1，括弧中的数字表示星体之间距离的比率）、太阳（2）、金星（3）、水星（4）、火星（8）、木星（9）、土星（27）。在广袤的苍穹中，各种星体有序地、交错地、多层次地做旋转运动。这确实是一幅瑰丽奇妙的图景。对柏拉图的这种描绘有许多注释，也引起一系列猜测。从美学上，柏拉图的宇宙理论表现了希腊美学的形体性、结构性和造型性的特点。

宇宙灵魂把宇宙变成活的有机体。宇宙虽然没有眼睛耳朵，没有手足四肢，也不需要饮食呼吸，然而“由于神提供了灵魂和理智，世界是作为一个有生物而生成的”，世界是一个“完美的生物”，“在其自身中包含着所有本性上类似于它的一切可见动物”。[①]“活的有机体”的概念是希腊美学中的重要概念，亚里士多德和其他一些美学家都用有机整体的概念来解释艺术作品。宇宙作为生物和人有类似之处。虽然宇宙没有人的一些器官，但是它和人一样，都是灵魂和躯体的结合。宇宙是一个球形，人的脑袋作为一个球形，是宇宙的类似物。[②]为了追求灵魂和躯体的和谐，人应该模仿宇宙，因为在宇宙中达到灵魂和躯体之间最完美的和谐。观照宇宙，模仿宇宙，像宇宙那样生活，是希腊美学的重要内容。

四、艺术灵感

在西方美学史上，柏拉图第一次如此强调艺术的政治思想内容和社会教育功用。他从严格的道德标准出发，批评和清洗各种艺术。他所敬爱的荷马的史诗中，几乎一切都是非道德的、不好的。抒情诗在理论上被他视为真正的诗（因为抒情诗不模仿外物，而表现诗人的内心），然而他也很

① 苗力田主编:《古希腊哲学》，中国人民大学出版社1989年版，第369—370页。
② 参见《柏拉图全集》第3卷，人民出版社2003年版，第326—327页。

少评价抒情诗。悲剧模仿本应受到节制的情感，而喜剧则投合人类本性中诙谐的欲念。对于异邦的诗，建立了检查制度。这些诗是否宜于朗诵或公布，应该由长官们加以判定，合格的颁发许可证。这些规矩被定为法律。自由创作的诗人应该被逐出理想国，禁止儿童诵读他们的作品。诗人只能写颂扬神和德行的诗。最好的艺术是埃及的艺术，几千年来不断重复同样的内容，代代相传，“丝毫的改动都在所不许”。[1]《法律篇》虽然谈到全国、全民应该唱歌、跳舞、游戏，“要在玩游戏中度过我们的一生”[2]，然而全国性、全民性的舞蹈以服从、恪守法律为基础。

柏拉图之所以要清洗艺术，因为他深知艺术对人的情感的特殊作用。他认为情感是人性中的低劣部分，应当由理性加以控制，理应枯萎，而艺术却浇灌它们、滋润它们。愈美、愈悦耳的诗，作用就愈坏。[3]从理性的、道德的立场来对待艺术，这是柏拉图著作中一种非常明显的倾向。与这种倾向截然对立的，是柏拉图在论述艺术创作时，又充分肯定了灵感、迷狂、激情和非理性的重要作用。这种观点明显地表现在《伊安篇》中。《伊安篇》作为西方完整保留下来的谈艺术灵感最早的文献（更早的德谟克利特只留下关于灵感的残篇），是柏拉图最短的对话。演员的表演和诵诗人的朗诵都是艺术创作，虽然是第二性的创作。《伊安篇》讨论的主题是：艺术创作是凭专门技艺知识还是凭灵感？答案是它只凭灵感：“凡是高明的诗人，无论在史诗或抒情诗方面，都不是凭技艺来做成他们的优美的诗歌，而是因为他们得到灵感，有神力凭附着。科里班特巫师们在舞蹈时，心理都受一种迷狂支配；抒情诗人们在做诗时也是如此。”[4]

柏拉图的艺术灵感论至少有三点值得注意。首先，在艺术创作需要天才还是技艺的问题上，他强调天才，否定技艺。驾车、盖房、医疗凭的是

---

① ［古希腊］柏拉图：《文艺对话集》，朱光潜译，人民文学出版社 1963 年版，第 305—306 页。
② 《柏拉图全集》第 3 卷，王晓朝译，人民出版社 2003 年版，第 561 页。
③ ［古希腊］柏拉图：《文艺对话集》，朱光潜译，人民文学出版社 1963 年版，第 36 页。
④ ［古希腊］柏拉图：《文艺对话集》，朱光潜译，人民文学出版社 1963 年版，第 8 页。

技艺，各种技艺有不同的知识，通过学习和训练，人能够掌握这些知识。然而，艺术创作和这些技艺不同，它靠的是先天的禀赋，而不是后天的训练。凭技艺的规矩从事的艺术创作只是匠人之作，而不是真正的艺术作品。其次，灵感达到高潮时，艺术家会失去平常理智，进入迷狂状态。这时候非理性因素在艺术创作中起很大作用，感情和想象高度白热化。艺术家"失去自主"，"意思源源而来"，有时"满眼是泪"，有时"毛骨悚然"。[①]最后，凭灵感的艺术创作具有极强的感染力。柏拉图用连在一起的铁环来比喻艺术感染力，听众是最后一环，诵诗人和演戏人是中间环，诗人是最初的一环。而诗神像磁石，她首先把灵感传给诗人，诗人把它传给诵诗人，诵诗人又把它传给听众。"磁石不仅能吸引铁环本身，而且把吸引力传给那些铁环，使它们也像磁石一样，能吸引其他铁环。"这样，"许多铁环互相引着，挂成一条长锁链，这些全从一块磁石得到悬在一起的力量"。[②]

柏拉图的艺术灵感论对美学具有重要意义。希腊时期流行的是艺术模仿论，模仿论后来成为现实主义创作的理论基础，在这种理论中客体起着首要的作用。艺术灵感论把主体的作用提到首位，它成为浪漫主义创作的理论基础，浪漫主义运动提出的"天才""情感"和"想象"三大口号来源于艺术灵感论。柏拉图敏锐地觉察到艺术创作不是凭借理智的、按照某种程序可以不断重复的行为，它需要激情和狂热，从而强调了个性、自由、独创性和创造力的作用。柏拉图所说的灵感实际上是长期在潜意识中酝酿的东西猛然间显现于意识。当时心理学还不发达，柏拉图不可能对灵感的根源作出科学的说明，但是他准确地描绘了灵感的两个重要特征：它是突如其来的，它是不由自主的。[③]柏拉图依据希腊神话把灵感解释为诗神凭附。在希腊神话中，阿波罗是负责诗和艺术的守护神，手下还有 9 个女神缪斯。

柏拉图一方面从他的道德标准出发，强调艺术的理性内容，艺术只能

---

① [古希腊]柏拉图:《文艺对话集》，朱光潜译，人民文学出版社 1963 年版，第 10—11 页。
② [古希腊]柏拉图:《文艺对话集》，朱光潜译，人民文学出版社 1963 年版，第 7—8 页。
③ 参见《朱光潜全集》第 1 卷，安徽教育出版社 1987 年版，第 396 页。

基于知识，贬抑情感在艺术中的作用；另一方面又肯定艺术灵感，认为迷狂的诗要超过神志清醒的诗。这两种对立的倾向能不能统一呢？柏拉图的辩证法不能不在这两种对立面之间找到统一，他自己虚构的那些神话就是这两者的综合。例如，《会饮篇》中的厄罗斯就是纯粹的、不涉利害的审美形象和严格的道德规范的融合。

五、柏拉图美学的影响

柏拉图的美学和他的哲学一样，产生了长久而广泛的影响。柏拉图之所以能够产生如此巨大的影响，首先，在于他的理式论。理式是关于一般的概念，只有借助一般，个别才能被认识。一般是个别在其无限丰富的表现中的范型。物总是变化的，甚至可以消亡，而物的理式不会变化，也完全不会消亡。理式是物的最终原因和最终目的，它决定物的整个结构和一切变化形式，产生这些形式，是这些形式的原型。尽管现在已经没有人相信柏拉图的理式存在于天国或天国之外，也没有人相信他的灵魂轮回说，他关于星体排列位置的数学计算从现代科学的观点看也是幼稚的；然而，研究者们仍然在他的理式论中找到积极的内容。其次，柏拉图是真理的永恒探索者。他从不以平静的、终极的方式阐述自己的思想。他总是不断提出新问题，对这些问题作出回答，然而又不满意这些回答，于是继续思考。他的对话展示了他的思维过程，他的怀疑、犹豫和艰难探索，使得读者和他一样思考他的概念。他的对话归根到底是他和自己心灵的交谈。柏拉图把他的哲学方法称作辩证法，他的哲学和美学是永无终结的辩证法。这些特点使得他的著作吸引了一代又一代的读者。

柏拉图的影响有几条线索可寻。第一条是柏拉图学园。柏拉图生前建立的学园在他去世后仍然存在，而且延续的时间很长，直到公元 529 年被东罗马皇帝尤士丁尼关闭，前后存在了 900 年。文艺复兴时期，在意大利佛罗伦萨建立了柏拉图学园，柏拉图甚至被当作神来供奉。大艺术家米开朗琪罗参加了学园的活动。不同思想倾向的文艺复兴理论家，如库萨的尼古拉、费切诺、布鲁诺等都信奉柏拉图的学说。柏拉图主义成为文艺复兴美学的哲学基础之一。佛罗伦萨柏拉图学园作为人文主义中心达半个世纪之久，它是文艺复兴文化和美学的一个典型现象。夏日，学园成员们聚集在喷泉旁，从山峰的美丽和松树的芬芳中感到极大的精神享受。他们讨论最高的善和柏拉图的真理。11 月 7 日柏拉图忌日时，学园举行隆重的纪念活动。在宴会开始前，学园成员们讨论灵魂的本质，认为对于人来说，没有比德尔菲神谕“认识你自己”更重要的了。柏拉图学园充满着友情和人性，这是一种抒情的、浪漫的人际关系。

柏拉图发生影响的另一条线索是新柏拉图主义。在柏拉图身后 600 年诞生的新柏拉图主义虽然不是柏拉图主义的简单的复活，但是它对柏拉图学说的依赖是明显的。新柏拉图主义的最大代表普洛丁继承了柏拉图学说，并且吸收其他学说，根据新的时代要求和历史条件对柏拉图学说进行了重要的补充。通过新柏拉图主义，柏拉图对中世纪基督教哲学和美学的最大代表奥古斯丁发生了影响。柏拉图哲学逐渐融入基督教、犹太教和伊斯兰教，柏拉图成为绝对精神哲学的代表。在罗马时期、中世纪和文艺复兴时期，新柏拉图主义在哲学和美学中都起了重要作用。柏拉图主义和新柏拉图主义还对德国古典美学，比如对康德、谢林和黑格尔的美学产生过很大影响。虽然新柏拉图主义受到以笛卡儿为代表的欧洲大陆理性主义和以培根为代表的英国经验主义的反对，然而，17 世纪下半叶英国还是出现了剑桥新柏拉图主义学派，美学家夏夫兹博里就是一位新柏拉图主义者，他对启蒙运动的领袖们也发生过广泛的影响。

柏拉图发生影响的第三条线索表现在浪漫主义运动中。如果亚里士多德和贺拉斯被现实主义者推为鼻祖的话，那么柏拉图和朗吉弩斯则被浪漫主义者奉为宗师。不必说柏拉图的灵感说和迷狂说是浪漫主义运动三大口号——天才、情感和想象的来源，就是柏拉图的理式，后来也被浪漫主义者理解为“理想”。理想成为浪漫主义艺术理论的基础。浪漫主义运动时期，许多诗人和美学家在不同程度上都是柏拉图主义者和新柏拉图主义者。

根据传说，柏拉图临终时看见自己变成一只天鹅。在第一次见到柏拉图之前，苏格拉底也梦见了一只天鹅。天鹅是诗神阿波罗的神鸟。柏拉图的外甥斯彪西波更把柏拉图说成是阿波罗的儿子，因此也是医神阿斯克勒庇俄斯的兄弟。这些传说似乎暗示，柏拉图是人的灵魂的医治者，他终生追求美与和谐，追求真、善、美的统一。

第三讲
亚里士多德

亚里士多德（前 384 —前 322 年）出生于马其顿南部的斯塔吉拉城。他是柏拉图以后最重要的希腊美学家，他和他的师尊柏拉图堪称希腊罗马美学的双峰。然而，和热情洋溢的诗人哲学家柏拉图不同，亚里士多德的思考方式和写作方式是理性的。尽管有许多人研究亚里士多德，然而，对他哲学中的生活取向和他的社会政治活动仍然评价不够。不少研究者极其抽象地考察他，没有注意到他思想中活生生的和激动不安的方面。现在还有很多人仅仅看到亚里士多德极其理性的思考方式和写作方式，而忽略了他的思想和活动对生活的深度介入。在他看来，没有不被思想完全渗透的生活，也没有孤立于生活之外的思想。亚里士多德的生活中隐匿着他的哲学和美学的许多奥秘。

亚里士多德被马克思称作“古代最伟大的思想家”，被恩格斯称作古希腊哲学家中“最博学的人物”。亚里士多德的研究真正是百科全书式的，他对各种各样的问题感兴趣。例如，在《物理学问题》中，他涉及了天文学的月相、饮用融化的雪水有害的原因、为什么海水不能洗衣服、为什么白色葡萄酒不太醉人、太阳的热怎样传输给成熟的果实、为什么害羞时会脸红、恐惧时脸色会发白等问题。他也探讨了根据风向、禽兽的行为预报天气等问题。

亚里士多德比较完整地流传下来的著作是他的课堂讲稿，直到公元前 1 世纪才由逍遥学派代表人物安德罗尼科编辑成书，共分 5 类：逻辑学、形而上学、自然哲学、伦理学和美学。不过，亚里士多德的著作长期被湮没，直到 12 世纪以后，西方学者才通过阿拉伯哲学家见到亚里士多德的著作，并把它们从希伯来语译成拉丁语。14 世纪末期，西方出版了原希腊语的亚里士多德著作。从阅读柏拉图著作到阅读亚里士多德著作，仿佛从一个世界来到另一个世界。柏拉图著作热烈奔放，汪洋恣肆，融思辨与想象于一体；而亚里士多德著作严肃冷峻，“以表达的简洁清晰和丰富的哲学语汇见长”[①]。亚里士多德十分善于把经验的、实践的研究和平静的、怡然自得的纯理性状态结合起来。

按照安德罗尼科对亚里士多德著作的分类，美学著作包括《诗学》和《修辞学》。这形成了一种传统：绝大部分研究者主要根据这两部著作来研究亚里士多德的美学思想。实际上，亚里士多德的《形而上学》包含着更重要的美学观点。并且，只有结合《形而上学》，以《形而上学》为基础，才能对《诗学》作出深入的理解。

一、“吾爱吾师，吾更爱真理”

“吾爱吾师，吾更爱真理。”这是亚里士多德谈到和他的师尊柏拉图的关系时说过的一句名言。亚里士多德于公元前 367 年或前 366 年负笈前往柏拉图学园，渴望成为柏拉图的忠实弟子。当时，他还是十七八岁的年轻人，而柏拉图早已是闻名遐迩的六旬哲人了。起先三年他还未能见到柏拉图，因为柏拉图正在西西里推行他的政治主张。亚里士多德在柏拉图学园生活到公元前 347 年柏拉图去世为止，历时 20 载，和柏拉图的交往达 17 年。

某些古希腊史学家不仅直接谈到亚里士多德和柏拉图的分歧，甚至谈到这两位哲学家之间的不和。根据 2 世纪学者埃利安的记述，其貌不扬的亚里士多德年轻时过于关注穿着打扮，梳着独特的发式，喜欢炫耀自己的多枚戒指。他带着这些习惯来到柏拉图学园，不能不引起长者的不悦。3 世

① ［德］E. 策勒尔：《古希腊哲学史纲》，翁绍军译，山东人民出版社 1992 年版，第 181 页。

纪的古希腊哲学史家第欧根尼·拉尔修指出，柏拉图把他的行动迟缓的门生色诺克拉底同性格执拗的亚里士多德作比较，说："一个需要马刺，另一个需要笼头。"在柏拉图眼里，亚里士多德成了一匹须时时勒紧笼头的烈马。这话说得够刺耳的。

还有说得更难听的，埃利安写道："柏拉图称亚里士多德为马驹。为什么他选择这种称呼呢？众所周知，马驹喝足了奶以后，就向母马尥蹶子。柏拉图以此暗示亚里士多德的忘恩负义。因为他师从柏拉图获取了最重要的基础知识后，就扯下笼头，创立了反对柏拉图的学园，携门徒友人徜徉其中，成为自己老师上了瘾的反对者。"也有人谈到亚里士多德对柏拉图的粗暴和无礼。有一次柏拉图心爱的学生色诺克拉底短期外出，柏拉图的侄子斯彪西波又患了病，亚里士多德趁机把年迈体弱的柏拉图从他授课的地方挤走，自己取而代之。僭越之心，昭然若揭。3 个月后色诺克拉底返回，柏拉图在他和强壮的斯彪西波的帮助下，把被亚里士多德强占的位置夺了回来。

这种说法的可靠性难以查考。确实，亚里士多德在柏拉图学园中的这类表现与他执拗的性格有关，柏拉图也不止一次地谈到这一点。然而，这仅仅是事情的一个方面。尽管亚里士多德在许多哲学问题上和柏拉图有分歧，但是他作为一个忠实的门徒，根本没有想离开柏拉图学园，只是在柏拉图去世后才离开。亚里士多德在柏拉图学园中讲过课，当然，没有柏拉图的首肯这是不可能的。甚至当亚里士多德不同意柏拉图时，他也往往不说"我"，而说"我们"，把自己当作柏拉图弟子中的一员。他在《尼各马可伦理学》中写道："理式学说是我的亲近的人们提出的。"当然，这首先指柏拉图。由此可见他们的个人关系基本上是友善的。彼此亲近的人们在理论观点上有分歧，这并非罕见的现象。柏拉图和亚里士多德著作较晚近的注释者、5 世纪的阿莫尼指出，柏拉图把亚里士多德的住所称作"阅读者之家"，这表明了亚里士多德对阅读的巨大兴趣，他的阅读范围自然包括柏拉图的著作。其实，柏拉图是一个富于自由色彩的哲学家，他允许自己的弟子有各种不同意见，尽管亚里士多德和他有分歧，他仍然高度评价这位弟子的哲学才能，称他为“学园的智慧”。

柏拉图去世后，亚里士多德离开柏拉图学园，始终没有回到柏拉图学园来，主要原因是亚里士多德的亲马其顿情绪。公元前 348 年夏天，马其顿国王腓力二世彻底摧毁了希腊城邦奥林夫，这在雅典引起了仇视马其顿的浪潮。亚里士多德的父亲尼各马可曾是腓力二世的父亲阿明塔二世和腓力二世本人的御医，是这两位国王的座上客和老朋友。在雅典人的眼里，亚里士多德恰恰是同异族马其顿人腓力二世有着密切的关系。可以说，是政治原因促使亚里士多德离开了雅典的柏拉图学园。亚里士多德并非像传统观点所认为的那样，仅仅是一位坐在书斋中作抽象思辨的哲学家，他还是当时激烈的政治事件的直接参与者。哲学和生活实践对于他来说是统一的。

亚里士多德对柏拉图的理式论作过尖锐的批判，但是他们都主张，物的存在就要求它是某种理式的载体。柏拉图使物的理式与物相脱离，进而形成与现实世界相对立的理式世界，并把它移置到天国中去。亚里士多德在《形而上学》第 1 卷第 9 章和第 13 卷中，批判了柏拉图关于一般理式可以脱离个别事物而独立存在的观点。亚里士多德哲学的全部基础在于，他不脱离于物来理解物的理式。他认为，在个别的房屋之外不可能还存在着一般的房屋，一般的房屋是我们的思想把它从客观对象中抽象出来的。他主张物的理式就在物的内部。他论证的逻辑很简单：既然物的理式是这个物的本质，那么，物的本质怎么能够存在于物之外呢？物的理式怎么能够存在于远离物的其他地方，而一点不对物产生影响呢？物的理式存在于物内部，在物的内部发生作用，理式和物之间没有任何二元论。这一论题是亚里士多德和柏拉图基本的和原则性的分歧。

虽然亚里士多德对柏拉图的理式作了无情的批判，然而他并没有放弃柏拉图的理式。相反，柏拉图的理式几乎全部转移到亚里士多德那里。按照传统翻译惯例，亚里士多德所使用的希腊术语 eidos 在拉丁文中译成“形式”，为的是使物的 eidos 尽可能与物本身相接近，从而强调亚里士多德的 eidos 处在物之中。而在柏拉图的著作中，eidos 从来不被译成“形式”，只译成“理式”，为的是强调“理式”处在物之外。我们不反对把亚里士多德的 eidos 译成“形式”，但是始终要记住，这就是柏拉图的“理式”。

柏拉图的理式论是“一般在个别之外”，亚里士多德的理式论是“一般在个别之中”。他认为，存在于物内部的理式既是一般性，又是个别性。就像准确地区分了一般性和个别性一样，亚里士多德还区分出必然性和偶然性。彼此孤立的东西是偶然性，如果在偶然性中发现了某种规律，那么，偶然性就不再是偶然性，而成为必然性。亚里士多德对一般性的理解和必然性、规律性密切相关。所以，物的理式是一般性、必然性和规律性。

在批判和发展柏拉图理式论的基础上，亚里士多德形成了自己的形式观：个别蕴涵着一般、必然和规律。而这正是亚里士多德美学中典型理论的哲学基础。亚里士多德在《诗学》中比较诗和历史的一段著名的话常为人所援引：“根据前面所述，显而易见，诗人的职责不在于描述已发生的事，而在于描述可能发生的事，即按照可然律或必然律可能发生的事。历史家与诗人的差别不在于一用散文，一用‘韵文’；希罗多德的著作可以改写为‘韵文’，但仍是一种历史，有没有韵律都是一样；两者的差别在于一叙述已发生的事，一描述可能发生的事。因此，写诗这种活动比写历史更富于哲学意味，更被严肃的对待；因为诗所描述的事带有普遍性，历史则叙述个别的事。所谓‘有普遍性的事’，指某一种人，按照可然律或必然律，会说的话，会行的事，诗要首先追求这目的，然后才给人物起名字；至于‘个别的事’则是指亚尔西巴德所作的事或所遭遇的事。”①

亚里士多德在这里所说的“诗”指文学乃至整个艺术。艺术虽然描绘

① [古希腊] 亚理斯多德：《诗学》，罗念生译，人民文学出版社 2002 年版，第 24—25 页。

个别现象，但是在假定的前提或条件下可能发生某种结果（可然律），或者在已定的前提或条件下必然发生某种结果（必然律），从而通过个别性揭示普遍规律。历史当然也应当反映规律，只是亚里士多德所理解的历史还仅是罗列现象的编年纪事史。亚里士多德的形式观蕴涵着最早的典型论，是对美学史的一个重大贡献。

二、从马其顿王宫到吕克昂学园

亚里士多德离开柏拉图学园后，于公元前343年应马其顿王腓力二世（前382—前336年）的邀请，担任13岁的太子、后来成为半个世界的征服者亚历山大（前356—前323年）的老师。亚里士多德的父母都是希腊人，但是，不知何故迁居到马其顿，亚里士多德就出生在马其顿。亚里士多德的父亲尼各马可是一位医生。他虽然是一位外地人，然而，他在整个马其顿却极有声望，以至马其顿王阿明塔二世聘他为御医。尼各马可携妻扶雏（包括亚里士多德在内的三名子女）住进王宫，直到他去世为止。在希腊，医生的职业不仅受到一般的尊崇，而且希腊人认为，所有的医生都是医神阿斯克勒庇俄斯的后代。根据希腊神话，阿斯克勒庇俄斯是阿波罗和女神科罗尼斯的儿子。亚里士多德郑重地认为自己是阿斯克勒庇俄斯遥远的后代。从历史主义观点看，这点非常重要。亚里士多德并不是一个理性主义学究，他把哲学工作同自己民族幼稚的宗教神话情绪完美结合在一起。亚里士多德于公元前335年离开了生活达8年之久的马其顿王宫，回到雅典。不过他仍然没有中断同亚历山大的密切联系，亚历山大的慷慨相助极大地促进了他的学术探索活动。

亚里士多德作为一位成熟的哲学家来到雅典，他的首要任务是创立自己的学园吕克昂。吕克昂和柏拉图学园同在雅典，形成了明显的竞争和有趣的对比。两者的哲学学说不同，甚至在管理和习惯上也存在着很多区别。吕克昂附近有一座阿波罗神庙，柏拉图学园有雅典娜、英雄阿卡德穆和普罗米修斯的圣殿。在学园中，柏拉图沿着林荫道边散步边进行学术交谈。在吕克昂也有林荫道，供亚里士多德和他的弟子散步交谈。柏拉图学园是柏拉图的私人财产，而吕克昂直到亚里士多德去世后才由他的学生买下，因为亚里士多德作为一个外省人，无权在雅典拥有地产。吕克昂不同于柏拉图学园的最大特点是教学和研究中的实践性和具体性。

西方哲学史称亚里士多德的学派为逍遥学派，因为他和他的学生喜欢在林荫道上一边散步一边讲学讨论。“逍遥”一词来源于希腊语 peripate ō ，原意为“散步”。边散步边讲学的传统来自柏拉图学园。柏拉图的弟子起初也被称作逍遥学派——“学园逍遥学派”，从而有别于“吕克昂逍遥学派”，即亚里士多德的弟子。只是后来，柏拉图的弟子被简称为学园派，而亚里士多德的弟子被称为逍遥学派。亚里士多德的著作主要是在吕克昂完成的。

（一）美的本质

亚里士多德关于美的论述很多，而最重要的美的定义有两则。一则见诸《修辞学》：“美是由于其自身而为人所向往并且值得赞颂的事物，或是善并且因为善而令人愉快的事物。”① 这里实际上是两种美的定义，而这两种美的定义在亚里士多德那里是等同的。相比之下，第二种定义更清楚些。塔塔科维兹对第二种定义作了如下的表述：“所有的美都是善，但并非所有的善都是美；只有既是善的又是愉悦的才是美的。”②

亚里士多德通过善来确定美。善指高尚的道德行为和自由的生活，它是涉及利害的。善要成为美，它还必须产生愉悦。这种愉悦不是生理上的愉悦，而是精神上的愉悦。愉悦有各种等级，它的极限就是幸福。善作为独立的价值被观照时，能够产生无私的、不涉利害的愉悦。涉及利害的善

① ［古希腊］亚里士多德：《修辞学》，1366a34—35。
② ［波］沃拉德斯拉维·塔塔科维兹：《古代美学》，杨力等译，中国社会科学出版社 1990 年版，第 199 页。

和不涉及利害的愉悦的结合，就形成了美。至于第一种定义“美是由于其自身而为人所向往并且值得赞颂的事物”，虽然比较含混，但是实际上和第二种定义没有什么区别。“为人所向往”的事物指善，而“值得赞颂的事物”指产生愉悦的事物。亚里士多德以前的希腊美学对善和美往往不作区分，亚里士多德在承认善和美的同一性的同时，在西方美学史上第一次对它们作出明确的区分。如果木匠做的桌子完全符合它的功能，希腊人认为它就是善。但是这张桌子可能是不美的。如果它具有独立观照的价值，能够产生愉悦，那么，它就既是善的又是美的。

亚里士多德另一则重要的美的定义见诸《形而上学》：“美的最高形式是秩序、对称和确定性，数学正是最明白地揭示它们。由于它们（我说的秩序和确定性）是许多东西的原因，所以，很显然，数学在谈论这些东西时，也就是以某种方式谈论美的原因。”[①] 这则定义通过数学来说明美的原因，事物凭借数维持自身的秩序、对称和确定性。而这些正是美的性质，它们与其说表明美的形式，不如说表明美的结构。像希腊美学家一样，亚里士多德具有明确的结构感，他不喜欢混沌无序。与这则定义相类似的定义有：“美产生于数量、大小和秩序”，“美产生于大小和秩序”。

亚里士多德所理解的秩序存在于自然、天体、人和社会生活中。他在《物理学》中指出，“那些由于自然和根据自然的事物决不会是无秩序的；因为自然是一切秩序的原因”[②]。他在《论动物部分》中写道，“秩序和确定性在天体中比在我们身上显示得更为突出”[③]。在《政治学》第 3 卷中亚里士多德谈到，政体是城邦中各种官职配置的一种秩序，法律也是一种秩序。秩序是善的实现。善的存在有两种形式，一种是“就其自身而存在”，万物追求它，就像将领号令军队，军队有了秩序；另一种是“秩序的安排”，就像一支有秩序的军队，将领是这种秩序的一部分。亚里士多德认为，一

① 苗力田主编：《亚里士多德全集》第 7 卷，中国人民大学出版社 1993 年版，第 296 页。
② 苗力田主编：《亚里士多德全集》第 2 卷，中国人民大学出版社 1991 年版，第 214 页。
③ 苗力田主编：《亚里士多德全集》第 5 卷，中国人民大学出版社 1997 年版，第 10 页。

切都在运动着，而这种运动是有规律的、有秩序的。作永恒的圆周运动的宇宙最有秩序，而宇宙理性是秩序的最终原因。在亚里士多德的结构范畴中，秩序占据首位。

（二）艺术模仿

亚里士多德的《诗学》是西方第一部最重要的文艺理论著作。在亚里士多德那里，“诗”可以被广义地理解为文学作品，包括史诗、悲剧和喜剧等。《诗学》的注释者和研究者不计其数。《诗学》是亚里士多德的讲稿长期被湮没，直到1500年西方学术界才知道了它。从《诗学》的结构中可以看出，《诗学》的研究对象是悲剧和史诗，而主要是悲剧。在研究悲剧时，亚里士多德提出了一系列重要的美学概念：模仿、悲剧过失说、净化说。

希腊美学把艺术与现实的关系看作为模仿。希腊哲学中个性、主体的概念还不发达，艺术模仿说表明了主体对客观现实的某种依赖，在和客观现实的关系中，主体处于某种消极状态。希腊艺术也把对外物的逼真再现看作优秀作品的标志。据说，马其顿王亚历山大的坐骑看到一幅栩栩如生的马的画而嘶鸣不已。希腊著名画家宙克西斯画的葡萄也曾使飞鸟受骗。这些传说用以赞叹画家技艺的高超。作为典型的希腊美学家，亚里士多德也信奉艺术模仿说。不过与前人相比，他的模仿带来了新的重要内容。

亚里士多德的模仿说有两点值得注意。第一，他批判了柏拉图的理式论，他所理解的现实是真实的，因此模仿现实的艺术也是真实的。第二，模仿是一种创造。亚里士多德在《气象学》和《物理学》中说“艺术摹仿自然”指的是艺术摹仿大自然的创造过程。[①] 在此基础上，我们对亚里士多德的模仿说作进一步的说明。《诗学》开宗明义地指出：“史诗和悲剧、喜剧和酒神颂以及大部分双管箫乐和竖琴乐——这一切实际上是摹仿，只是

---

① 参见［古希腊］亚理斯多德：《诗学》，罗念生译，人民文学出版社2002年版，第95页页下注。

有三点差别，即摹仿所用的媒介不同，所取的对象不同，所采的方式不同。”①

艺术模仿什么呢？答案似乎不言自明：艺术模仿我们周围存在的客观现实。实际上，这种回答并不确切。在《诗学》第 9 章中，亚里士多德明确指出，艺术不是模仿已经发生的事，而是模仿可能发生的事，即按照可然律或必然律可能发生的事。②也就是说，艺术不是模仿整个现实，而是模仿某种特殊的现实。按照可然律或必然律发生的事，是体现某种一般性、普遍性和规律性的事。艺术模仿要通过个别体现一般，这是亚里士多德一贯的思想。他在《形而上学》和《尼各马可伦理学》中都曾指出，“经验只知道特殊，艺术才知道普遍”③，“那些愿意去通晓艺术善于思辨的人进而走向普遍，尽可能通晓普遍”④。

《诗学》第 25 章列举了三种不同的模仿对象：“诗人既然和画家与其他造型艺术家一样，是一个摹仿者，那么他必须摹仿下列三种对象之一：过去有的或现在有的事、传说中的或人们相信的事、应当有的事。”⑤在同一章里，亚里士多德对这三种模仿作了解释。第一种是简单模仿自然，如希腊戏剧家欧里庇得斯，他“按照人本来的样子来描写”。第二种指根据神话传说来模仿。第三种是“按照人应当有的样子来描写”，如希腊戏剧家索福克勒斯。⑥在这三种方式中，最好的是第三种，索福克勒斯一直是亚里士多德心中理想的悲剧诗人，而欧里庇得斯却经常遭到他的谴责。按照事物应当有的样子来描写，就是描写按照可然律或必然律可能发生的事情。在讨论第二种模仿时，亚里士多德指出，“一桩不可能发生而可能成为可信的

① ［古希腊］亚理斯多德：《诗学》，罗念生译，人民文学出版社 2002 年版，第 1 页。
② 参见［古希腊］亚理斯多德：《诗学》，罗念生译，人民文学出版社 2002 年版，第 24 页。
③ 苗力田主编：《亚里士多德全集》第 7 卷，中国人民大学出版社 1993 年版，第 28 页。“艺术”原译为“技术”。
④ 苗力田主编：《亚里士多德全集》第 8 卷，中国人民大学出版社 1994 年版，第 235 页。“艺术”原译为“技术”。
⑤ ［古希腊］亚理斯多德：《诗学》，罗念生译，人民文学出版社 2002 年版，第 78 页。
⑥ 参见［古希腊］亚理斯多德：《诗学》，罗念生译，人民文学出版社 2002 年版，第 79 页。

事，比一桩可能发生而不能成为可信的事更为可取”[①]。荷马根据神话写成的史诗是不可能发生的，在历史上不真实。然而在荷马所假定的那种情况下，他的描写又是可信的，即符合可然律或必然律。而可能发生，或已经发生的偶然事件，由于不能体现出某种必然性，它就不能成为可信的。这就是第一种模仿。这样，第二种模仿就要优于第一种模仿。亚里士多德理想的创作方法是按照事物应当有的样子来描写，这对19世纪车尔尼雪夫斯基关于美的定义产生了直接的影响。

《诗学》第4章还有关于模仿的一段重要论述：“人从孩提的时候起就有摹仿的本能（人和禽兽的分别之一，就在于人最善于摹仿，他们最初的知识就是从摹仿得来的），人对于摹仿的作品总是感到快感。经验证明了这一点：事物本身看上去尽管引起痛感，但惟妙惟肖的图画看上去却能引起我们的快感，例如尸首或最可鄙的动物形象。（其原因也是由于求知不仅对哲学家是最快乐的事，对一般人亦然，只是一般人求知的能力比较薄弱罢了。我们看见那些图画所以感到快感，就因为我们一面在看，一面在求知，断定每一事物是某一事物，比方说，‘这就是那个事物’。假如我们从来没有见过所摹仿的对象，那么我们的快感就不是由于摹仿的对象，而是由于技巧或着色或类似的原因。）”[②]

这段论述包含着丰富的内容。艺术作品能够使我们产生快感，原因在于模仿。我们在欣赏绘画时，同时在求知，即“判定每一事物是某一事物”，也就是把艺术作品和原型相比较，通过比较作出艺术评价。快感是作品和原型的吻合引起的，也就是由艺术模仿引起的。可见，艺术知觉须要有原型存在。这里的原型，就是根据可然律或必然律可能发生的事。求知使艺术具有认识作用。这符合模仿的本性，人们最初的知识就是从模仿

① [古希腊]亚理斯多德：《诗学》，罗念生译，人民文学出版社2002年版，第85页。
② [古希腊]亚理斯多德：《诗学》，罗念生译，人民文学出版社2002年版，第10页。原译中的“图像”改为“图画”。原译中的“那么我们的快感就不是由于模仿的作品”改译为“那么我们的快感就不是由于模仿的对象”。参见苗力田主编：《亚里士多德全集》第9卷，中国人民大学出版社1994年版，第645—646页。

得来的。如果我们没有见过所模仿的对象，那么，我们对于绘画的快感就仅仅是由于着色、技巧等外在原因引起的。此外，从科学的观点或伦理学的观点使人引起痛感的事物，如尸首或最可鄙的动物，对它们的艺术模仿也能使人产生快感。也就是说，描绘丑的现象的艺术作品可能是美的，自然丑可以化为艺术美。亚里士多德在《修辞学》中的一段论述可以与此相参较："既然学习和惊奇是令人快乐的，那么与此同类的事物必然也是令人快乐的，例如模仿的事物，如绘画、雕像、诗歌以及所有模仿得逼真的作品；即便是被模仿的原物本身并不令人愉快；因为引起愉快的并不是原物本身，而是观赏者做出的'这就是那事物'的结论，从而还学到了某种东西。"①

亚里士多德使艺术及其内在规律成为独立自在的领域，使艺术体验和审美体验成为独立自在的领域。这是亚里士多德模仿论的特色和创新之处。②

三、对《俄狄浦斯》的阐释

《俄狄浦斯》是索福克勒斯最著名的悲剧作品。索福克勒斯是希腊三大悲剧家之一，另外两位是埃斯库罗斯和欧里庇得斯。《俄狄浦斯》讲述了一个古老而惊心动魄的故事：忒拜国王从神那里得知，由于他自己早先的罪恶，他的儿子命中注定要杀父娶母，他由此抛弃了自己的婴儿俄狄浦斯。这个婴儿被科任托斯国王收为养子。俄狄浦斯长大后，也从神那里得知他的命运，他一心要反抗命运，就逃往忒拜，在路上一时动怒，打死了一个老年人，正巧是他的生父。人面狮身的女妖坐在忒拜的悬崖上，让过路人猜谜，猜不出就被害死。俄狄浦斯猜出了谜语，为忒拜人解除了灾难，被忒拜人拥戴为王，娶了前王的寡后，实际上就是自己的生母。忒拜发生了

① 苗力田主编:《亚里士多德全集》第 9 卷，中国人民大学出版社 1994 年版，第 387 页。
② [苏联] 洛谢夫:《希腊罗马美学史》第 4 卷，莫斯科 1975 年版，第 409 页。

瘟疫，神启示说必须把杀害前国王的凶手驱逐出境，瘟疫才能平息。俄狄浦斯诚心为忒拜谋福，想方设法查访凶手，结果发现凶手就是他自己，娶母的预言也应验了。极度的悲痛进一步酿成惨剧，王后自杀，俄狄浦斯悲愤欲狂，刺瞎了自己的眼睛，并请求放逐。

亚里士多德认为《俄狄浦斯》是希腊悲剧的典范，在思想上和艺术上有很高的成就。他根据这部悲剧，提出了悲剧过失说。亚里士多德指出，悲剧各种成分中最重要的是情节，在情节的安排上，悲剧不应写好人由顺境转入逆境，不应写坏人由逆境转入顺境，也不应写极恶的人由顺境转入逆境，因为这些情节都不能引起怜悯与恐惧。那么，悲剧应该描写什么呢？悲剧应该描写“与我们相似”的人，他“不十分善良，也不十分公正”，即不是好到极点的人，不过，这种人甚至宁可更靠近好人，不要更靠近一般人。“而他之所以陷于厄运，不是由于他为非作恶，而是由于他犯了过失”。[①]

悲剧过失不涉及道德方面，这表明悲剧主角虽然不是尽善尽美的道德楷模，然而仍然是和我们相似的有道德的人。他在不明真相或不自愿的情况下有了过失，遭受了不应遭受的厄运，他的这种“祸不完全由自取”使我们产生怜悯。例如，索福克勒斯的悲剧《俄狄浦斯》中的主人公由于“无知”弑父娶母，最后挖目自贬以赎罪。另外，悲剧“过失”是一个内涵丰富的概念。悲剧主角遭的祸又有几分咎由自取，俄狄浦斯的莽撞是引发悲剧的原因。这样，我们才会产生因小过而惹大祸的恐惧。不涉及道德方面的悲剧过失所产生的悲剧效果，却和我们的道德评价密切相连。

与悲剧过失说密切相关的是净化说。《诗学》第6章中关于悲剧定义的最后一句话说：“借引起怜悯与恐惧来使这些情绪得到净化”。亚里士多德提出的净化说，成为西方美学史上争论时间最长、分歧最大的理论问题之

① [古希腊]亚理斯多德：《诗学》，罗念生译，人民文学出版社2002年版，第33页。引文中的“过失”原译为“错误”。

一。虽然研究者们无法就净化说得出一致的结论，然而他们的研究工作从不同方面丰富了艺术知觉过程中审美体验的理论。“结果像一则尽人皆知的寓言所说的那样：一位父亲对儿子们说，果园里埋着财宝，儿子们挖遍整个果园，却什么财富也没有找到，然而，这样一来，葡萄园里的地被掘松了。”[①] 葡萄的丰收给儿子们带来了财富。

艺术净化就是通过艺术作品，舒缓、疏导和宣泄过分强烈的情绪，恢复和保持心理平衡，从而产生一种快感即美感。不同的艺术能够净化不同的情绪。悲剧净化怜悯和恐惧，产生悲剧的快感。宗教音乐净化迷狂的情绪，产生音乐的快感。艺术净化的快感又不同于模仿的快感和艺术技巧或着色所引起的快感。亚里士多德对审美快感的分析是很仔细的。

亚里士多德只谈到悲剧和音乐的净化，其实，其他艺术也有净化功用。例如，净化表现在哥特式“建筑艺术从沉重、惰性的石头中取得”的那种轻盈、缥缈和清澈中。不仅在艺术知觉过程中，而且在艺术创作过程中存在着净化。艺术史上很多例证表明，一些艺术家在强烈的情绪的驱动下从事创作，创作完成后会有摆脱重荷的轻松。除了知觉艺术作品外，审美地知觉自然、社会现象、人的外貌和行为也能产生净化。净化为任何一种审美体验所固有。在艺术功用系统中，净化功用和补偿功用相互毗邻、相互转化。补偿功用指知觉者从艺术那里补充了精神上不存在的东西，是潜意识愿望的满足，净化功用则是现存的、压抑精神世界的那些东西的释放。亚里士多德提出的净化说极大地丰富了审美知觉和艺术创作理论。

亚里士多德的审美对象包括植物、动物、人、宇宙、颜色、声音等。在这些审美对象中，球形的、作永恒的匀速圆周运动的宇宙是最高的审美对象。人应该观照宇宙，并从中感到幸福。人本身是小宇宙，应该像宇宙那样和谐地生活。亚里士多德对美下过两个主要的定义。在《修辞学》中，

---

① [俄]斯托洛维奇：《生活·创作·人——艺术活动的功能》，凌继尧译，中国人民大学出版社 1993 年版，第 147—148 页。

他通过善来确定美，认为美是善和愉悦的结合，从而在西方美学史上第一次对善和美作出明确的区分，虽然他也承认它们的同一性。在《形而上学》中，亚里士多德通过数学来确定美，认为美的最高形式是秩序、对称和确定性。与其说这是美的形式特征，不如说是美的结构特征。在这三个特征中，秩序最为重要。宇宙的真实名称就是秩序。亚里士多德的宇宙完美说对近现代自然科学家也产生了重要影响。他们认为，宇宙是完美的，阐释宇宙的理论也应该是完美的。每当这种理论出现破绽时，他们就力图更新这种理论。比如，哥白尼提出了日心说，牛顿创立了经典力学体系，布朗克、麦克斯韦突破了经典物理学，爱因斯坦提出了相对论。

在西方美学史著作中，很少有像亚里士多德的《诗学》那样引起如此众多的学者作历久不衰的研究和异常激烈的争论。由于后人的加工整理，也由于数百年来的窖藏造成《诗学》手稿的破损，《诗学》中有不少含混不清之处。《诗学》的这种历史命运更助长了对《诗学》内容的争议。尽管如此，《诗学》的价值和影响不容置疑。《诗学》和亚里士多德的其他著作涉及艺术的本质和功用。亚里士多德也把艺术看作为模仿，不过他的模仿比柏拉图前进了一大步。亚里士多德明确地论述到艺术的多种功用：教育、净化、娱乐、消遣。他谈论艺术处处从心理学出发，艺术模仿出于人的天性，净化则是强烈的情绪的宣泄，他的音乐理论更是与人的心理有关。

第四讲
希腊化时期和罗马早期的哲学美学

公元前 334 年，统治了希腊的马其顿王亚历山大（曾经是亚里士多德的学生）率领大军开始东征。这标志着历史上的希腊化时期开始。经过 10 年征战，亚历山大逐渐建立了前所未有的、横跨欧亚非三洲的大帝国。然而，这个大帝国只是一个不稳定的临时的军事联合体，它并没有统一的经济基础。亚历山大于公元前 323 年去世后，群臣混战，帝国逐渐被走向强盛的罗马所征服。公元前 30 年，埃及的托勒密王朝作为最后一个希腊化国家被罗马吞并，历时 300 年的希腊化时期终结，罗马时期开始。

罗马原是古意大利的一个城邦，公元前 3 一前 1 世纪，罗马不断向外扩张，经过半个世纪的争斗，罗马成为一股世界性的力量。罗马人在希腊化时期同希腊人交往时，很羡慕他们的文化。然而，希腊化的各国无休止的混战使罗马人厌恶。罗马在军事上组织良好，军队纪律严明，装备精良，训练有素；在政治上效率高。罗马决定一个一个地征服希腊化国家。罗马的疆土西至大西洋边，北至莱茵河和多瑙河，东至幼发拉底河，南至阿拉伯和非洲的沙漠地带。

公元前 27 年，罗马元老院（古罗马的政权机关）授予罗马第一个皇帝屋大维“奥古斯都”的称号，意为“至圣至尊”“帝国的唯一执政者”。罗马从此进入帝国时期。所谓帝国，并不是针对领土而是针对统治方式而言，即罗马开始由一个皇帝来统治。罗马帝国前期约 200 年，政治稳定，经济繁荣。而自 2 世纪末到 3 世纪末，罗马帝国在政治和经济方面爆发了全面危机，从而导致帝国的衰落和灭亡。395 年，罗马帝国一分为二：东罗马帝国以君士坦丁堡为首都，西罗马帝国以罗马为首都。西罗马帝国晚期危机沉重，生产萎缩，财源枯竭，城市凋敝，军队横征暴敛，哀鸿遍野，民怨沸腾，人民起义风起云涌。476 年，日耳曼雇佣军废黜了西罗马最后一位皇帝，西罗马帝国灭亡。罗马的奴隶制随之结束。

希腊化时期和罗马美学指从公元前 322 年亚里士多德去世，到公元 529 年罗马皇帝查士丁尼下令关闭雅典所有学园这段时期的西方美学（这与历史上的希腊化时期和罗马时期不完全吻合）。它历时 800 多年（其中希腊化时期美学 300 年），比历时 200 年的希腊美学长得多。希腊化时期和罗马时期在历史上是两个时期。在希腊化时期，希腊美学传至东方；在罗马时期，希腊美学传至拉丁语区。这两个历史时期流行着同样的美学学派，这些美学流派在希腊化时期产生，但是它们存在的时间超越了希腊化时期，一直到罗马早期才消亡。

希腊化时期和罗马早期的哲学美学指当时最有影响的两个哲学流派——斯多亚派和伊壁鸠鲁派的美学。以往的西方美学史著作大多数对他们的美学没有或很少研究，于是，从亚里士多德（前 4 世纪末）到普洛丁（3 世纪）的 500 多年期间哲学美学出现了巨大的空白。实际上，仅就美学文献的数量来说，这也是一个不仅不容忽视的，而且值得仔细研究的新时代。新时代给哲学美学带来了新特点。与人物突出、主线清晰的希腊美学相比，以整体流派为特征的希腊化时期和罗马早期的哲学美学呈现出错综复杂、令人眼花缭乱的局面。如果说希腊美学偏重客体，那么，希腊化时期和罗马早期的哲学美学偏重主体。尽管在柏拉图和亚里士多德那里人的主体也起着非常重要的作用，然而在总的倾向上，希腊美学的基础是对世界和世界的美的客观理解，人是客观秩序的结果。希腊化时期和罗马早期的哲学美学则以人的主观感觉为基础，客观对象是人的思维和体验的结果。

一、希腊化时期的艺术和美学风貌

希腊化时期的艺术作为古希腊艺术的继续发展，取得了辉煌的成就。

与古希腊艺术相比，希腊化时期的艺术个性化因素增强，通过面部表情、多变的姿态和衣服的褶皱深入地刻画了人物的情感特征。这一时期是人物肖像诞生的时期，这在艺术史上有重要意义，艺术家把视线从神转向人。这和此前苏格拉底把哲学思想从天上拉回人间的行为相呼应。

著名的雕像有合手而立的雄辩家狄摩西尼、哲学家伊壁鸠鲁的坐像、斯多亚派哲学家克吕西甫的坐像，以及盲诗人荷马的雕像。这些雕像手法细腻，人物栩栩如生，或深思，或倾诉，或矜持，或安详，神态各异。除了这些肖像作品外，这段时期最负盛名的雕像是公元前 2 世纪后半期的“米洛的维纳斯”。它的手臂已被毁，然而美神的断臂引起了人们丰富的想象。它雍容大方，端庄静穆，然而，它的躯干和肢体的不同方向和多样化的衣褶，传达出一种流动的韵律。希腊化雕像通常具有强烈的动感。例如，“萨莫色雷斯岛的胜利女神”的衣裳在劲风的吹动中飘然掠向后方；“跳舞的农牧之神”通过风吹的头发、骨架的结构、皮肤的柔软的凹陷刻画了身体的旋转。

希腊化时期艺术中戏剧化的情节、格斗厮杀的悲剧性因素代替了古希腊艺术中的和谐、从容和凝重。在某种程度上，这也是希腊化时期动荡不安的社会现实的反映。这类作品主要是希腊化城市帕加马的雕刻，它们包括超过真人高度的“垂死的高卢人”“杀妻后自刎的高卢人”和装饰在帕加马宙斯和雅典娜祭坛上的“神祇和巨人战斗”的饰带浮雕。高卢人是被帕加马打败的敌人，他们被描绘成充满尊严的高尚对手。身材高大、头发浓密、肌肉结实的一位高卢人眼见失败不可避免，他不愿意自己钟爱的妻子成为帕加马人的奴隶，于是杀死了妻子。妻子毫无生气的女性的手臂垂挂在丈夫强有力的、绷紧的男性的大腿边。这位高卢人向后看着，大胆对抗到最后，并准备将剑刺进自己的咽喉。雕像中生和死、男和女、裸体和着装形成强烈的对比。[①]

① ［美］苏珊·伍德福特等：《剑桥艺术史》第 1 卷，罗通秀、钱乘旦译，中国青年出版社 1994 年版，第 104—105 页。

和帕加马作品密切相关的是雕刻“拉奥孔”，它因为18世纪德国美学家莱辛的同名著作而益享盛名。根据希腊传说，拉奥孔是特洛伊国日神庙的司祭。特洛伊国王子访问希腊，带着希腊著名的美女海伦王后私奔回国。希腊人动员全国人组成远征军攻打特洛伊，打了9年攻不下。第10年，希腊将领俄底修斯想出一计，把一批精兵埋伏在一匹大木马的腹内，放在特洛伊城门外。特洛伊人好奇，把木马移到城内，夜间伏兵跳出把城门打开，于是希腊兵士一拥而入，攻下特洛伊城。在特洛伊人把木马移入城时，司祭拉奥孔曾极力劝阻，触怒了偏爱希腊人的海神，于是海神遣使两条大蛇把他和他的两个儿子一起绞死。尽管雕像中拉奥孔剧烈的痛苦没有充分宣泄，从而被18世纪德国美学家温克尔曼称作“静穆的伟大”，然而希腊古典雕刻的理想化倾向在这里已大为削弱。

希腊化艺术的题材比古希腊艺术明显扩大。年迈的渔翁、贩货的老妇、酣睡的孩子、马上的骑师、摔跤手等都成为希腊化艺术的题材。如果说希腊哲学家追求自然的本原，那么，希腊化时期的艺术家则对自然本身感兴趣。人、神、动物、植物、各种生活场景都成为艺术的题材。

希腊化时期和古罗马早期的哲学美学是希腊城邦瓦解、奴隶制大国兴起时产生的美学。希腊人摆脱了氏族公社进入奴隶制城邦后，他们在政治、经济、道德和审美上与城邦生活紧密地联系在一起。由于希腊城邦的小国寡民不能适应大规模奴隶制和工商业的发展，它最终走向瓦解。希腊化时期开始形成的奴隶制大国第一次使人把客观世界放在次要地位，而首先保持自身内心的特点。斯多亚派、伊壁鸠鲁派之间尽管有种种差异，然而他们的共同之处是追求内心的平静和安宁，并认为这才是最高的美。

然而，这两派美学仍然和希腊美学保持着内在的联系，他们对内心宁静的追求或者以希腊的自然哲学为基础，或者以当时的客观存在为背景。斯多亚派接受了希腊哲学家赫拉克利特关于火是世界本原的思想，火是一切存在即感性宇宙的基础。斯多亚派把宇宙看作“世界国家”，自称是

“宇宙公民”。他们要求参与社会事务和国家事务，履行公民职责。正因为如此，晚期罗马国家意识形态以斯多亚的学说为基础。斯多亚派认为，有智慧的人的内心生活是宇宙中的规律和秩序的再现。伊壁鸠鲁派接受了希腊哲学家德谟克利特的原子论，认为世界由原子的垂直运动和偏斜运动产生，世界的产生和神没有任何关系。死不足惧，因为死只是原子的分解，死后的生活是不存在的。伊壁鸠鲁能够以闲适的心情对待死亡，由此能够对任何现象保持内心的宁静。他们的美学并不否定客观的存在。斯多亚派和伊壁鸠鲁派都力图建立客观存在的理论，只是这种客观存在不能够妨碍，相反应该促进内心的宁静。

希腊化时期的斯多亚派和伊壁鸠鲁派一改古希腊美学偏重客体的倾向，把人的主体提到首位，追求人内心的平静和安宁。如果说古希腊美学的基础是对世界和世界的美的客观理解，人是客观秩序的结果；那么，希腊化时期美学则以人和主观感觉为基础，客观对象是人的思维和体验的结果。

造成这种情况的原因主要有三个。首先，希腊化以后，分散的、独立的希腊城邦被统一到庞大的、多民族的国家中去。能征善战的将军成为国家的统治者，产生了君主政体，经济规模迅速扩大，出现了大型的个人商贸企业。崛起一批新兴城市，如埃及的亚历山大，小亚细亚的帕加马。建立了国家的科学研究机构、图书馆和博物馆，亚历山大城和帕加马相继成为最大的文化中心。面对新的社会环境，个人和国家的关系已经大大不同于个人和城邦的关系。在城邦里人们彼此熟悉，人们依附于城邦，城邦可以看得见摸得着。与城邦相比，现在的国家是远为宽泛、远为抽象的概念。主体在新的社会中的地位、命运和作用受到关注。与哲学研究中的伦理学化趋势相一致，美学研究也把人的主体提到首位。

其次，希腊化时期不按照希腊神话英雄的方式来理解人，而主要是在同客观现实的比较中来理解人的主体。与客观现实相比，主体总是软弱的、不稳定的，因此对主体提出过分严肃的、冷峻的道德要求。

最后，希腊化时期征伐不断，战争频仍，各希腊化国家也经常争斗杀戮。社会上两极分化严重，财富集中在少数人手中，广大群众日趋贫困。面对激烈的社会矛盾，很多人感到惶恐迷茫，看不到出路。顺应这种社会情况，希腊化时期美学漠视外物的诱惑，回避现实的纷扰，而遁入内心世界深处以求安宁。这使得希腊化时期美学具有悲观失望的色彩。

二、美在于适度和比例

美在于尺度和比例是斯多亚派的主要美学观点。在希腊化时期和罗马早期的哲学流派中，斯多亚派的影响最大。“斯多亚”在希腊语中的意思是“画廊”。该派创始人塞浦路斯的芝诺（前 336 —前 264 年）于公元前 300 年左右在雅典开办了学校，在一个画廊讲学，他的学派因此而得名。经过 30 年的努力，他的画廊成为与柏拉图学园、伊壁鸠鲁花园齐名的雅典著名学校。斯多亚派历史悠久，可以分为早期、中期和晚期三个时期。早期为公元前 3 至公元前 2 世纪的希腊化时期，中期为公元前 2 世纪至公元前 1 世纪罗马征服希腊化地区之后的罗马共和国时期（罗马历史的共和国时期约从公元前 510 年至公元前 27 年），晚期为 1 世纪至 2 世纪的罗马帝国时期（罗马历史的帝国时期从公元前 27 年至 476 年）。斯多亚派和上层统治阶级关系密切，其代表人物既有宫廷大臣塞涅卡，又有被称为“御座上的哲学家”的罗马皇帝奥勒留。

（一）美的理论

在论述美时，斯多亚派经常提到对称的概念。根据柏拉图主义者伽伦（约 129 —200 年）的记载，克吕西甫在论述形体美时，“他认为健康在于各种元素的对称（下文作了解释，元素是冷暖干湿——引者注），而美在于各个部分的对称”[①]。他在另一处也强调了这一点：“人体四肢的对称或不对称导致美或丑”。[②]5 世纪编纂家斯托拜乌曾记载了斯多亚派类似的观点：“身体的美是四肢在它们相互关系中以及与整体的关系中的对称，同样，灵魂的美是理性的对称，以及理性的各种因素在与灵魂整体的关系中和彼此的相互关系中的对称。”[③]“在身体中四肢有某种匀称的姿态，再加上某种悦目的肤色，这被称作为美；同样，在精神中，与某种有力和坚定连在一起的意见和判断的平稳的一贯性，被称作为美。”[④]

《斯多亚派流传残篇》还写道：“身体美在于各部分的对称，美好的肤色和结实的肌体；……而理性美在于信条的和谐和德行的协调……”[⑤]由此可见，对称作为美的本质由斯多亚派作了充分论述。事物和人体的美是各部分和整体的协调，内在心灵的美是各种心理因素和理性的协调。然而，对斯多亚派美学的研究不能到此止步，因为把和谐、比例和对称看作美是希腊美学的共同传统，这里还看不出斯多亚派美学独具的特征。只有说明斯多亚派的对称的本质及其专门的审美意义，才能认清他们美学的风貌。

斯多亚派在伦理学中宣扬和践履“不动心”和“心平气静”的原则。在美的理论中，他们则把美说成是“中立的”“无涉的”。[⑥]事物可以分成好的和坏的，有益的和有害的。然而斯多亚派认为，美、健康、富有既不是好的又不是坏的，既不是有益的又不是有害的。可以为了善的目的或恶的目的追求美、健康和富有，但是它们本身不是善和恶。在这种意义上，它们是无私的、不涉利害的。斯多亚派主张无私地、不涉利害地观照客观现实和客观存在的美。

斯多亚派把美、富有、健康归入既非可取、又非不可取的中立领域。

---

① 《斯多亚派流传残篇》第 3 卷第 472 节。
② 《斯多亚派流传残篇》第 3 卷第 471 节。
③ 《斯多亚派流传残篇》第 3 卷第 278 节。
④ 《斯多亚派流传残篇》第 3 卷第 279 节。
⑤ 《斯多亚派流传残篇》第 3 卷第 392 节。
⑥ 参见 [苏联] 洛谢夫：《希腊罗马美学史》第 5 卷，莫斯科 1979 年版，第 139—140 页。

美不是善，它处在道德之外；美没有益，它处在合目的性之外。美的这种观点是以前的美学中所没有的。在以前的美学中，美同善、同合目的性往往很难区分。而在斯多亚派那里，美成为与实际生活无涉的、独立自在的。美在生活中可以起积极作用，也可以起消极作用，但是它不取决于这些作用。它在本质上是中立的，与实际无沾无碍的。显然，美的这种性质和斯多亚派对身外之物平淡、甚至冷漠的态度有关，在这里斯多亚派的伦理学和美学融为一体。

早期斯多亚派关于美的本质的观点在中期斯多亚派那里发生了很大变化。中期斯多亚派代表巴内修斯把希腊化时期的斯多亚派哲学罗马化，把该派哲学中能为罗马接受并为罗马所需要的那些内容移植到罗马土壤上来。在总的思想倾向上，他对斯多亚派哲学和柏拉图哲学进行折中，力图恢复被早期斯多亚派中断的同柏拉图的精神联系，他称柏拉图为神、最有智慧的人和“哲学中的荷马”[①]。他喜欢平易温和的生活态度，摒弃了早期斯多亚派严峻枯冷、心如古井、可敬不可亲、不食人间烟火的形象，使美更加接近于尘世，更加接近于普通人的体验。他对自然中的合目的性感兴趣，热爱星空、自然、动植物、人体和人的精神的美。在他那里，美不仅是宇宙和宇宙逻各斯，而且是人的生活，这种生活充满了各种感情和思想，同时追求最高的理性。

如果哲学上巴内修斯偏离了早期斯多亚派，那么，在美学上他简直走到早期斯多亚派的反面。他主张美和效用有联系。美被认为是最高的效用，因为它能够帮助人们生活和相互交往。如果效用没有任何美，甚至不成其为效用。当效用和某种丑的东西联系在一起时，其中就没有真正的效用。使人感到丑的东西，不可能有任何效用。[②]巴内修斯指出，对感性事物外在美的欣赏，能够导致行为美。只有人借助自己的本性和理性能力能够欣赏

① 《巴内修斯残篇》第 56 节。
② 《巴内修斯残篇》第 102 节。

美，其他动物不能感受到感性事物的美和各部分的和谐。人在观照外在美时，这种美的类似物传达给人的灵魂，人的灵魂在自己的言行中遵循美和秩序，避免丑的和不良的举止，从而产生行为美。[①] 从总的方面说，巴内修斯美学思想的独特性表现为：美是有效用的，同时又是完全独立自在的，人们对美的欣赏与他们的物质需要无关。

晚期斯多亚派既不同于早期斯多亚派，又不同于中期斯多亚派。他们强烈地感到在混乱的社会生活面前软弱无助和微不足道，希望挣脱罪恶世界，对内心的宗教体验的兴趣大增。宇宙的美仍然存在，然而被他们道德化了，现在最要紧的是按照美的结构塑造自己的道德生活和内心世界。

晚期斯多亚派最后一个重要的代表，161—180年在位的罗马皇帝奥勒留的《沉思录》充满世纪末的悲怆情调，发出"人生如烟"的慨叹。[②] 然而，在这动荡不安的时代中，奥勒留却遵循希腊美学精神，显示出对纯粹的、无私的美的热爱。他写道："一切美的东西无论是什么，都因自身而美：赞扬不能作为一个组成部分进入其中。因此，它不由于赞扬变坏或变好。我在这里指的是从平常观点看被称作为美的东西，例如，物质的东西和艺术作品。那真正美的东西需要什么样的赞扬呢？除了法则、真理、仁慈和秩序，不需要任何东西。这一切中的什么东西是由于赞扬才美或者由于谴责才丑的呢？难道纯绿宝石缺乏赞扬就会变坏吗？难道黄金、象牙、紫袍、大理石、花卉和植物缺乏赞扬就会变坏吗？"[③] 在这里，美成为独立自在的，它由于自身具有意义，而不需要任何其他东西。它表明在斯多亚派美学完全瓦解和走向终结的时候，在阴郁黯淡的时代氛围中，罗马人仍然没有忘记光明、愉快的希腊美学理论。

---

① 《巴内修斯残篇》第98节。
② ［古罗马］奥勒留:《沉思录》第10卷第31章。
③ ［古罗马］奥勒留:《沉思录》第4卷第20章。

（二）艺术理论

与希腊美学家的自然观相比，斯多亚派的自然观发生了改变：他们不仅把自然看作客体，而且看作为主体。因此，他们不仅把自然看作伟大的艺术作品，而且看作伟大的艺术家。芝诺就赋予自然这种称号，《斯多亚派流传残篇》写道："根据这个理由，整个自然是艺术的，因为它仿佛具有它所遵循的某种途径和规则。而对于吸纳一切和包容一切的世界本身，自然不仅被同一个芝诺称为艺术的，而且直接称为艺术家，称为一切有益的东西的保护者和制造者。"[①] 自然之所以成为一个艺术家，是因为在斯多亚派看来，自然是有生命的，是一个巨大的活物。

虽然艺术和自然有着密切的关系，然而，早期斯多亚派对希腊传统的艺术模仿自然的观点却不感兴趣。据查阅，在早期斯多亚派的所有残篇中，仅有唯一的一处提到"模仿"的术语，那是在公元前 1 世纪伊壁鸠鲁派哲学家菲罗德谟批评斯多亚派的音乐理论时出现的。菲罗德谟指出，斯多亚派"既在模仿的含义上，又在发明的含义上"把音乐和诗相等同。[②] 晚期斯多亚派代表塞涅卡沿袭柏拉图和亚里士多德的传统，重新阐述了艺术模仿自然的理论。塞涅卡是暴君尼禄的老师和大臣，西方哲学史研究常以他为例说明晚期斯多亚派道德说教和行为之间的矛盾。他经常谴责财富，然而他又非常富有。他反对残忍行为，然而他又为虎作伥。他的著作中与美学关系最大的是《致卢齐利乌书信集》中的第 65 封信。

塞涅卡写道："艺术模仿自然。因此，我关于整个世界所说的东西，也可以运用到人工制品上来。比如，雕像既要有质料，它由质料制成；又要有艺术家，艺术家赋予质料以某种形式。铸造雕像的青铜是质料，而雕刻家是原因。关于其他各种物也可以这样说，它们中有两种元素：物所由制

---

① 《斯多亚派流传残篇》第 1 卷第 172 节。

② ［古希腊］菲罗德谟：《论音乐》第 90 节。参见［苏联］洛谢夫：《希腊罗马美学史》第 8 卷下册，莫斯科 1994 年版，第 65 页。

成的东西，和使物产生的东西。”[①] 斯多亚派认为物的形成只有一个原因，就是使物产生的东西。而亚里士多德认为有四个原因。塞涅卡以雕像为例来解释亚里士多德的四因说。第一种原因是青铜，因为如果没有质料，雕像就无从浇铸或塑造。第二种原因是制作者，即雕刻家，因为如果没有雕刻家有经验的双手的工作，青铜就不可能获得雕像的形式。第三种原因是形式，亚里士多德称它为埃多斯（ eidos ），因为如果雕像没有某种形式，它就不会成为“持矛者”或者“束发的运动员”。第四种原因是目的，因为如果没有目的，也就不会有雕像。目的可以是金钱，如果雕刻家想出售雕像的话；目的也可以是荣誉，如果雕刻家想获取知名度的话；目的还可以是虔诚，如果雕刻家要把雕像赠给神庙的话。

令人感兴趣的是塞涅卡在亚里士多德的这四种原因之外，添加了第五种原因，即柏拉图所说的“理式”（ idea ），塞涅卡称之为“范型”。范型指画家在完成自己的构思时所观照的对象。它可以存在于画家的外部，或者仅仅存在于画家的想象中。塞涅卡认为，按照柏拉图的观点，事物的形成有五种原因：质料因、动力因、形式因、范型因和目的因。实际上这仅仅是塞涅卡的理解，柏拉图本人从来没有这样说过。现在的问题是，既然塞涅卡明确地区分了亚里士多德的埃多斯（ eidos ）和柏拉图的范型（ idea ），那么，这两者之间的区别何在呢？在致卢齐利乌的第 58 封信第 16 节中，塞涅卡对此作了说明。如果一位画家为芝诺画肖像，那么，芝诺本人、画家画肖像时所依据的芝诺的面孔就是范型；而画家从芝诺的面孔中提炼出来的、并使之入画的那些东西，则是埃多斯。一朵花客观地存在着，无论放在室内还是室外，它都是同样的一朵花。这时候，花是范型。然而，我们在知觉同一朵花时，我看到的花不同于你看到的花，我在此时看到的花也不同于在彼时看到的花。这时候，花是埃多斯。客观存在的物是范型，包含了我们意识的作用的物的形象是埃多斯。艺术作品作为艺术创作的结

---

① ［古罗马］塞涅卡：《致乌齐利乌书信集》第 65 封信第 2、3 节。

果和产物是范型，经过我们理解和诠释的艺术作品是埃多斯。

塞涅卡在第28封信中，还谈到埃多斯和范型（理式）的相互关系。同一个对象既可以是埃多斯，又可以是范型。物就它自身而言，即自为的时候，它是范型。但是，物一旦进入我们的阐释领域，即他为的时候，它就成了埃多斯。塞涅卡仍然以雕像为例，说明所谓柏拉图的五因说：用什么做——青铜，由谁来做——雕刻家，为什么做——某种目的，照什么做——范型，这些原因的结果就是雕像（什么样的）。塞涅卡对范型和埃多斯的区分，在艺术模仿理论中迈出了重大的一步。他强调了主观意识的作用，主观意识应该在客体中寻找相关的东西。

斯多亚派美学于2世纪结束。它经过早期、中期和晚期的发展，为3世纪新柏拉图主义美学登上历史舞台准备了条件。

三、宁静的审美体验

宁静的审美体验是伊壁鸠鲁派的追求。这派创立者伊壁鸠鲁是亚里士多德较为年轻的同时代人。公元前306年他在雅典自己领地的花园创办的“花园”哲学学校，与柏拉图学园、亚里士多德的吕克昂和斯多亚派的“画廊”齐名。他后来把领地连同学校遗赠给自己的学生们。和斯多亚派一样，伊壁鸠鲁派也分为早期、中期和晚期。这里主要阐述伊壁鸠鲁本人和中期伊壁鸠鲁派代表非罗德谟的美学。

（一）伊壁鸠鲁

伊壁鸠鲁（前341—前270年）生于萨摩斯岛，早年学习柏拉图和德谟克利特的哲学。他生前享有盛名，他的学校接纳了众多学生，包括一些女生。他的朋友从四面八方来看望他，并住在他的花园里。他的著作有300多卷，大多失传，与美学和艺术直接有关的有《论音乐》和《论雄辩》。

伊壁鸠鲁快乐主义的伦理学、原子论的自然哲学和感觉主义的认识论，给他的美学烙下了印记。把幸福等同于快乐是伊壁鸠鲁伦理学的基本原则。“快乐”一词在希腊语中是 χαρούμενος，在拉丁语中是 voluptas。伊壁鸠鲁著作的一些翻译者为了使普通读者便于理解，把这个词译成“享乐”。这种译法对于许多希腊文献和拉丁文献来说是正确的，然而，如果用它来确定伊壁鸠鲁伦理学的基本原则的话，那就不确切了。因为伊壁鸠鲁的快乐主义不是后人误解的官能欲望的满足，更不是罗马贵族曲解的穷奢极欲。相反，在某种意义上伊壁鸠鲁是个禁欲主义者。他说过，只要给他大麦面包和水，他“就准备同宙斯本人辩论什么是幸福”。他的快乐仅仅以面包和水为基础，这两种食品就足以使他感到自己像神一样幸福。因此，准确地把握伊壁鸠鲁的快乐主义的含义，是深入理解他的美学的前提。

如果斯多亚派从符合自然的理性出发，那么，伊壁鸠鲁派从符合自然的感觉出发。火是热的，雪是白的，蜜是甜的，快乐和痛苦从外在的、直接的感觉中产生。快乐是任何生物的目的，因为任何生物从存在之日起就自然而然地追求幸福，回避痛苦。拉尔修援引了伊壁鸠鲁在《论目的》中的一段话：“如果我拒绝饮食的快乐，如果我轻视爱情的享乐，如果我不与我的朋友们一起聆听音乐和观看美的艺术品，那么，我不知道我还能设想什么善？”① 伊壁鸠鲁还说：“胃的快乐是一切善的起始和根源，一切智慧和卓越也产生于这种快乐。”②

在这里，伊壁鸠鲁强调了官能的享受。然而，这仅是问题的一个方面。伊壁鸠鲁区分了人的三种欲望：自然的和必需的，如渴了饮水；自然的而非必需的，如名贵肴馔；既非自然又非必需的，如得到颂扬和为自己立铜像。他认为有智慧的人只应该产生第一种欲望，因为这种欲望如果得不到满足，就会感到痛苦。而消除痛苦也是快乐。因此，伊壁鸠鲁所说的“胃的快乐”仅仅指按照人的自然需要有节制的、有益于健康的饮食的快乐。

---

① [古希腊]拉尔修：《著名哲学家生平和学说》第 10 卷第 6 节。
② 《伊壁鸠鲁残篇》(乌塞纳编)第 409 节。凡引自该书的，不另注编者。

他对此身体力行，一生过着俭朴的生活。

伊壁鸠鲁的快乐主义理论之所以应该进入西方美学史，因为被他当作“幸福生活的起始和终结”的快乐，被他当作德行的真正内容的快乐，其最高境界是宁静轻松的、无痛无求的心态。这与其说是一种伦理心态，不如说是一种审美心态，这是一种享受内在的、精神的宁静的审美体验。如果说不涉他物的美学原则使斯多亚派进入“不动心”的境界，或者对独立自在的美进行观照；那么，这种美学原则使伊壁鸠鲁派进行审美的自我享受，追求清朗的、绝对稳定的快乐。但是这种快乐并不是纵欲。因为任何过度的享乐都会妨碍内在的平静。

伊壁鸠鲁像古希腊哲学家德谟克利特一样，认为万物的本原是原子和虚空。虚空是物存在的地方和运动的场所，原子则是构成物的最小的、不可分割的单位。伊壁鸠鲁自然观中的虚空概念也和他的美的理想有关。在他看来，生活在虚空中、遁入这种不存在中是一种幸福。这时候你已分辨不出周围是梦还是真——一切如雾、如烟、如幻。伊壁鸠鲁的审美意识就是人似醒非醒的一种状态，这时候人有些醒了，感到自己躺在床上，回味着梦境，但是还不想离开梦境马上起床。换言之，伊壁鸠鲁的审美意识是一种令人愉悦的昏昏欲睡，人感受到自己的手脚不能动，然而也不需要动，对于别人和对于自己都不需要任何运动①。面对社会生活的矛盾和危机，伊壁鸠鲁找不到解决问题的办法和出路，感到失望甚至是绝望，于是遁隐到内心世界，宣扬保持宁静的心境，并把宁静视为快乐。这种闲云野鹤般的遗世独立、这种漠视权力名位的大彻大悟②、这种于尘世喧嚣中的心如止水，是对社会现实的全面回避和彻底退隐。“不从事社会事务”就是他的一条律令③，连他的神都不过问世事。实际上，他的快乐和绝望结合在一起，是一

① 参见 [苏联] 洛谢夫:《希腊罗马美学史》第 5 卷，莫斯科 1979 年版，第 304 页。
② 卢克莱修在《物性论》第 2 卷序诗中把营营于权力名位的人称作“惶惶不可终日的”“可怜虫”。
③ [古希腊] 拉尔修:《著名哲学家生平和学说》第 10 卷第 119 节。

个问题的两个方面。他的美是遁入虚空，遁入精神的虚静（虚空和宁静）。

（二）菲罗德谟

菲罗德谟（前 110 —前 40 或前 35 年）是伊壁鸠鲁派哲学家和诗人，生于巴勒斯坦的加达拉，年轻时在雅典向伊壁鸠鲁派哲学家、西顿的芝诺学习哲学。公元前 75 年菲罗德谟迁居罗马，将伊壁鸠鲁哲学传至罗马。他曾住在公元前 58 年任罗马执政官的卡普尼乌·皮索的家中。罗马雄辩家西塞罗称赞他学识渊博。①

菲罗德谟的著作原已全部佚失，19 世纪发掘叙利亚行省总督皮索赠给他的位于意大利赫库拉涅姆的别墅遗址时，获得了他的一些著作残篇。其中与美学有关的有三种：《论诗歌作品》、《修辞学》1 —2 卷、《论音乐》。另外，菲罗德谟还有 300 多篇短诗存世。从伊壁鸠鲁到菲罗德谟已经跨越了 200 多年，在这期间伊壁鸠鲁派的学说发生了很大变化。伊壁鸠鲁对艺术持完全否定的态度，而菲罗德谟对艺术的兴趣大增。除了消除人对死亡和神的恐惧的科学外，伊壁鸠鲁不仅排斥关于艺术的科学，而且排斥其他一切科学；而菲罗德谟在同斯多亚派的争论中，不仅分析了艺术的伦理内容和审美内容，而且分析了艺术的表现形式。伊壁鸠鲁的主要目的是保持人内心的宁静，而爱情和婚姻会破坏这种宁静，因此他认为最好不要恋爱和结婚，如果要恋爱和结婚，也必须以不破坏内心的宁静为前提；而菲罗德谟的所有诗篇几乎都以爱情为题材。②

菲罗德谟的《论音乐》只有第 4 卷得到比较完整的恢复，其他部分只有残篇。他在《论音乐》中直接批评的对象是斯多亚派的巴比伦的第欧根尼（约公元前 240 —前 152 年）。然而，他对音乐的教育意义和伦理意义的否定，实际上就把矛头指向了以柏拉图和亚里士多德为代表的哲学家。在

① ［古罗马］西塞罗：《论目的》第 2 卷第 35 章第 119 节。
② ［苏联］洛谢夫：《希腊罗马美学史》第 5 卷，莫斯科 1979 年版，第 267 页。

这种意义上，有的研究者认为他的《论音乐》毋宁叫作《反音乐》。菲罗德谟“反对认为音乐和灵魂间存在一种特殊的联系的主张。他直截了当地说明音乐对灵魂的影响与烹饪艺术的影响并无不同”[①]，把音乐仅仅当作一种感性知觉。至于一些人感到音乐是“高尚的和纯洁的”，另一些人感到音乐是“严厉的和专横的”，这些意见不过是从外部强加给音乐的，音乐本身并没有与此相类似的东西。他写道：“音乐并非像有些人所想象的那样是一种模仿。它不是作为模仿具有一些性格的属性，它在存在着宏伟和柔顺、英勇和怯懦、礼貌和放肆的地方显示这些性格的属性，完全不比烹饪艺术所显示的多。”[②] 音乐所提供的东西并不比“食物和香气”多。[③] 既然音乐不能对人的心理发生影响，所以，它与德行没有任何关系，它没有教育作用。《论音乐》虽然没有点名批评亚里士多德，然而提到一些散步学派哲学家的名字，并且驳斥了亚里士多德关于音乐净化、音乐和德行的关系、旋律和人的性格的类似的理论。菲罗德谟轻视音乐，因为它是非逻辑的，无思想的。正因为如此，音乐也没有什么坏处。能够毒害青年的不是音乐，而是思想。音乐本身是非逻辑的，然而由于知觉者的思想背景不同，同样的音乐能够得到完全不同的阐释。

《论音乐》也否定音乐在宗教中的作用，从而反对音乐和神的联系。菲罗德谟认为根本不需要崇拜神，有些人之所以这样做，那是出于他们自身的需要。宗教音乐产生的狂喜状态，不过是乐器震耳欲聋的音响造成的。所以，它们主要对妇女产生作用。[④]

总之，音乐是无用的艺术，是一种奢侈品。它只能像好闻的气味和美味的食品那样给人提供愉悦。如果要说到用处的话，充其量不过是使劳动轻松些，或者在战斗中鼓舞士气——在一些战争和搏斗中往往演奏某种乐

---

① ［波］沃拉德斯拉维·塔塔科维兹：《古代美学》，杨力等译，中国社会科学出版社 1990 年版，第 292 页。
② ［古希腊］菲罗德谟：《论音乐》第 65 节。
③ ［古希腊］菲罗德谟：《论音乐》第 53 节。
④ ［古希腊］菲罗德谟：《论音乐》第 49 节。

器。《论音乐》还批评了毕达哥拉斯及其学派关于音乐和数的关系的观点、柏拉图的音乐教育理论、斯多亚派的克吕西甫等许多反对派的观点，所以，说它是一部反对音乐的作品也许并不过分。虽然他对艺术的兴趣较之伊壁鸠鲁已经大为增强，然而伊壁鸠鲁派对艺术的轻视态度也在他身上体现出来。

在本章结束时，我们对斯多亚派和伊壁鸠鲁派作一个简单的比较。表面上来看，斯多亚派和伊壁鸠鲁派是截然对立的，因为一个安于贫贱，而另一个追求快乐。他们之间的激烈争论和相互攻击也加深了人们关于他们之间彼此对立的印象。实际上，这两派之间有不少共同之处，有时候甚至很难把他们相互区分开来。我们首先看他们之间的相异点。斯多亚派认为世界起源于火，万物是火流溢的不同阶段；伊壁鸠鲁派认为万物由原子构成，它们的不同取决于原子的排列。斯多亚派的神是世界的主宰者，它们自上而下地起着作用；伊壁鸠鲁派的神不干预世事，独立自主，仅仅自下而上地起作用。这两派都不畏惧死亡，斯多亚派把死亡看作火在一定尺度上的熄灭；伊壁鸠鲁派把死亡看作原子的彻底分解。斯多亚派既思考又行动，伊壁鸠鲁派仅仅满足于享受宁静。然而，他们之间也有重要的相似点。他们都承认存在的事物是有形体的，因而都是唯物主义者。他们都把内心的安宁看作幸福的最高状态，都追求清心寡欲的生活，主张有智慧的人应当摒弃过分的热情和欲望。他们都把神当作理想，幸福是和宁静的神结合在一起的。这些异同都在他们的美学中体现出来。

第五讲
罗马文艺美学

古罗马时期，诗学和修辞学成为文学的基本理论。修辞学在古罗马得到高度的发展，修辞学著作如雨后春笋，层出不穷。这是因为社会管理问题始终是当时的思想家关注的主要对象，他们力图利用词语对人的心灵发生作用。这正是修辞学研究的对象。在罗马文艺美学中，我们主要阐述诗学和修辞学的美学思想，而不涉及音乐理论和绘画理论。在诗学中选出贺拉斯，在修辞学中我们选朗吉弩斯。朗吉弩斯的《论崇高》虽然是一部修辞学著作，然而它的意义远远超出修辞学范围。朗吉弩斯论述了新的审美范畴——崇高，这标志着风气的转变，即从现实主义倾向到浪漫主义倾向的转变。

我们这里说的是浪漫主义倾向，而不是浪漫主义流派。浪漫主义流派是 18 世纪末到 19 世纪中叶在欧洲形成的一个特定的美学流派，这个流派反对新古典主义原则，强调情感、想象和天才的作用。而文艺中的浪漫主义倾向从古希腊起就存在。

一、罗马文化的若干特点

如果说希腊民族是个思想的民族，那么，罗马民族是个实践的民族。在罗马帝国前期，农业、手工业、商业和市政建设都有了长足的发展。由于改良土壤和种植技术，改进生产工具，农业出现了前所未有的繁荣。罗马的手工行业达 80 多种，分工细密，产品种类繁多。与此同时，国际贸易也十分频繁。

最令人称道的要算罗马帝国的市政建设。罗马帝国第一位皇帝屋大维

（即“奥古斯都”）热衷于罗马城公共工程建设，大兴土木，把一座砖造的罗马城改建成大理石造的罗马城。罗马人以直线规划城市，两条宽阔的大街相交，以十字路口为起点，一行行地规划其他道路。路面平整，坚固的路基至今犹存。城市入口处建有纪念性的拱门。城内建有神殿、法庭、带柱廊的广场、图书馆、学校、剧场、浴室、圆形露天竞技场。为了向城市供水，罗马建立了 14 条引水渠，总长 265 英里，一些引水渠至今仍在使用。著名的加尔桥引水渠由三层拱桥相叠而成。住宅用水由铅管从蓄水池引入。罗马人建造的每一项工程都巨大而华美。巨大是罗马明显不同于希腊的地方。

宏伟和刚劲是罗马艺术的一个特点。这种宏伟和刚劲令人想起大一统的罗马帝国广袤无垠的疆土、庞大威严的国家机器和帝王的宏图伟业。罗马共和国末期杰出的军事统帅、罗马帝国的奠基者恺撒是西方帝国的象征（屋大维是恺撒的甥外孙，公元前 44 年被恺撒指定为第一继承人并收为养子），为他雕刻的“恺撒头像”个性极为鲜明。在这尊头像中，恺撒的头发经过精心梳理，“他有着坚硬而光滑的前额，不大但显得炯炯有神的眼睛，尽管瞳孔没有刻出来，眼中仍然像射出威严锐利的目光，让人感到人物充分认识到自己的权威和优势，内心充满了自信和骄傲。嘴唇并不大，双唇紧闭着，嘴角透出一点冷峻的笑容，似乎正嘲笑他所蔑视的敌手”[①]。

罗马艺术的宏伟尤其体现在罗马建筑中。罗马人是建筑的天才，2 世纪时他们就开始使用混凝土，并在建筑拱门、拱顶和穹顶等方面积累了丰富的经验。把罗马万神殿与低矮的希腊神庙相比较，可以看到罗马人对宏伟的特殊的审美追求。万神殿建于公元 2 世纪罗马皇帝哈德良时代。神殿为圆形，屋顶呈穹隆状，周围绕以 6.2 米厚的混凝土墙体。穹隆的直径和高度均为 43.43 米（在 19 世纪前，它的穹顶保持着最大跨度的纪录）。与希腊神庙仅注重外部立面设计不同的是，万神殿也注重内部空间设计。连续的

① 章利国:《希腊罗马美术史话》，人民美术出版社 1999 年版，第 137 页。

墙体和半圆的穹顶仿佛形成一个球状空间。墙体无窗，穹顶正中央开有一个直径 8.9 米的天窗，从天窗射入的光的圆盘，随着时辰的变化神奇而诡异地移动。墙体内壁沿圆周有 8 个大券，目的是减轻墙体的自重和丰富墙体的构图。同时，封闭而连续的内壁把庞大的穹顶过渡到地面，增强了整个构图的连续感和稳定感。穹顶的内表面采用了放射形拱肋组成的“井”字形划分，丰富了室内的透视效果。巨大的半球形穹顶建筑和高达 7 米的青铜大门体现了罗马帝国的强盛和大一统。在希腊罗马，球形是永恒的象征，是任何封闭的形体的极限。半球形穹顶使人想起天穹和宇宙。然而，这是“社会的宇宙”。万神殿能够容纳许多人，许多祭祀者。而希腊神庙只是某位神的住处，人不应该在希腊神庙里逗留，他们在神庙前露天祈祷。

气势恢宏、巍峨壮丽的罗马建筑还有大角斗场，君士坦丁凯旋门，奥林匹亚宙斯神庙，尼姆渡槽等。大角斗场建于 69 年至 82 年，材料为石头和混凝土，长轴 190 米，短轴 155 米，高 48.5 米。4 座看台建有容纳 8.2 万名观众的座位。与地面中间角斗区相连的是密如蛛网的人行走道。现已残破的大角斗场，不难使人想起它昔日的雄姿。君士坦丁凯旋门建于 312 年至 315 年，材料为大理石，高 21 米，宽 25.7 米，进深 7.4 米。正面为 3 个拱门，由 4 个科林斯式装饰半柱隔开（科林斯式柱是希腊建筑中模仿少女窈窕姿态的一种柱式，4 个侧面都有涡卷形装饰纹），这益发显得凯旋门高大。凯旋门装饰所需的大量浮雕来不及创作，就把其他建筑物上的雕刻作品移植此处。奥林匹斯宙斯神庙建于希腊，竣工于罗马（约公元 130 年）。宙斯神庙的地基长 106 米，宽 40 米，庙顶由 104 根华美的科林斯式石柱支撑。石柱现存 15 根，这些高达 16 米、峥嵘屹立的石柱仿佛在向人们诉说着往日的辉煌。法国南部加得河上的尼姆渡槽是罗马人在奥古斯都时代建的向尼姆城供水的输水道，历经 2000 年依然保存完好。渡槽由三层拱组成：底层 6 个孔，中层 11 个孔，上层 35 个孔。三层拱总高度为 47 米。罗马建筑的壮观和宏伟不同于希腊建筑的单纯和典雅。

罗马艺术的宏伟和刚劲与罗马人的性格有关。罗马雄辩家西塞罗说过，与希腊人和其他民族相比，罗马人天生有种特点，那就是精神的宏大、坚定和崇高。一些拉丁语研究者认为，罗马人的语言——拉丁语也体现了他们性格上的特点。如果把希腊语和拉丁语这两种古老的语言相比较，可以明显地看到它们之间的差异。在发音上，希腊语中元音和辅音平稳地交替，总的说来元音多，并有很多双元音。而在拉丁语中辅音多。辅音多使发音显得生硬。在词法上，拉丁语也缺乏灵活性，它喜欢保持工具格。在句法上，以力度和逻辑的彻底性令人惊讶。这种句法是为法律文件和军事文件而不是为抒情诗制定的。罗马雄辩家昆体良指出，拉丁语不像希腊语那样细腻，然而更有力。用昆体良的话说，恺撒说话就像吵架一样。拉丁语是强硬的、刚性的语言，它使人想起能征善战的罗马士兵晒得黝黑的面孔，以及他们高傲、威严的姿态。德国诗人海涅把拉丁语称作命令的语言。罗马人追求语言的逻辑性和明晰性，他们是天生的律师。

罗马时期思维的特点是准确、严格、庄严和不容置疑。这和希腊时期、甚至希腊化早期很不相同。希腊人的思维方式显得轻松，往往很优雅。罗马帝国的庞大要求思维和言辞的确定不移。这种言辞受到法律条文和军事条例的影响。美国作家爱伦·坡在诗歌《海伦颂》中写道："光荣属于希腊，伟大属于罗马。"这也适用于罗马艺术。

折中性是罗马艺术的又一个特点。罗马人在政治上和军事上征服了希腊人，但是在艺术和文化上却为希腊人所征服。用罗马诗人贺拉斯的话来说："被俘虏的希腊人诱使他的粗野的捕捉者成为俘虏。"[①] 希腊艺术模仿自然，罗马艺术接受了这一信条，然而它首先模仿希腊。

罗马帝国时期大部分雕刻作品是希腊雕像的复制品。不过，罗马人的审美趣味和艺术趣味毕竟和希腊人不同。希腊人追求理想化，他们的艺术

---

① 转引自［美］苏珊·伍德福特等：《剑桥艺术史》第1卷，罗通秀、钱乘旦译，中国青年出版社1994年版，第132页。

作品要求概括同类人物的典型性格。罗马人追求写实化，他们要求看到具体人物的准确形象。他们对毕肖的追求甚至超过希腊化时代的作品。罗马帝国第一位皇帝奥古斯都的肖像雕塑就是希腊雕塑家顺应罗马人的要求，通过折中主义方法取得的成功范例。

“奥古斯都像”（约公元前 19 年，青铜原件，大理石摹制品）以希腊古典雕塑的顶峰一波利克里托的“持矛者”为摹本。“持矛者”安详、威严，适合人们对奥古斯都权力的崇敬和对他的伟大的赞赏。但是，须要作一系列改动。“持矛者”不是真人的形象，而是想象的形象，于是，“持矛者”的头按照奥古斯都的真实面貌作了许多必要的修改。“持矛者”是裸体，这对于希腊雕塑是正常的，但不适合奥古斯都这样一个传统礼节的卫道者。因此，“奥古斯都像”穿上盔甲，甚至还有斗篷。“奥古斯都像”的整个重点集中在正面，他扬起的右臂的弯曲与松弛的左腿的弯曲优美地呼应。“持矛者”成为“奥古斯都像”，表明希腊古典结构罗马化了。

罗马艺术的折中性也表现在建筑中。在罗马的多层建筑（大角斗场）中，一楼是多利亚式风格（希腊人测量到男子的脚长是身长的 1/6，他们把同样的比例移用到柱子上来，使柱子的高度为柱身下部的 7 倍，这就是既能承重又显出男性身体比例的刚劲和优美的多利亚柱式），二楼是爱奥尼亚式风格（希腊人把柱子的粗细做成高度的 1/9，从而使柱子显得更高些。在柱子下部安置靴状的凸出脚线，在柱头布置了左右下垂的卷蔓像头发一样，在整个柱身上附以纵向沟槽，像女子衣服的褶纹一样。这就是显示出女性窈窕的爱奥尼亚柱式），三楼是科林斯式风格，四楼则是科林斯式壁柱。公元前 1 世纪建于法国南部尼姆的奥古斯都神庙也是折中的产物。希腊神庙的基础通常由三层台阶组成，不是建得很高。而罗马神庙高高耸立，它的基础比人还高。希腊神庙四边看上去都差不多，而罗马神庙正面突出，其他三面不那么重要。奥古斯都神庙对这两者进行折中。它仍然建在高高的墩座墙上，通过台阶攀登而上，首先进入纵深的门廊，穿过门廊可以进入内室。它同时吸收了希腊神庙的建筑风格，把门廊的柱廊扩大到神庙周围，以至神庙被列柱环抱着。

骄奢淫逸也是罗马文化的一个特点。罗马人残忍、纵欲、道德沦丧。罗马人把竞技场当作自己的家。竞技场里经常举行斗士表演、斗兽表演。连狮子、老虎等猛兽也被引进竞技场，与赤手空拳的角斗士进行生死搏斗。观看这种残酷、兽性的表演的，既有达官贵人，又有芸芸众生。3—4 世纪，罗马街头整日整夜地游荡着大批流氓无产者。为了观看角斗表演，他们迫不及待地在天刚破晓时就去占地方，甚至在竞技场近处的柱廊里度过焦急的不眠之夜。观众人数有时多达 40 万。

在罗马，各种宴饮通宵达旦，食品精心炮制。罗马人生活的某些时期餐桌上的享乐所达到的程度令人惊讶。罗马富人的马车常用雕刻精美的白银装饰，马的鞍辔也都镶着黄金饰物。皇帝戴克里先的浴池有 3000 多个座位，在规定的时间内不分等级，从元老到平民都可以使用，洁净的热水不停地从众多闪闪发光的银制大喷嘴中注入宽大的浴池。然而，从这些宫殿般的建筑中走出的平民却衣衫褴褛，他们四处闲逛，在赌场、酒馆或妓院里消磨时光。骄奢淫逸是罗马帝国灭亡的重要原因之一。

二、罗马的拉丁古典主义的奠基者

贺拉斯（前 65—前 8 年）是罗马帝国时期奥古斯都统治下的著名诗人和文艺理论家，罗马的拉丁古典主义的奠基者（这种古典主义广泛流行于文艺复兴时期，并演变为 17—18 世纪的新古典主义）。他生于意大利南部一个获释奴隶家庭。他的父亲略具资财，送他到罗马接受很好的教育，其后又送往雅典去学哲学。

奥古斯都时期是罗马文学的黄金时期，贺拉斯是这一时期文坛主流派的立言人。他的作品有《讽刺诗集》两卷，《长短句集》一卷，《歌集》四卷，《世纪之歌》一卷，诗体《书札》两卷等。其文艺理论和美学思想主要见诸《致皮索书》和《上奥古斯都书》。《上奥古斯都书》又名《诗话》，有人称它为“古典主义的宣言”。《致皮索书》是写给罗马贵族皮索父子三人（其中长子是诗人）的诗体书信，原来没有标题，1 世纪罗马修辞学家昆体良首次把它定名为《诗艺》。

（一）理论渊源

贺拉斯对后世影响最大的著作是《诗艺》。《诗艺》所研究的问题在罗马的其他学术著作中也广泛讨论过，但是，贺拉斯在《诗艺》中总结了整个希腊化和罗马时期的文艺批评思想。贺拉斯把《诗艺》分为诗和诗人，在罗马时期，这种分法（创作客体和创作主体）是普遍采用的手法。这种划分的创始人是涅奥普托勒墨斯。贺拉斯关于天才和技艺不可分割、诗人要耐心雕琢自己的作品、诗能够引导听众的心灵、诗的娱乐功能和教益功能相结合、虚构要向真实、向生活和习俗学习、诗要整一和完善、诗要扼要而简约等观点，都来源于涅奥普托勒墨斯失传的《论诗艺》。

对贺拉斯《诗艺》理论渊源的研究对于西方美学史具有重要意义。它表明，斯多亚派的诗学理论经过贺拉斯移植到罗马土壤上后，成为具有世界意义的古典主义的源头。由涅奥普托勒墨斯等早期斯多亚派哲学家发端的古典主义，经贺拉斯确立后，成为有广泛影响的文艺思潮，它在 17 世纪法国新古典主义者布瓦罗之前很少有变化，并一直存在到浪漫主义运动兴起之时。

《诗艺》在受到斯多亚派影响的同时，也受到希腊美学的影响。虽然《诗艺》中根本没有提到亚里士多德，然而，《诗艺》和亚里士多德的《诗学》不乏共同之处。《诗学》第 25 章写道：诗人“正如写生画家或其他肖像作者，是摹拟的艺术家”。[①]《诗艺》一开头就批评了不模拟真实事物的画

① ［古希腊］亚里士多德：《诗学》，《缪灵珠美学译文集》第 1 卷，中国人民大学出版社 1998 年版，第 26 页。

家，讽刺他们绘出“人头接马颈”的怪状奇形。《诗学》第 7 章强调了情节的圆满和完整。《诗艺》基本上重复了亚里士多德的这条基本原则。《诗学》第 15 章主张性格必须一贯，“即令所摹拟的人物是自相矛盾的，而且其性格确是如此，也必须把他写成始终一贯地矛盾”。[①] 关于性格的一贯，《诗艺》也写道：“假如你搬上舞台一个新鲜的主题，假如你敢于塑一个崭新的烈士，他的性格必须始终前后一致”（第 125—127 行，以下只注数字，采用缪灵珠译文，见《缪灵珠美学译文集》第 1 卷，中国人民大学出版社 1998 年版）。《诗学》第 23 章称赞“惟独荷马比诸其他诗人显得超凡入圣”[②]，《诗艺》则推崇“不作此等蠢事的荷马就高明得多”（140）。《诗学》和《诗艺》相同的地方还有：关于演员的数目（《诗学》第 4 章，《诗艺》第 192 行），关于情节中的“解”不要请神打救（《诗学》第 15 章，《诗艺》第 191 行）等。

（二）基本的美学思想

我们在阐述《诗艺》的结构和理论渊源时，已经多次涉及贺拉斯的美学思想。在这里我们作一个总的说明。贺拉斯对西方美学发展影响最大的是确立了古典主义。古典主义号召学习希腊，继承古典文化。《诗艺》里的一句劝告“朋友，请你日日夜夜揣摩希腊典籍”（269），成为 17 世纪新古典主义运动中鲜明的口号，布瓦罗等人都曾应声复述过。

《诗艺》中的一些观点现在看来未免是老生常谈，然而在当时并非如此。贺拉斯针对罗马文艺创作的现实，力图总结希腊罗马文艺创作的具体经验，把它们凝定成文艺家必须遵循的法式，把文艺创作纳入一定的规范中。根据合式的概念，贺拉斯要求诗在形式上朴素、统一、和整体相协调。

---

① ［古希腊］亚里士多德：《诗学》，《缪灵珠美学译文集》第 1 卷，中国人民大学出版社 1998 年版，第 17 页。

② ［古希腊］亚里士多德：《诗学》，《缪灵珠美学译文集》第 1 卷，中国人民大学出版社 1998 年版，第 23 页。

这是艺术作品的基本形式。贺拉斯竭力嘲笑风格上的不协调。他把这种风格时而说成是“东拼西凑的肢体披上五彩的羽翎，随意挥毫画成上半身是美人艳影，下半身却是丑陋不堪的一尾鱼精”（2—4），时而说成是“蛇蝎同小鸟相爱，羔羊同猛虎谈情”（12）。这就像“为了斑斓夺目缀上大红补丁几片”（14）或者“森林里绘上海豚，波涛上添上封豕”（30），或者在美目和美发下面，“鼻子终生歪在一旁”（36—37）。虚构的情节要“虚虚实实相混合，使故事的始与中，中与末彼此调和”（151—152）。一切都要恰到好处。“条理的美和优点，假如我没有胡猜，在于恰好此时说出你所应该交待；有些话你不妨暂时搁下甚或丢开”（42—44）。音乐应该替歌队伴奏，但是不要太热烈。应该有谐剧，但是不要谈吐粗鄙。诗人有造一个古罗马人闻所未闻的新字的自由，但是不要滥用这种自由。每部剧本应该有五幕，不多也不少。每场只应该有三个演员，不宜有第四个演员出来说话。如此等等，无一不是要求得体适宜。

对于诗的内容，贺拉斯要求具有正确的见识，把人物写得合情合理。要做到这一点，应该模仿现实，向生活寻找典型。他大体上接受了希腊传统的艺术模仿自然的观点。他尊重现实生活中的习俗和习惯，认为文艺作品和帝王事业都不会万古长青。许多久已废弃的词汇可能复兴，而今日盛行的可能衰落。这一切都取决于习惯，习惯是语言的标准和法令。贺拉斯反复强调文艺作品要完整、统一、首尾一致。他不反对创新，但是塑造一个新的角色，他的性格必须贯彻始终。这里最重要的还是合式。人物的言谈要与他们的个性和性格合式，要与他们的年龄和社会地位合式。喜剧的主题不能用悲剧的诗句，历史剧题材不能使用适合喜剧的日常谈吐。“让各种体裁守住它在所应在之处”（92）。“悲歌适合于愁容，严词只宜于盛气，谑语则嬉眉笑脸，道貌则庄重其词”（106—107）。如果人物的语言和他的命运不符，就会受到观众的嗤笑。人物的性格要和年龄相当。例如，小孩子喜怒无常；少年喜新厌旧，主意多变，欲望无穷，只知道挥霍；中年人小心翼翼，追求金钱和朋友；老年人则忧心忡忡，因循守旧，缺乏热情和勇气，贪得无厌而又吝啬，贪生怕死，常常怨天怨地。诗人应该按照人物的年龄来描写他们的性格，即从数量上来概括同类人物的共性。

贺拉斯所倡导的是只强调共性而忽视个性的类型化创作方法，而不是共性与个性相结合的典型化创作方法。除了类型化以外，贺拉斯还主张人物创作的定型化。他举阿喀琉斯为例加以说明。阿喀琉斯是荷马史诗《伊利亚特》中参加特洛伊战争的一个半神英雄，希腊联军第一勇士，海洋女神忒提斯和英雄珀琉斯之子。他因出生后被母亲放入冥河里浸泡，除脚踵外，全身刀枪不入。“阿喀琉斯之踵”指致命的弱点和要害。贺拉斯认为，诗人如果要写阿喀琉斯这位著名英雄，就要写他的性情急躁、暴戾、刚愎、勇猛，不受法律约束，动辄以武力行动。因为荷马在史诗《伊利亚特》里是这样写的：后人应该遵循传统。类型化和定型化容易导致人物形象脸谱化、概念化和公式化。合式的概念还表现为适度。舞台上不能上演凶杀、暴力、怪异，这些情节不能让观众目睹，而要由剧中人用台词说出。同时，简洁不能变成暧昧，雄伟不能变成浮夸，小心翼翼不能变成怯懦。

根据合式的概念，贺拉斯对诗人提出了一系列要求。诗人应该反复琢磨自己的作品，“宛若雕刻家在石像上用指甲摩挲”（293）。诗完成后要束之高阁，过 9 年后才决定是否公开。诗人要删去繁缛的藻饰，把含糊其辞的地方改得更加明显。诗人既要有天生的禀赋，又要勤功苦学，使天才和技艺相结合。

《诗艺》表明，作为古典主义的确立者，贺拉斯在思维方式和审美趣味上具有中庸拘谨、平和恬淡的特点。他缺乏宏大的气魄和撼人的精神力量。他的美学关注艺术作品的形式问题，主张形式的完美和修饰。他在自己的颂诗《纪念像》中把诗人的创作比作浇铸铜像。从中我们可以看到罗马人所特有的在艺术创作活动中对明晰确定的、得到社会认可的形式的追求。贺拉斯孜孜以求的就是建立宛如浇铸铜像的模式和范型，来规范当时的文艺创作。作为一名诗人、一名文艺创作实践家，他力图把先前给定的、来自希腊的内容铸入民族的、罗马的形式中，他要求形式中的一切都平衡、单纯、简洁。由于把一切都纳入到固定的、有时未免刻板的规则中，他给诗人留下的自由空间相对较小。贺拉斯没有奔泻千里的激情，也不做攀越峭壁的探索，他没有醉人的狂喜，也缺少深沉的悲哀，对于他来说，一切都要端庄严整、规矩合度，一切都要按部就班、协调有序。这就是他为17—18世纪新古典主义者、特别是布瓦罗所喜欢而不能为欧洲浪漫主义者所接受的原因，他对西方美学的贡献和局限也在于此。

除了奠定了古典主义以外，贺拉斯关于艺术功能的观点也对后世发生了重要影响。他的这种观点不仅是对前人见解的简洁而明确的总结，而且是针对当时的文艺创作现实有感而发的。在亚里士多德以后，哲学、修辞学和诗学统一瓦解了。诗学无意解决社会任务，净化的概念消失了。诗首先与美而不是与真和道德相联系。这时候强调想象的作用，把它摆在高于模仿的地位。这种情况也出现在造型艺术中。人们重视的不是画家通过模仿，而是通过丰富的想象创作华丽的、多姿多彩的生活图景的能力。这就是贺拉斯在《诗艺》中所批评的画家绘出的奇形怪状。关于艺术的功能问题也发生了争论。一些人主张艺术非理性的、享乐的功能，而另一些人主张艺术应该反映生活真实、具有教育功能。贺拉斯则力图统一这两种观点。他认为诗中仅有美是不够的，诗中最重要的是见识（思辨、思想），因此诗人要勤学希腊典范，同时不忘记观察和模仿生活。当然，富于情感和表现力的诗也能产生审美享受。这样，诗既有教育功能，又有娱乐功能。

在分析贺拉斯的理论渊源时，我曾提到《诗艺》和亚里士多德《诗学》的相似点，然而它们的区别更为明显。在总的方向上，亚里士多德对诗的形式进行了客观的分析，他很少告诫诗人，他的《诗学》是逻辑的、客观的。而主要论述创作方法的、仅有400多行诗的《诗艺》却充满了对诗人的告诫。《诗艺》是伦理的、说教的。在具体观点上，这两者之间也存在着分歧。贺拉斯以理性主义修正了亚里士多德的《诗学》。例如，在谈到虚构时，贺拉斯强调："虚构也要像真实无讹"（338）。亚里士多德则在《诗学》中表示："假如诗人写出不可能有的事，那固然是错误。但是如果这能达到诗的目的（这目的前面已有论述），如果这样反能使诗中这段或那段更令人惊叹，那么，诗人是对的。"① 这段论述表明，对生活事实的再现中的错误，并不等于诗本身的错误。贺拉斯则不作这种区分，他排斥了亚里士多德许可的艺术的非理性因素。

在谈到《诗艺》和《诗学》的影响时，朱光潜指出："《论诗艺》对于西方文艺影响之大，仅次于亚理斯多德的《诗学》，有时甚至还超过了它。"贺拉斯"替后来欧洲文艺指出一条调子虽不高而却平易近人，通达可行的道路"。② 这决定了他的影响既广且远。

三、作为审美范畴的崇高

除了贺拉斯的《诗艺》以外，古罗马时期的文艺理论著作对后世影响最大的当推《论崇高》。过去一般认为，这部著作的作者是 3 世纪的哲学家、政治家和修辞学家卡修斯·朗吉弩斯（213—273 年）。关于《论崇高》作者的真伪问题在 19 世纪引起广泛的争议③。自从德国学者 G. 凯贝尔于 19 世纪末期发表了他的研究成果后，人们普遍相信，《论崇高》的作者应是塞涅卡、昆体良同时代的人，它写于 1 世纪中叶。对于这位 1 世纪的佚名作者，国外一些著作假定性地称他为伪朗吉弩斯，或者简称为朗吉弩斯。

---

① ［古希腊］亚里士多德：《诗学》，《缪灵珠美学译文集》第 1 卷，中国人民大学出版社 1998 年版，第 26 页。
② 朱光潜：《西方美学史》上卷，人民文学出版社 1979 年版，第 107 页。
③ 有关资料参见［苏联］纳霍夫：《古代美学的一部杰作——朗加纳斯的论文〈论崇高〉》，载陈燊等编选《西欧美学史论集》一书，中国社会科学出版社 1989 年版。

（一）古典主义传统

《论崇高》是写给罗马贵族特伦天的一封信。前此，罗马雄辩中的亚洲风格和雅典风格发生激烈斗争。在公元前 1 世纪下半叶，雅典风格几乎成为公认的理论。朗吉弩斯则是亚洲风格的支持者，反对雅典风格。《论崇高》的理论渊源来自希腊罗马，朗吉弩斯是一位古典主义者。《论崇高》是一部修辞学著作，但是它的意义远远超出修辞学范畴，它含有重要的美学内容。荷马、柏拉图和狄摩西尼是朗吉弩斯最钟爱的希腊作家，他使我们从新的视角阅读他们的作品，感受到这些作品的深刻和表现力。《论崇高》充溢着对希腊的感情，也具有它所分析的希腊作品的那种崇高风格。

把艺术作品理解为活的有机整体，是希腊罗马美学所特有的。亚里士多德认为艺术是有机整体，部分应与全体密切联系，情节的内在逻辑要求布局有头有尾有中部。贺拉斯的“合式”概念也要求艺术作品首尾融贯一致，成为有机整体。朗吉弩斯继承了这种传统，他在《论崇高》第 40 章“结构”里写道：“在使文章达到崇高的诸因素中，最主要的因素莫如各部分彼此配合的结构。正如在人体，没有一个部分可以离开其他部分而独自有其价值的。但是所有部分彼此配合则构成了一个尽善尽美的有机体；同样，假如雄伟的成分彼此分离，各散东西，崇高感也就烟消云散；但是假如它们结合成一体，而且以调和的音律予以约束，这样形成了一个圆满的环，便产生美妙的声音。”①

有机整体就是和谐、就是美。朗吉弩斯的有机整体观不仅表现在作品的结构上，而且表现在人物的塑造上。他在第 10 章中写道：“在一切事物里总有某些成分是它本质所固有的，所以，在我们看来，崇高的原因之一在于能够选择最适当的本质成分，而使之组成一个有机的整体。”② 把事物最有代表性的本质成分组成一个有机整体，这已经是很精确的典型理论了。

① 《缪灵珠美学译文集》第 1 卷，中国人民大学出版社 1998 年版，第 119 页。
② 《缪灵珠美学译文集》第 1 卷，中国人民大学出版社 1998 年版，第 88 页。

朗吉弩斯的这种观点和亚里士多德的典型观相接近，而远远高明于贺拉斯的类型说。

古典主义号召学习希腊典范，日夜不辍。《论崇高》也多次重复这种观点。通向崇高境界的途径之一，“就是摹仿古代伟大散文家和诗人们，并且同他们竞赛”[①]。柏拉图就是全心全意同荷马竞赛，所以他的哲学芳园里百花齐放，并和荷马一起踯躅于诗歌和辞藻的幽林。长期沉浸在古典作品里，受到潜移默化，就会“获得灵感”。荷马、柏拉图和狄摩西尼“就出现在我们面前，宛若耀眼的明星，使我们的心灵扬举而达到心中凝想的典范”[②]。

古典主义主张艺术模仿自然和现实，朗吉弩斯也大体接受了这一信条。他认为“自然是万物的主因和原型”（第 2 章），雕塑要精确，符合原型，“人像须像人”，否则，有缺点的巨像就不如波利克里托的“持矛者”（第 36 章）。诗中可以有虚构和想象，但是这种虚构和想象仍然是以生活真实为基础的。荷马在《伊利亚特》中缕述神的受伤、争吵、复仇、流泪、囚禁，他是把神写成人。至于雄辩，其中“最美妙的想象却往往具有现实性和真实性”[③]。不过，《论崇高》对艺术模仿的论述要远远少于对想象的强调。

《论崇高》第 2 章批评了“崇高的天才是天生”的观点，指出“天才常常需要刺激，也常常需要羁縻”，所谓“羁縻”就是受到理性控制，受到规则的约束，不能任其盲目冲动。第 36 章专门讨论了天才与技艺的关系。朗吉弩斯主张艺术创作需要这两者的结合。“在一切场合都应该以技巧来帮助天然。这两者的结合大抵能达到尽善尽美。”[④] 朗吉弩斯的这些观点也是和古典主义合拍的。正因为在一些基本观点上朗吉弩斯保持了古典主义传统，所以布瓦罗把《论崇高》翻译成法语用于自己的目的。他在译本序言中对朗吉弩斯作了高度评价。他想通过《论崇高》把希腊罗马诗学的一些原则

---

① 《缪灵珠美学译文集》第 1 卷，中国人民大学出版社 1998 年版，第 92 页。
② 《缪灵珠美学译文集》第 1 卷，中国人民大学出版社 1998 年版，第 93 页。
③ 《缪灵珠美学译文集》第 1 卷，中国人民大学出版社 1998 年版，第 95 页。
④ 《缪灵珠美学译文集》第 1 卷，中国人民大学出版社 1998 年版，第 115 页。

变成教条，从而窒息艺术家的想象力。《论崇高》法译本似乎成为布瓦罗同年出版的《论诗艺》的补充。布瓦罗在1694年撰写了《阅读朗吉弩斯的深思》，援引《论崇高》的观点帮助当时古今之争中自己的一方。他在自己的晚年，于1710年又根据朗吉弩斯提出的崇高标准，为同时代的法国古典主义戏剧家高乃依和拉辛辩护。不过，这种情况很快发生变化。英国、德国的启蒙运动者和浪漫主义者对《论崇高》作出不同于古典主义者的理解。这是因为《论崇高》除了与古典主义具有共同的传统和理想外，它和古典主义的分歧更加明显。朗吉弩斯的创新正在于此。而他的创新是围绕着作为一个审美范畴的崇高展开的。

（二）崇高的美学意义

朗吉弩斯在西方美学史上的最大贡献是把崇高作为审美范畴提出来。这不仅是他个人的功劳，而且是几个世纪以来亚洲风格酝酿、积淀和发展的结晶。在希腊罗马，“崇高”不是一个新名词。修辞学家在阐述风格理论时就用过这个术语。西塞罗在《雄辩家》（第6章）、昆体良在《论雄辩家的培养》（第12册）中就论述过修辞学的崇高风格。然而，朗吉弩斯不是在修辞学的含义上，而是在美学的含义上使用崇高概念的第一人。尽管他仍然把美和崇高当作类似的概念来使用，还没有对它们的区别进行具体的界定，然而他对崇高的生动描述促使近代欧洲美学迅速承认崇高是一种独立的审美范畴。现代美学中的崇高理论是以朗吉弩斯的《论崇高》为起点逐步走向完善的。

按照朗吉弩斯的理解，崇高首先存在于自然界，存在于某些自然事物中。自然事物之所以显得崇高，或者因为它们的广袤无垠（海洋），或者因为它们的渺然窎远（星空），或者因为它们摧毁一切的惊人气势（火山爆发）。朗吉弩斯列举的这些对象已经显示出自然界崇高的美学特征：数量的巨大和力量的强大（后来康德以明确的语言阐述了崇高的这种特征，朗吉弩斯还只是描述了这两类崇高现象），威严可怕，令人惊叹，人的实践尚未征服的奇异。

崇高还存在于社会生活和艺术中。朗吉弩斯所理解的社会生活中的崇高主要限于人格的伟大、精神的高尚和感情的炽烈，还没有涉及社会生活更广阔的内容。《论崇高》通篇充满了对意志远大、激越高举、慷慨磊落、敝屣浮华的人格和精神的赞赏，以及对琐屑无聊、心胸狭窄、墨守成规、奴性十足的人格的鄙夷。《论崇高》把如痴如醉的感情也列入崇高的范围。

《论崇高》花了大量篇幅来论述不同艺术作品中的崇高。这种崇高有一个共同的特点，那就是激流急湍的劲势，春潮暴涨的热情，疾雷闪电的迅猛。总之，是惊心动魄，而不是玲珑雅致。值得注意的是，在朗吉弩斯那里，崇高不是和修辞形式，而是和内容相联系的。“雄伟的风格乃是重大的思想之自然结果，崇高的谈吐往往出自胸襟旷达志气远大的人。”“有助于风格之雄浑者，莫过于恰到好处的真情。”[①]类似的论述在《论崇高》中屡见不鲜。修辞学传统主要注意形式，而朗吉弩斯更加重视精神状态、表达的真诚和力量。这是他超越同时代修辞学家的地方。但是，朗吉弩斯也不否认表现崇高的方式、规则的重要性。在《论崇高》的 46 章中，不少于 30 章论述了形式问题。

朗吉弩斯不仅论述了崇高的对象和范围、崇高的特征（形式的和内容的），而且着重论述了崇高的效果。崇高能够唤起人的尊严和自信。人天生就有追求伟大、渴望神圣的愿望。在崇高的对象面前，人感到自身的平庸和渺小。为了克服这种平庸和渺小，人奋起追赶对象、征服对象、超越对象，从而极大地提升自己的精神境界，感到一种自豪的愉悦。“天之生人，不是要我们做卑鄙下流的动物；它带我们到生活中来，到森罗万象的宇宙中来，仿佛引我们去参加盛会，要我们做造化万物的观光者，做追求荣誉的竞赛者，所以它一开始便在我们的心灵中植下一种不可抵抗的热

① 《缪灵珠美学译文集》第 1 卷，中国人民大学出版社 1998 年版，第 84 页。

情——对一切伟大的、比我们更神圣的事物的渴望。”[①]

《论崇高》多处号召要和崇高的对象展开竞赛、竞争，并援引了赫西俄德的话“竞争对于凡夫是有好处的”。凡夫俗子在和崇高对象的竞争中，能够“心灵扬举”，“襟怀磊落，慷慨激昂，充满了快乐的自豪感”。[②]后人关于崇高效果的论述，明显地留下了朗吉弩斯的观点的印记。

艺术中的崇高应该对人的感情产生强烈的效果，这是贯穿《论崇高》全书的一条主线。“天才不仅在于能说服听众，且亦在于使人狂喜。凡是使人惊叹的篇章总是有感染力的，往往胜于说服和动听。因为信与不信，权在于我，而此等篇章却有不可抗拒的魅力，能征服听众的心灵。”[③]在这里，朗吉弩斯超越了古希腊美学和古典主义传统。崇高的目的不是净化，不是模仿，也不是理智的说服。它的作用在于使人狂喜、惊奇。对人的感情能否产生强烈的效果，成为朗吉弩斯评价不同作家的优劣，或者同一个作家不同作品的优劣的首要标准。基于这种原因，能够产生雷霆轰击效果的雄辩家狄摩西尼，不仅胜过优点很多、然而不能感动听众的许帕里德斯，而且胜过罗马著名的雄辩家西塞罗。西塞罗和狄摩西尼的主要区别在于前者铺张，后者崇高。铺张以数量和广度见长，而崇高则以强度和深度取胜。“崇高在于高超，铺张在于丰富；所以你在一个思想中也往往能发现崇高，而铺张则常常须依赖数量甚或一点冗赘”[④]。所以，如“野火燎原”的西塞罗不如“宛若电光一闪，照彻长空”的狄摩西尼。荷马的《奥德赛》之所以不如他的《伊利亚特》，主要是前者犹如“退潮的沧海”，“在四周崖岸中波平如镜”，而后者焕发磅礴的热情，能够产生惊心动魄的效果。

《伊利亚特》和《奥德赛》是欧洲文学史中最早的重要作品，相传是公

① 《缪灵珠美学译文集》第1卷，中国人民大学出版社1998年版，第114页。
② 《缪灵珠美学译文集》第1卷，中国人民大学出版社1998年版，第82页。
③ 《缪灵珠美学译文集》第1卷，中国人民大学出版社1998年版，第77—78页。“狂喜”一词采用朱光潜译法，见朱光潜《西方美学史》上卷，人民文学出版社1979年版，第112页。缪译为“心荡神驰”。
④ 《缪灵珠美学译文集》第1卷，中国人民大学出版社1998年版，第91页。

元前 9 —前 8 世纪盲诗人荷马根据口头流传在小亚细亚的史诗短歌编成的，因而被称为“荷马史诗”。《伊利亚特》描写了特洛伊战争，希腊联军统帅阿伽门农率兵攻打特洛伊，战争进行了 10 年之久。它是一部英雄史诗，其中的英雄形象高大雄壮，饶勇尚武，个个都具有矫健的体魄和高超的武艺。全诗以英雄业绩为中心，展开了惊心动魄的战斗，充满了英雄主义的气息。《奥德赛》描写设了木马计、攻下特洛伊的希腊将领俄底修斯，战后在海上漂泊 10 年最终还乡的故事。史诗的中心人物是俄底修斯，他非常机智，不怕困难，奋斗不息。它的艺术特点与《伊利亚特》不同，《伊利亚特》格调悲壮，而《奥德赛》格调平静。所以，朗吉弩斯对它们作出不同的评价。

既然崇高的效果是“不可抗拒的”狂喜，朗吉弩斯就承认了它是非理性的，这意味着他偏离了希腊美学所培育的审美知觉的理性主义理论。朗吉弩斯特别指出，他的论敌凯齐留斯仅仅阐述崇高的形式特征，而他要把重点放在热情、激情上。他再三强调，雄辩家应该把“感情灌输到旁听者的心中，引起听众的同感”，把听众“迷住”，“完全支配”听众的心情（第 39 章）。这种热情不同于怜悯、烦恼、恐惧等卑微的感情（第 8 章）。热情中包含着非理性的、迷狂的成分，“它仿佛呼出迷狂的气息和神圣的灵感”（第 8 章）。

对艺术中的热情和强烈效果的强调，表明了朗吉弩斯也偏离了艺术模仿现实的传统。他虽然不否认艺术要模仿现实，然而他谈得更多的却是艺术要模仿古人。希腊作家的作品中已经包含了现实中的崇高内容，以他们的作品为典范，认真模仿，这是达到崇高的途径之一。与艺术中的热情和强烈效果密切相关的一个美学和心理学问题是想象。《论崇高》第 15 章专门讨论了想象。朗吉弩斯用来表示“想象”的是希腊语中的 phantasia，原意为“视觉形象”，朗吉弩斯在新的含义上使用了它：“所谓想象作用，一般是指不论如何构想出来而形之于言的一切观念，但是这个名词现在用以指这样的场合：即当你在灵感和热情感发之下仿佛目睹你所描述的事物，而且使它呈现在听众的眼前。”[1]

朗吉弩斯区分出两种想象：雄辩中的想象和诗歌中的想象。前者的目的是使观念明晰，后者的目的是使人惊心动魄。但是这两者有一个共同之处，就是打动知觉者，激发他们的感情。诗人的想象和雄辩家的想象不同。诗人的想象有夸张，远远超过可信的程度。而雄辩家的想象往往具有现实性和真实性。作为诗人想象的范例，朗吉弩斯援引欧里庇得斯对复仇女神的描绘和埃斯库罗斯对七将攻忒拜的描绘。这些想象使知觉者产生心醉神迷的效果。作为雄辩家想象的范例，朗吉弩斯援引狄摩西尼和许帕里德斯。他们把事实的论证和想象力结合在一起，使雄辩具有感染力，听众“被吸引着，从推理方面转向想象所产生的魅力，于是事实的论证就仿佛笼罩在灿烂的光环中”[2]。在朗吉弩斯那里，想象不仅是观念的形象显现，而且是一种充满激情、心驰神往的现象。这样理解的想象已经很接近于近代欧洲美学中的想象。在这种意义上，朗吉弩斯的著作是希腊罗马文献中绝无仅有的。

对热情、想象的重视，对艺术的强烈效果的重视，使得《论崇高》成为启蒙运动者和浪漫主义者手中的武器。既然崇高是“非常的事物”（第35章），既然它唤起的是出人意表的、令人惊叹的感情，那么，它在艺术创作中的体现必然要打破一切清规戒律，按照崇高要求的创作是完全自由的。虽然浪漫主义者的这种理解未必完全准确，然而《论崇高》同文艺创作中的教条主义和刻板公式无疑是格格不入的。朗吉弩斯以崇高这个审美范畴丰富了美学的内容，并对崇高的范围、特征和效果作了描述性的说明，对以后美学的发展产生了重要影响。《论崇高》反映了对艺术的目的和任务的新的理解，拓宽了艺术的概念和艺术作用的范围。

---

① 《缪灵珠美学译文集》第1卷，中国人民大学出版社1998年版，第93—94页。
② 《缪灵珠美学译文集》第1卷，中国人民大学出版社1998年版，第96页。

第六讲
普洛丁

新柏拉图主义哲学体系的创始者普洛丁（204 或 205 —270 年）生于罗马帝国统治下的埃及的吕科坡利。他长期述而不作，50 岁时才开始写作。他 60 岁时，波菲利成为他的热忱追随者。在波菲利和他交往的 6 年中，据说他 4 次进入与神直接交往的迷狂境界中，在弥留之际，他表示要和神融为一体。这时候一条蛇从他的床下爬过，钻进墙缝里，他这时撒手人寰了。波菲利可能带有虚构的这种记述，为普洛丁的死亡涂上一层神秘的色彩。

临死前普洛丁把自己的希腊语著作交给学生波菲利，委托他整理出版。波菲利按内容把这些论文分为 6 集，每集 9 篇论文，所以他把每集都叫作《九章集》，以后，这 6 集也被总称为《九章集》。这样《九章集》共有 54 篇论文，波菲利给每篇论文加了标题。这 6 集书的内容分别涉及伦理学、自然科学、宇宙学、心理学、三大本体的学说和认识论。专门研究美学的论文有两篇：第 1 集第 6 篇《论美》和第 5 集第 8 篇《论理智美》。

一、太一、理智和世界灵魂

新柏拉图主义形成于 3 世纪，那已是柏拉图身后 600 年的事了。新柏拉图主义的名称本身就说明了普洛丁对柏拉图的依赖。国外有的研究者作过统计，普洛丁《九章集》的内容很多出自柏拉图的著作，然而，新柏拉图主义不是柏拉图学说的简单复活，不能把柏拉图的影响绝对化。普洛丁也接受了赫拉克利特、亚里士多德、斯多亚派的影响，他想总结古希腊罗马的全部哲学学说。

普洛丁新柏拉图主义哲学和美学的基本原则是关于三大本体的学说。

第一本体是“太一”。普洛丁把太一视为世界的本原，太一是绝对的，超越一切存在，是唯一的实在和万物之源。太一是普洛丁哲学的辩证过程的起点，世界万物从太一那里流溢出来。太一首先流溢出来的是第二本体——理智。理智是绝对客观的因素——太一的产物，是存在的本体论状态。它不是抽象的概念，而是一种客观现实的存在。柏拉图的各种理式或理式世界就是普洛丁的理智。它是万物的原型。

从理智中流溢出第三本体世界灵魂，世界灵魂是万物运动的起源。灵魂产生于理智，就像热产生于火。在普洛丁看来，物体或生或灭，或动或静。一个物体要借助另一个物体才能运动，另一个物体要借助第三个物体才能运动，这样就产生一个问题：是否有一种物体，它的运动无须其他物体帮助，而它能推动其他物体的运动。普洛丁认为这种自我运动的物体就是无形体的灵魂。人有灵魂，天地和动植物也有灵魂，各种灵魂就组成了世界灵魂。从灵魂中再流溢出物质世界。人的任务就是从肉体生活上升到灵魂生活，从灵魂上升到理智，再从理智上升到与太一交融。这当然是一种神秘主义，不过，普洛丁强调了人摆脱粗俗的物质生活、追求自由的精神生活的重要性。另外，也应看到新柏拉图主义对逻辑演绎的重视。神秘主义和逻辑学在新柏拉图主义那里是并行不悖的。

新柏拉图主义不仅吸取了包括柏拉图在内的众多希腊罗马哲学家的思想成果，而且是罗马帝国封建化过程在意识形态上的反映。[①] 在希腊罗马，没有一个哲学学派像新柏拉图主义那样热衷于确立存在的各种等级。虽然在柏拉图那里存在也分等级，然而只有几种，新柏拉图主义则确立了存在的几十种等级，其最高点是太一。太一高于一切，高于整个世界。产生这种概念的相应的社会条件是罗马帝国的封建化。罗马皇帝为了稳定和加强帝国统治，把罗马帝国划分为 4 大区域，4 大区域又划分为 12 个行政大区，行政大区之下设行省，行省总数为 101 个。罗马帝国建成了等级森严的军

① [苏联] 洛谢夫：《希腊罗马美学史》第 6 卷，莫斯科 1980 年版，第 169—171 页。

事官僚制度。这种政治制度在普洛丁以后的新柏拉图主义中打下不可磨灭的印记。当然，不是说新柏拉图主义关于存在的等级结构直接来源于等级森严的军事官僚制度，而是说这两种相似的现象具有共同的社会基础。

作为关于太一、理智和灵魂的学说，新柏拉图主义在研究美学时，把美学本体论化。

二、美的等级结构

在希腊罗马，美学和本体论很少有区别。普洛丁把美学本体论化。在他那里，美学不仅与本体论相接近，而且就是真正的本体论。

在普洛丁那里，存在是分等级的。相应地，美也是分等级的，物体美、物质世界的美处在最低的等级上。普洛丁从分析感性知觉的美入手，力图通过肉眼可见的物体来理解美的本质。然而，普洛丁感兴趣的不是美的现象，而是各种现象中的美本身的问题，他不断追问："是什么使得视觉在物体中见出美，听觉在声音中听出美呢？为什么一切直接联系到心灵的东西都美呢？是否一切事物之所以美，因为都具有同一的美？还是在不同的物体和其它对象中，美也是不同的呢？这许多种美或是这一种美究竟是什么呢？"[①]

为了寻找美本身，首先，普洛丁把美的实质和物体的实质区分开来。同一物体，时而美，时而不美，物体的实质显然不同于美的实质。其次，普洛丁把美和比例对称区分开来。美在于比例对称是斯多亚派哲学家给美下的著名定义，他们指出，"美是物体各部分的适当比例，加上悦目的颜色"。这个定义在普洛丁时代和随后的中世纪都很流行。普洛丁批驳了这个定义。可见，普洛丁在讨论美时，是与现实情况紧密联系的。

在论述物质美后，普洛丁转向灵魂美，即由感性知觉的美转入考察由

---

① 《朱光潜全集》第6卷，安徽教育出版社1990年版，第408页。

灵魂知觉的美，这表明了他对美的等级态度。而这种等级态度产生于他的流溢说。他在《论美》中写道：“至于更高的美就不是感官所能感觉到的，而是要靠心灵才能见出的。”[①]“至于更高的美”指比感性知觉的物体美更高的内在美，比如事业和学术的美、美德的光辉、正义和节制的美等，普洛丁认为它们远远高于自然现象的美。

灵魂美从哪里来？为了揭示灵魂美的本质，普洛丁运用反证法，首先揭示了灵魂丑的本质。丑产生于感性的放纵，对肉体欲望的追求，以及质料的蛊惑摆布。灵魂丑的本质在于无节制（即喜欢沾染肉体的快乐），不纯正，满怀无数的欲望，怯懦，寻找肮脏的快乐等。只有摆脱低级的情欲和对肉体的服从，我们才有可能获得灵魂美。因此，灵魂美以及这一序列的其他美要求摆脱一切肉体、一切暂存的东西。

只顾满足肉体欲望的灵魂只能是个人的灵魂。普洛丁说的灵魂有两种：一般（世界）灵魂和个别（个人）灵魂。太一生理智，理智生世界灵魂。世界灵魂绝不同肉体相联系。然而，世界灵魂又产生出无数或大或小的灵魂。与世界灵魂相比，这些灵魂要弱小得多，这种弱小表现为，它们服从、讨好渺小的生命冲动，屈服于肉体。不过，个别灵魂也像世界灵魂一样不朽。实际上，个别灵魂并不具有欲望、苦恼、恐惧、妒忌等各种体验，所有这些体验为灵魂和肉体的混合物所特有。随着肉体的死亡，这种“混合”就自然瓦解了，但灵魂仍然不朽。为使灵魂不落入肮脏的质料中，需要理式在灵魂中发挥作用。灵魂美是理式在灵魂中的表现。

灵魂美高于物体美，理智美又高于灵魂美。理智美也是理式在理智中的表现。灵魂由理智溢出，它的使命就是上升到理智。按照普洛丁的观点，人应该从物体（肉体）走向灵魂，但是不能停留在灵魂上，因为灵魂时而美，时而丑。灵魂须要上升到理智，理智永远是美的。得到净化的灵魂，上升到理智的灵魂之所以更美，因为它这时已经是纯洁独立、与肉体欲望、

---

① 《朱光潜全集》第6卷，安徽教育出版社1990年版，第412页。

与低级的黑暗无沾无碍的灵魂了。

关于美的等级，普洛丁的结论是：物体由灵魂而美，灵魂由理智而美，理智由善或太一而美。他描绘了美的等级结构，这种结构由三个等级组成。第一和最高的等级是理智美。理智美的根源是太一或善，而主要载体为理智和世界灵魂。第二等级是自然的理式美，人的灵魂美，以及德行、学术、艺术（作为一门精神学科）的美。处在最低等级上的是感性知觉的美，包括物质世界的现实美和具体的艺术作品的美。整个中世纪美学深受普洛丁关于美的等级划分的影响，并对此重新作了思考。

三、审美上升历程

普洛丁的审美历程和他的美的等级划分密切相关。美的等级结构按照流溢说自上而下地形成，而审美历程则自下而上，由低级美逐步走向高级美，最后返回太一。审美上升历程有两个阶段：爱美和爱善。爱美就是从物体逐渐上升到美本体，即理智，其手段是灵魂的净化。爱善是灵魂与太一融为一体，达到迷狂，其手段是对太一或美的观照。

《论美》论述了审美上升历程。首先由物体上升到灵魂，途径是拒斥感性知觉的美，“把肉眼的观照抛在后面，不再回头去看他过去所欣赏的肉体的光彩。如果看见肉体的美，就不应该跟踪追逐，应该知道，这些肉体美只是幻象和踪影，要追寻的是这些幻象和踪影所反映的美本身”[①]。如果追寻这些幻象和踪影，就会沉入对于理智是阴暗的深渊，“像一个瞎子落在阴魂界”。最好的忠告是“逃回到我们的亲爱的故乡”，即进入更高的精神美的梯级。

物体上升到灵魂，这种灵魂仅仅是和肉体结合的灵魂，还须要进一步上升到真纯的灵魂。真纯的灵魂不会有罪过，有罪过的只是和肉体结合的

① 《朱光潜全集》第6卷，安徽教育出版社1990年版，第417页。

灵魂。然而，罪过在肉体，而不在灵魂。《九章集》第 1 集第 1 篇《论活物和人》指出，灵魂真正的生活不是肉体的生活，而是理智的生活。和肉体结合的灵魂要上升到真纯的灵魂，必须经过灵魂的净化。经过净化的灵魂是纯洁独立的灵魂，它要上升到理智，即返回故园（故乡）。

至此审美上升历程还没有结束。《九章集》第 1 集第 3 篇《辩证法》对审美上升之路作了具体的说明。普洛丁的辩证法不是论辩的规则，而首先是灵魂由尘世走向太一的上升之路。《辩证法》描述了灵魂到达“旅程的终点”即太一或善的历程。普洛丁认为只有哲学家、爱乐者（“乐”指“音乐”，爱乐者泛指艺术爱好者）和爱美者能够走上审美上升之路。踏上这条道路，还要走很久才能达到旅程的终点。哲学家走上这条道路是出于本性，而爱乐者和爱美者需要外在的引导。① 普洛丁辩证法的最后一个阶段是哲学观照。可见普洛丁的哲学也就是审美活动。因为哲学家本性上爱美，不满足于形体美，而追求灵魂美，并且上升到灵魂美的根源。

四、普洛丁美学的影响

在整个希腊罗马美学中，普洛丁是仅次于柏拉图和亚里士多德的第三位最重要的美学家。普洛丁作为希腊罗马和中世纪之交的美学家，一方面对希腊罗马美学作出总结，另一方面又对中世纪美学发生直接的、重大的影响。

中世纪前期美学的思想来源主要有两个：一是新柏拉图主义，二是基督教。中世纪第一位最重要的美学家是奥古斯丁，他奠定了长达千年的中世纪美学的基础，整个中世纪没有一位理论家能够建立比他更完整的美学体系。在希腊罗马哲学家中，奥古斯丁推崇柏拉图，他把亚里士多德看作为柏拉图的学生。他特别喜爱普洛丁，并且更加喜爱普洛丁的弟子波菲利。

---

① ［古罗马］普洛丁：《九章集》第 1 集第 3 篇第 1 节。

普洛丁美学对奥古斯丁产生了深刻影响，奥古斯丁的某些美学理论甚至是对普洛丁著作逐字逐句的复述。在普洛丁那里，美学是一种本体论，美是分等级的。和普洛丁一样，奥古斯丁也把美学当作一种本体论，美是存在的主要标志之一。在审美知觉理论上，奥古斯丁也深受普洛丁的影响。奥古斯丁着迷于“人类意识的深海”，反对“把自身置于脑后”①，屡次表达了“在我身内探索：我自身成为我辛勤耕耘的田地”②的强烈愿望。他的审美知觉理论以感性知觉理论为基础，在这方面，他基本上以普洛丁的观点为依据。

普洛丁对中世纪美学和艺术产生影响的不仅有美的理论和审美知觉理论，而且还有艺术理论。普洛丁认为，艺术作品模仿理智，即模仿神。艺术作品成为认识理智的工具，虽然是极不完善的工具。艺术作品的全部价值就在于此。作为一个多神教徒，普洛丁完全没有想到他的美学理论适合基督教艺术，基督教艺术家也没有想到，最适合他们的艺术理论是由异教徒制定的。普洛丁关于艺术的论述并不多，然而这些论述对基督教艺术的影响却很大。基督教艺术接受了普洛丁的艺术理论，把艺术作品看作模仿上帝、表现上帝和认识上帝的工具。

尽管普洛丁的理论被中世纪基督教美学和基督教艺术奉为圭臬，尽管普洛丁关于太一、理智和灵魂三位一体的逻辑，对基督教关于圣父、圣子和圣灵三位一体的教义发生了重要影响，我们仍然“不能把新柏拉图主义基督教化”。③

普洛丁的著作经常提到神，然而，普洛丁的神不是基督教的一神，不是上帝，而是希腊诸神。新柏拉图主义者是基督教的反对者，波菲利在他的 15 卷《反基督教》中痛斥了当时方兴未艾的基督教。基督教的出发点是绝对的不可重复的个性（上帝），而新柏拉图主义的个性是可以重复的，

① ［古罗马］奥古斯丁：《忏悔录》，周士良译，商务印书馆 1963 年版，第 194 页。
② ［古罗马］奥古斯丁：《忏悔录》，周士良译，商务印书馆 1963 年版，第 200 页。
③ ［苏联］洛谢夫：《希腊罗马美学史》第 6 卷，莫斯科 1980 年版，第 174 页。

归根到底是典型的自然现象。在新柏拉图主义中没有原罪的神秘，没有堕落灵魂的忏悔，没有赎罪的渴望。在普洛丁那里，每个神不是抽象的概念，而是有生命的。每个神是自然的某个领域的概括，而不是这种领域本身。因此，这些神是某种自然领域和它的概念的综合。神不是孤立存在的，他和其他神组成一个整体，这种整体性在每个神身上得到反映，同时每个神又有自己的特点。普洛丁的神话学具有泛神论的、宇宙学的意义，与基督教一神教相对立。对于普洛丁来说，神话学就是关于理智的学说，每个神就是宇宙某个领域中最一般的理式。所以普洛丁的美学不是一种神学，而是一种宇宙学。

从普洛丁对希腊罗马哲学思想的吸收、利用和改造的情况看，他是一位真正的、典型的希腊罗马思想家。虽然他也受到东方神秘主义的影响，然而他的美学和希腊罗马美学没有矛盾，没有越出希腊罗马美学的界限，没有越出多神教的界限。他沿着柏拉图、亚里士多德和斯多亚派的方向前进，他的思想是这些最主要的希腊罗马思想的某种集合。普洛丁美学深入到希腊罗马美学的内在精神方面，在这种意义上，它是希腊罗马美学的完成阶段和终结阶段。

普洛丁不仅对中世纪美学而且对文艺复兴美学产生了重要影响。文艺复兴时期，在意大利佛罗伦萨创立的柏拉图学园，甚至把柏拉图当作神来供奉，而对于文艺复兴时期的新柏拉图主义者来说，普洛丁和柏拉图是一回事。普洛丁对德国古典美学，比如对康德、谢林和黑格尔也产生过很大影响。新柏拉图主义对西方哲学和美学影响的断层发生在文艺复兴和德国古典美学之间的一段时间内，这时流行的是以笛卡儿为代表的欧洲大陆理性主义和以培根为代表的英国经验主义。虽然新柏拉图主义的余威犹在，比如 17 世纪下半叶英国出现了剑桥新柏拉图主义学派，但是总的说来，新柏拉图主义遭到启蒙运动的激烈反对。启蒙运动为什么反对新柏拉图主义呢？近代西方哲学是以主体和客体的分裂为基础的。理性主义重视主体轻视客体，经验主义重视客体轻视主体。而希腊罗马哲学和美学，包括新柏拉图主义是以主体和客体的交融为基础的，虽然主体或客体有时会占某种优势，但是绝对不会达到相互对立的地步。只有站在主客交融的立场，才能理解希腊罗马哲学和美学。对于普洛丁的哲学和美学来说也是这样。

第七讲
中世纪美学

476年西罗马帝国被日耳曼雇佣军灭亡，欧洲奴隶制时代宣告结束。5—15世纪是欧洲封建社会形成、发展和繁荣的时期，史称中世纪。不过，美学史和世界史的中世纪分期不完全一致。中世纪美学指欧洲基督教背景中2—15世纪的美学。

中世纪美学和基督教关系密切。在公元初期，基督教只是从犹太教中分裂出来的一个下层派系，产生于罗马帝国统治下的巴勒斯坦和小亚细亚一带。可以说，基督教起源于犹太教。300多年间基督教遭到罗马帝国的迫害和镇压。后来，由于它的蓬勃发展和广泛传播，罗马帝国想利用它来巩固自己的统治，于392年宣布它为国教。就像罗马帝国分为东、西两部分一样，基督教也分为两大派：东方希腊派教会和西方拉丁派教会。1054年，基督教正式分裂。东方希腊派教会以君士坦丁堡（今土耳其伊斯坦布尔）为中心，称为东正教；西方拉丁派教会以罗马为中心，称为天主教。

在中世纪，基督教哲学经历过两个不同的时期，出现过两种不同的形态。第一种形态是2—5世纪的教父哲学。教父哲学指著名的基督教著作家们的哲学思想和理论体系。奥古斯丁是教父哲学的集大成者。第二种形态是9—15世纪的经院哲学，它指在“经院”（教会或修道院办的学校）以及大学里讲授的论证神学的基督教哲学。托马斯·阿奎那是最著名的经院哲学家。相应地，基督教美学也有两种形态：教父美学和经院美学。奥古斯丁和托马斯·阿奎那分别是教父美学和经院美学的最大代表。奥古斯丁代表了柏拉图路线，托马斯·阿奎那代表了亚里士多德路线。但丁是中世纪最后一位诗人和美学家，是新时代最初一位诗人和美学家。

中世纪美学与古希腊美学的最大区别在于，古希腊美学基本上是宇宙学美学，而中世纪美学是神学美学。希腊美学的对象是无个性的宇宙，而中世纪美学的对象是有个性的“人格神”（人格化的神），即上帝。

一、绝对美、绝对真、绝对善的三位一体

绝对美、绝对真、绝对善的三位一体是奥古斯丁美学的核心内容。奥古斯丁（354—430年）生于北非的塔加斯特（今阿尔及利亚的苏格艾赫拉斯），父亲是异教徒，母亲是基督教徒。他16岁时去迦太基学习修辞学，然后服膺摩尼教，又学习并力图实际利用亚里士多德的《范畴篇》。对摩尼教的失望使他走上怀疑主义的哲学道路。经过一系列紧张的精神探索，奥古斯丁于387年接受了名播西方的米兰主教安布罗西乌斯的洗礼，正式皈依基督教。

基督教文化是在某些基本方面相互对立的两种文化——希腊文化和希伯来文化的基础上产生的。相应地，教父美学是希腊美学和希伯来美学碰撞、折中、最后走向融合的过渡阶段。古代犹太人又称希伯来人，他们对人类最早的贡献是《圣经·旧约》的创作。《圣经》包括《旧约》和《新约》，《新约》是公元后创作的。犹太教只承认《旧约》，基督教既承认《新约》，也承认《旧约》。《圣经》浸透西方日常生活。西方的历法纪年以耶稣的诞辰为元年，分为公元前和公元后。一周七天的架构也是基于上帝六天创世、第七天休息的经文而创制。西方的文学、绘画、音乐和建筑深受《圣经》的影响，莎士比亚的每一部剧作引用《圣经》的平均数为14次，总计达到2000多处。

希腊文化和希伯来文化号称“双希文化”，是西方文明的源头。希腊美学和希伯来美学差异明显。希腊美学具有形体性、造型性，希伯来美学则体现内心的冲突和活动。在审美知觉中，希腊人重视“看”，希伯来人重视“听”。希腊人最主要的艺术是雕塑和建筑，他们用庙宇和雕塑安置

他们的神；希伯来人最主要的艺术是音乐和诗，他们用歌和音乐颂扬他们的耶和华（上帝的名字）。在希腊美学中，“美”的范畴占有特别重要的地位；在希伯来美学中，“光”的范畴占有类似的地位，对于希伯来人来说，“光”就是美的理想。希腊人欣赏形式和形体本身的美，希伯来人认为形体只是内在性质的表现。希腊文学艺术描绘事物的外貌，希伯来文学艺术只转达作者对这些外貌的印象。对于这两种如此不同的美学，教父美学家力图进行整合。早期教父接受过良好的希腊文化教育，在成年时信仰了基督教。他们常常援引希腊哲学家的言论来证明自己思想的正确性，把荷马和《圣经》中的摩西、把希腊哲学和《圣经》中的先知思想进行比较，从基督教立场来改造希腊文化。

奥古斯丁作为最著名的基督教哲学家，第一次从哲学上全面而系统地论证了基督教的教义。在中世纪西方哲学中，他占有统治地位。直到 13 世纪，他才遇到了有力的竞争者——托马斯·阿奎那。不过，托马斯·阿奎那仅仅在天主教教徒中享有权威，而奥古斯丁即使在新教教徒中也有积极的支持者。奥古斯丁的思想来源主要有两个：新柏拉图主义和基督教。在美学史中奥古斯丁最重要的意义在于，他是整个希腊罗马向整个中世纪过渡的环节。这种过渡的标志是：他第一次把新柏拉图主义的太一称作人格神，即上帝。奥古斯丁的著作浩繁，代表作有《忏悔录》《上帝之城》《论三位一体》等，他专门研究美学的著作有两种：《论美与适宜》和《论音乐》。奥古斯丁建立了完整的美学体系，整个中世纪没有一位美学家能够建立比他更完整的美学体系。我们分别阐述他关于美和审美知觉的理论。

（一）美的理论

在西方美学史上，普洛丁和奥古斯丁是相互衔接和承续的两个环节。在奥古斯丁的所有著作中都可以感受到新柏拉图主义的巨大影响。当奥古斯丁成为基督教主要的思想家后，他仍然对新柏拉图主义者怀有深深的敬意，认为他们比其他所有哲学家都更接近于基督教，尽管普洛丁和他的学生波菲利是基督教不共戴天的敌人。

奥古斯丁关于美的理论深受普洛丁的影响。在奥古斯丁那里，美学是一种本体论，美是存在的主要标志之一。美是有等级的，美从高一级的存在向低一级的存在扩展。

普洛丁认为，最高的美是理智美，其根源是“太一”，其载体是世界灵魂。其次为人的灵魂美，德行和学术的美。位于最低级的美是感性知觉的美。和普洛丁一样，奥古斯丁主张在美的等级结构中，绝对美占有最高的等级。所不同的是，普洛丁把绝对美说成是希腊诸神或理智，而奥古斯丁在美学史上第一次把绝对美同基督教的上帝完全融合在一起。他视上帝为唯一的和真正的美，模仿这种美的万物是美的，但是它们和这种美相比就是丑的了。上帝是“万美之美”[①]，是其他美所由产生的“至美”。在《忏悔录》中，奥古斯丁用美学术语屡次把上帝描绘成理想的审美客体：“是你，主，创造了天地；你是美，因为它们是美丽的；你是善，因为它们是好的；你实在，因为它们存在，但它们的美、善、存在，并不和创造者一样；相形之下，它们并不美，并不善，并不存在。”[②]

在奥古斯丁美的理论的下一个梯级上是精神美，精神美包括道德美和艺术美。在精神美方面，他特别重视人的心灵美。心灵美由“遵守教规的”思想、在道德上当之无愧的行为和德行等成分组成。可见，在这里审美和伦理紧密地联系在一起。奥古斯丁屡次强调，德行使心灵变得美，恶习使心灵变得丑。他写道：“在某种方面，遵守教规是心灵美，由于这一点人成为美，甚至身材佝偻丑陋的人也往往成为美的。”[③]他在《布道书》中举例说明他的观点：如果有两个仆人，一个形体很美，但是不忠诚；另一个对我忠诚，然而是个丑八怪，我当然喜欢第二个人，对他的评价更高，尽管

① ［古罗马］奥古斯丁：《忏悔录》，周士良译，商务印书馆 1963 年版，第 41 页。
② ［古罗马］奥古斯丁：《忏悔录》，周士良译，商务印书馆 1963 年版，第 235 页。
③ ［古罗马］奥古斯丁：《论三位一体》第 8 卷第 6 章第 9 节。

他的形体是丑陋的。精神美也包括科学美。奥古斯丁不仅指出科学的效用，而且指出科学的美，科学美是从事科学研究的动因之一。科学和艺术中最美的是哲学。当然，他这里所指的是宗教哲学，宗教哲学可以达到“真正的智慧”和对绝对美的认识。

比精神美低的是物质世界的美。奥古斯丁指出人对世界的三种态度。第一种像摩尼教徒那样，把整个世界看作为恶，并且诅咒这个世界。第二种被世界的美本身所吸引，世界成为人所喜爱的对象。第三种态度最为重要，即人在世界的美中看见造物主和自己对造物主的敬爱①。上帝创造世界的基督教思想决定了奥古斯丁对物质世界及其美的态度。在他看来，上帝所创造的一切不可能是丑的，不过人们不善于理解许多植物、昆虫或动物的美，而把它们说成是丑的。这种观点和新柏拉图主义者对物质世界的轻视已经大异其趣，物质世界的美在奥古斯丁美学体系中的地位大大高于在普洛丁美学体系中的地位。虽然奥古斯丁也认为物质世界的美比起绝对美来是微不足道的，它只是上帝美的反映，然而，他对物质世界的美、人体美的赞扬值得重视。他对美的事物极其敏感，对自然美有很细腻的感受力，并对此作了微妙精细的描述。

罗马晚期普遍轻视人体美，与此相对立，奥古斯丁为人体美作辩护。尽管他认识到迷恋女性的肉体美会燃起欲望，导致罪孽，因此女性美是危险的，然而他在《上帝之城》等著作中仍然赞颂人体美，多次指出人体美来自上帝这个最高美和绝对美。女性肉体是美的，如果它不成为肉体享受和种系繁殖的对象时，它会更加美，这时候它仅仅具有新的、非功利的美。人体和四肢五官为了完成某些功利功能，必须要有完善的和合理的组织和结构。不过，奥古斯丁强调，人体中的许多组织仅仅为了美，而不是为了效用。当时的解剖学家和医学家无法揭示人体的这种内在和谐，人们只能赞叹人体的外在美。例如，男性的乳头和胡须具有纯装饰作用。以此为理

① 参见[古罗马]奥古斯丁:《忏悔录》，周士良译，商务印书馆 1963 年版，第 321 页。

由，奥古斯丁得出有关人体的纯审美结论，认为人体中不涉利害的美要高于效用：没有一种人体器官只具有功利作用而不具有美，然而存在着只服务于美、而不服务于效用的人体器官。在这一点上，奥古斯丁与希腊罗马美学家相比迈出了新的一步。

在奥古斯丁之前，基督教就揭示了自然美和物质世界的美，奥古斯丁对感性美的重视并非继承了早期希腊美学的传统，而是发展了基督教的观点。如果普洛丁逃避物质美而趋向精神美，那么，奥古斯丁力图以上帝本原来证实物质美。物质美作为上帝的创造，被理解为上帝美的影像和指向上帝美的符号。在物质美和精神美的关系上，柏拉图美学也有类似的意图。不过，奥古斯丁的侧重点和他完全不同。柏拉图轻视物质美，因为物质美只是精神美的苍白的反映。而奥古斯丁赞扬物质美，恰恰因为物质美是上帝美的影像和符号，它局部地反映了上帝美，经常指向上帝美。

在奥古斯丁美的理论中，还有几点值得注意。首先，他在《论美与适宜》中区分出自在之美和自为之美，即事物本身的美和一个事物适宜于其他事物的美。这部书在奥古斯丁生前就佚失了，它的有关内容在奥古斯丁皈依基督教以后的著作中有所涉及。他在《忏悔录》中写道："我观察到一种是事物本身和谐的美，另一种是配合其他事物的适宜，犹如物体的部分适合于整体，或如鞋子的适合于双足。"[①] 他在一封信中给这两种美下了这样的定义："美（pulchrum）由于它自身被观赏和赞叹，它的对立面是畸形的丑。适宜（aptum）的对立面是不适宜（ineptum），它和美相反，仿佛表示某种依存，它不是由于自身而是由于它与之结合的事物而得到评价。"[②] 自为之美总是包含着效用和合目的性的因素，而自在之美没有这些因素。因此，自为之美是相对的，因为同一个事物可能符合这一种目的，而不符合另一种目的。

---

① ［古罗马］奥古斯丁：《忏悔录》，周士良译，商务印书馆 1963 年版，第 64 页。
② ［古罗马］奥古斯丁：《书信集》第 138 封第 6 节。

其次，奥古斯丁区分出静态美和动态美。静态美指颜色和形式美，动态美指运动美。静态美在希腊美学中已经得到研究，奥古斯丁进而研究了动态美，并且认为它更富有精神性，对它评价也更高。在奥古斯丁看来，世界的美就在于世界诸成分经常的运动、发展和更替。有节奏的运动是音乐、诗、舞蹈的基础，是它们美的因素。动态美也为人的生活所固有，因为快感、幸福和愉悦都是在时间中流逝的。因此，在奥古斯丁的美学中，节奏作为动态美的基础受到特殊的关注。

再次，奥古斯丁论述了美的对比原则。普洛丁认为："但是全体如果是美的，它的各部分也应该美。一个美的东西当然不能由丑的部分来形成，它所包含的一切都美。"[①] 奥古斯丁也指出，由美的各部分组成的整体更美："因为一个物体，如果是荟萃众美而成，各部分都有条不紊地合成一个整体，那末虽则各部分分别看都是好的，而整体自更远为美好。"[②] 不过，奥古斯丁不满足于这种结论，他作了更加深入的思考，提出美的对比原则：美的成分和丑的成分、中性的成分相结合，能够形成整体的美，美和丑的对比形成整体的和谐。例如，白天光线的美与夜晚的黑暗相比就更加明显，白色在黑色的衬映下显得更美。在奥古斯丁看来，美是一种存在，丑是存在的不足。丑不可能是绝对的，因为绝对丑就意味着美的完全缺乏，就是说，绝对丑什么也不是。因此，最丑的事物或现象中也会含有一丁点儿美。这种关于丑的观点是一种新观点，它在中世纪绘画、特别是意大利绘画中得到反映。

最后，奥古斯丁探讨了美的基本特征和原则。为什么美能够引起我们的快感？为什么我们喜欢美的事物？类似的问题使奥古斯丁感兴趣，在回答这些问题时他总结了希腊美学的成果。他把形式和数看作感性美的普遍特征，此外，他区分出美的较为具体的特征和规律，它们包括平衡、类似、

---

① 《朱光潜全集》第 6 卷，安徽教育出版社 1990 年版，第 409 页。
② ［古罗马］奥古斯丁：《忏悔录》，周士良译，商务印书馆 1963 年版，第 319 页。

适宜、对称、比例、协调、和谐等。这些原则中占首位的是整一。他运用这些原则分析了现实美。例如，平衡程度越高的几何图形越美。这样，等边三角形比其他任何三角形都美。但是，正方形又比等边三角形美。因为在正方形中等边对等边，而在三角形中与边相对的是角。不过，正方形也有不完美的地方，它的中心到角的顶端的距离，与中心到四边的垂直距离不等。从平衡的角度看，最美的图形是圆。由彼此相似和相互适应的成分，能够组成美的事物，其例证是人体。“在人体中几乎没有什么东西可以取消，如果剃掉一边的眉毛，对美就会造成很大的损失。美不在于各种成分的量，而在于它们的平衡和对称。”①

奥古斯丁把物质美的一切形式规律看作最高的真和善的表现，绝对的整一同时就是绝对的真和最高的善。因此，感性美的形式规律归根到底是有内容的，它们并非自身具有意义。在这一点上，奥古斯丁美学根本不同于希腊美学。他认为美的形式规律是存在的最高规律，事物越美，在存在中占据的地位就越高，也就越真。

（二）审美知觉理论

作为心理学家，奥古斯丁擅长分析人的深层心理活动，有的研究者甚至把他与现代著名心理学家作比较。在这方面，他也受到普洛丁的影响。他对普洛丁《九章集》的精神力量和深刻性惊叹不已。普洛丁向他指明了在自身隐秘的灵魂深处，而不是在外部物质世界中寻求真理的途径。

奥古斯丁的审美知觉理论以感性知觉理论为基础。他基本上依据普洛丁的观点，以视知觉为例来说明感性知觉问题。因为他认为视知觉是最完善的和最具精神性的知觉。在《论三位一体》第 9 卷中，奥古斯丁在分析视知觉时指出，我们观察任何有形物体时，有三个事物是紧密结合在一起的：外部对象，知觉过程，使感官固定在对象上的注意力或意志。在早期

① ［古罗马］奥古斯丁：《上帝之城》第 11 卷第 22 章。

著作《论双重灵魂》第14节里，奥古斯丁把意志定义为“心灵趋于占有或保存某物的自发活动”[①]。意志将感官引向对象并专注于对象。这种注意力是知觉所必不可少的，奥古斯丁曾举例说明它的重要性：“我在阅读时，常常是读完一页或一封信后对读了什么一无所知，不得不重读。原因是心不在焉，心意旁骛，字符固然映入了感官，感觉却并未被记忆所注意。”[②]把意志引入感性知觉过程，是奥古斯丁的独创，这是普洛丁知觉理论中所没有的。按照奥古斯丁的理解，意志在视知觉的各个阶段都起着重要作用。视知觉不仅取决于知觉客体，而且首先取决于知觉主体的注意力指向何方。奥古斯丁的理论预测到视知觉心理学领域中的某些现代发现。

奥古斯丁的审美知觉理论主要体现在《论音乐》中。《论音乐》是他唯一流传至今的美学著作。他于387年，即接受洗礼前几个月开始写这部书，该书在389—391年之间完稿，这时他已经是基督教自觉的理论家了。《论音乐》第1卷研究音乐的本质、艺术、运动等问题，第2—5卷分析节奏、节拍，第6卷讨论了感性知觉和理智判断、永恒不变的数以及艺术和科学的地位和作用。第6卷是奥古斯丁美学的心理学部分，也是他的美学最有特色的部分。为什么奥古斯丁在精神探索最紧张、思想斗争最激烈的时候要详细研究音乐问题呢？因为他要建立艺术节奏、宇宙节奏和人的精神节奏的学说。这和希腊罗马美学家对音乐的理解有关。

希腊罗马美学家对音乐的理解和我们现在不同，他们首先把音乐理解成为一门理论学科，即音乐科学或音乐理论，而不是音乐艺术。音乐的基本原理不仅适用于音乐艺术，而且适用于诗、舞蹈、戏剧和造型艺术。柏拉图甚至认为音乐是一门哲学，是“各种艺术中最高的艺术”。从毕达哥拉斯学派开始，古代对音乐的研究集中在两个问题上：一是音乐对人的心理

① 转引自［英］W. 蒙哥马利：《奥古斯丁》，于海、王晓平译，中国社会科学出版社1992年版，第111页。
② 转引自［英］W. 蒙哥马利：《奥古斯丁》，于海、王晓平译，中国社会科学出版社1992年版，第106页。

的影响；二是音乐的数的理论。毕达哥拉斯学派把数的规律看作各种艺术和宇宙的基础。在罗马晚期，音乐被当成一门数学学科。真正的音乐家不是作曲家和演奏家，而是音乐理论家。这样理解的音乐科学符合奥古斯丁从物质世界向精神世界转换的意愿。

奥古斯丁依据毕达哥拉斯学派的思想和普洛丁对数的理解，把各种对象、现象和过程看作数的组织。数的本质和规律属于永恒的和不变的本真的领域，因此，只能为理性所理解，而不能由感官在物质世界的对象中加以知觉。自然界、人的生活、人制作的一切、夜莺美妙的鸣啭、动物匀称的运动都是由于数的规律。数主宰着天体运动，它也是一切科学和艺术的基础，它还形成美和审美判断力的结构。

奥古斯丁以音乐作品为例，区分出五种数。第一种是声音本身中的数，即使听众没有听到它，它仍然客观存在于音乐作品中。第二种是存在于知觉主体的感官或感觉中的数。只有当客体的数作用于相应的感官时，这种数才会产生。对客体的直接知觉一旦停止，这种数就消失了。这里说的是在声音的作用下耳朵中所发生的生理过程。第三种数存在于声音的制作者（比如音乐家）的心灵中，它不依赖其他各种数，可以表现在脉搏的跳动和呼吸中。第四种数存在于记忆中，这是记忆能力。它可以脱离前三种数而存在，但是有一个前提条件，即前三种数要在它之前产生。第五种数存在于我们的判断中，数的平衡使我们愉悦，破坏这种平衡则使我们厌烦。这样，奥古斯丁在“艺术家—艺术作品—知觉者”的系统中区分出五个阶段：艺术作品的创作，艺术作品，对艺术作品的直接知觉，记忆以及根据快感或不快感对艺术作品的判断。

这五种数处在严格的等级中。知觉者判断中的数占有最高等级。接下来是声音制作者（对于艺术来说，就是艺术家）心中的数，它要高于听觉感官中的数，因为在寂静无声时它也会存在，它由心灵产生。听觉感官中的数比保留在记忆中的数高，因为后者来源于前者。处在最低等级上的数是声音本身中的数，因为它是有形体的数。数的等级划分对美学的意义在于，奥古斯丁强调了以快感或不快感为基础的判断力高于创作力，从而肯定判断力的规律在某种程度上决定创作力的规律，创作过程要受知觉规律调节。数的等级划分还表明奥古斯丁力图把创作问题和知觉问题作为一个系统提出来。不仅审美判断力的数完成知觉过程并决定创作过程，而且在知觉过程本身中感觉的数和记忆的数也处在复杂的相互作用中。

在《书信集》第 7 封信和《论三位一体》第 11 卷中，奥古斯丁详细研究了与记忆有关的两种表象。他用希腊术语把它们分别称作为 phantasia 和 phantasma。前者是在过去的知觉基础上产生的表象、形象，即记忆影像。在各种各样、甚至对立的记忆影像的基础上产生新的精神运动，这种精神运动与以前的感官知觉和感性印象已经没有直接联系。奥古斯丁把它称作 phantasma，这是对记忆影像的重构，即想象、幻想。奥古斯丁说他设想自己见过的父亲是一回事，而设想从未见过的祖父，那是另一回事。前者的表象可以在记忆中找到，这是记忆影像；而后者的表象在发端于记忆的精神运动中找到，这是幻想。想象、幻想是对内心已有的事物表象进行增损组合的能力。例如，他以想象黑天鹅（当然他完全不知道世上确有黑天鹅）或四腿鸟为例，说明心灵借助想象，完全可能构造一个其整体从未在感官中出现过，但其各部分全都以各种不同的连接方式向感官呈现过的虚构的影像。

奥古斯丁把感性知觉看作复杂的心理生理过程，其中人的各种精神力量能动地发生作用。任何知觉最主要的特征是心灵的紧张，它是心理对外部刺激的一种反应。如果刺激物的作用同心理定向相协调，所产生的紧张就引起快感。这实际上就是审美知觉，其标准是协调，但这不是客体本身的协调，而是客体同主体的心理定向的协调。这种观点在整个中世纪美学中起了重要作用。它被运用到艺术知觉中就表明一种风气的转变：分析重点从具体的、独立自在的艺术作品，转向“艺术作品—知觉主体心理”的系统。没有对知觉主体心理的分析，就不能完全理解艺术作品。

这些思想产生于普洛丁对美和美的知觉的理解，不过，奥古斯丁对此作了独特的思考。他力图把美的本质具体化和物质化。如果普洛丁把抽象的理式看作美的核心——平衡和协调的基础，看作为知觉和创作过程的基础，那么奥古斯丁把较为具体的数看作为这种基础，他认识到知觉、创作、艺术理论和艺术作品的某种共同性。这在美学史上迈出了新的一步。

在结束本节时，我们对奥古斯丁的美学思想作一个小结。奥古斯丁美的理论在宗教理论的范围内形成，其中心是绝对美、绝对善、绝对真的三位一体，即上帝。所有的物质世界和精神世界都是上帝的作品，因此带有上帝的痕迹。美是存在的主要标志之一。丑证明了美的缺乏，因而证明了存在的缺乏。精神美占有最高等级。这适用于一切，包括社会和人。奥古斯丁的审美知觉理论以心理学和数的理论为基础，把创作、知觉和艺术作品连成一个系统。

二、美的三要素说

美的三要素说是托马斯·阿奎那在美学史上影响最大的美的理论。托马斯·阿奎那（1225—1274 年）生于意大利名门望族，家族与教廷和神圣罗马帝国皇帝关系密切。5 岁时被送到卡西诺修道院学习，接受了 9 年的初等教育。后来去那不勒斯大学学习，在那里阅读了亚里士多德的逻辑学著作和后人的评注，并于 1244 年加入多明我会。1248—1252 年托马斯·阿奎那就学于大阿尔伯特（1200—1280 年），大阿尔伯特是德国多明我会的缔造者之一，是第一位全面、系统地介绍亚里士多德著作的拉丁学者。1252 年托马斯·阿奎那进入巴黎大学神学院学习，1256 年毕业，获得神学硕士学位。

托马斯·阿奎那不仅是经院哲学和经院美学最主要的代表，而且是中世纪最著名的神学家。多明我会在中世纪大学中占据统治地位，倾向于亚里士多德的逻辑学。教父哲学和早期经院哲学运用柏拉图学说论证基督教教义，证明上帝是先验的、永恒的绝对存在，而世界万物作为上帝的创造物，是不完善的、有限的暂时存在。12—13 世纪亚里士多德的著作由阿拉伯、犹太和西欧学者译成拉丁文，介绍到西欧。巴黎大学等大学出现了研究亚里士多德著作的热潮。亚里士多德的著作重视理性和自然哲学理论，对教父哲学、早期经院哲学和基督教造成极大的威胁。在这种情况下，托马斯·阿奎那试图运用亚里士多德理论来论证基督教教义，使经过改造的亚里士多德哲学适应多明我会反对异端邪说的需要。

托马斯·阿奎那的著作达 1500 万字，然而他的美学论述不多，这些论述散见于他的《神学大全》等著作中，没有形成完整的、独立的篇章。据统计，托马斯·阿奎那在 45 种著作（占他所有著作的 57%）、655 处涉及美或者考察了它，其中 130 处是他本人的论述（不是援引他人的著作），并具有原则意义[①]。13 世纪经院哲学的范本是各种“大全”，其阐述程序是：提出问题，论述各种不同意见，说明作者的观点，进行逻辑论证，反对可能的和实际的异议。托马斯·阿奎那的《神学大全》就是按照这种方式写成的，他提的第一个问题是：“除了哲学科学之外，是否需要其他学问？”第二个问题是：“神圣的学问是不是一门科学？”《神学大全》的一些题条涉及美学问题。《神学大全》不分章节，只列题目，每个题目下面列若干条。它的写作历时 8 年，全书 160 万字，分 3 集，有 512 题，2269 条。

（一）美的理论

托马斯·阿奎那的美的三要素指：“美有三个要素。第一是整一（integritas）或完善，因为不完整的东西仅此一点就是丑的；第二是适当的比例或和谐（consonantia）；最后是明晰（claritas），所以色彩鲜明的东西

① ［德］科瓦切：《托马斯·阿奎那的美学》，柏林 1961 年版，第 360 页。

被称作为美的。”[1] 在美的三种要素中，整一是从亚里士多德那里借用的，比例是从毕达哥拉斯那里借用的，明晰是从伪狄奥尼修斯（5 世纪末—6 世纪初的叙利亚学者）那里借用的。

数字在中世纪基督教中具有象征意义。1319 年约翰·穆利斯在《音乐大全》中指出，“三”在音乐中经常可以见到。音区有高、中、低，乐曲有开头、中间和结尾，乐器有弦乐、管乐和打击乐。教堂中有另一种“三”：信仰、希望、爱。这一切都与圣父、圣子、圣灵的三位一体相一致。托马斯·阿奎那在五个地方论述了美的三要素，其中三处是在阐述圣父、圣子、圣灵的三位一体时提出的，另外两处是在注释亚里士多德的著作时提出的。因此，美的三要素的“三”也具有象征意义。

象征性是中世纪艺术创作的首要原则。例如，法国圣丹尼斯教堂环绕着歌坛的 12 根圆柱象征着 12 使徒，后堂回廊的圆柱象征着 12 位主要先知。早期哥特式建筑沙特尔主教堂出自《圣经》人物的人像柱，象征基督舍身之死。一般教堂都有的三座塔楼象征圣父、圣子、圣灵的“三位一体”。壁画和镶嵌画中的牧羊人象征救世主基督，叶子象征获救的灵魂，其他如十字架、鸽子、羔羊、鱼都有象征意义。可以说，中世纪艺术整体就是象征：它的艺术形象的感性形式象征神的精神性。

1. 整一

美的三要素说总结了中世纪美的理论，对这三种要素我们逐一加以说明。第一个要素是整一，整一是完善的同义词。托马斯·阿奎那写道：“相应于自身完善的尺度，没有任何缺陷的东西被称作为完善。”[2] 例如，人的身体有自身的尺度，如果肢体有残缺，人的身体就不完善，因而就不美。托马斯·阿奎那是从尺度的观点来谈完善和整一的。他对完善的确定接近于亚里士多德对中间的确定。在《尼各马可伦理学》第 2 卷第 6 节中，亚里

① ［意］托马斯·阿奎那：《神学大全》，第 1 集第 39 题第 8 条。
② ［意］托马斯·阿奎那：《神学大全》，第 1 集第 5 题第 5 条。

士多德把中间说成是“既不过度也非不及”。

有的研究者认为，托马斯·阿奎那所说的“整一”和美的第二要素“比例”相类似，因此没有独立存在的价值，所谓美的三要素实际上是美的两要素。我们不同意这种观点。亚里士多德把尺度的概念引入美学中，得出有机整体的理论。一个事物符合自身的尺度，没有过度或不及，它就是有机整体，就是美的。同样，托马斯·阿奎那从尺度的概念出发，得出整一是美的要素的结论。整一和比例有联系，但不同于比例。如果把时钟的指针取下来，时钟就不符合自身的尺度，失去了整一性，因而就不美，尽管它的其他部分仍然符合比例。

整一指物的不可分性，这是物存在的必要条件。托马斯·阿奎那写道：“任何存在或者是单一的，或者是组合的。但是，单一的东西无论在现实的含义上，还是在潜在的含义上都是不可分的。相反，组合的东西当它的各个部分可分时，就不具有存在；只有在它的各个部分联合并组成物的整体时，它才具有存在。显然，任何物的存在在于它的不可分性。”① 任何物，即使在很小的方面失去整一性，它就成为丑的。②

2. **比例**

关于比例，托马斯·阿奎那写道：“可以从伪狄奥尼修斯《论神名》第4章的论述中得出结论说，一般美（pulchrum）或具体美（decorum）的概念包括明晰和适当的比例。因为他说，上帝作为世界和谐与明晰的原因被称为美的。因此，身体美在于人的肢体很好地符合比例，同时具有适当颜色的明晰。”同样，“精神美”在于人的行为和“理智的精神明晰”之间合比例的协调③。

这段话表明，明晰作为美的要素并非托马斯·阿奎那首先提出的，而

① ［意］托马斯·阿奎那：《神学大全》第1集第2题第1条。
② ［意］托马斯·阿奎那：《神学大全》第1集第77题第2条。
③ ［意］托马斯·阿奎那：《神学大全》第2集第2部第145题第2条。

是他从伪狄奥尼修斯那里接受过来的。不过，在伪狄奥尼修斯本人的著作中并没有托马斯·阿奎那所援引的“美包括明晰和适当的比例”这种说法。这种说法出现在转述伪狄奥尼修斯言论的其他著作中，托马斯·阿奎那显然了解这些著作。这里说的一般美和具体美是中世纪美学对美的一种区分方法。一般美指复杂的视知觉所感到的美，如形式的美；具体美指简单的视知觉所感到的美，如颜色的美。

经院美学家对比例的种类进行了形形色色的划分。其中划分得最细的当推托马斯·阿奎那的同学斯特拉斯堡的乌尔里奇（他们曾一起受业于大阿尔伯特）。乌尔里奇在《善论大全》的《论美》一章中，屡次援引“哲学家”即亚里士多德的论述。他从四个方面理解人体的比例。首先是四种体液的比例，根据当时的医学观点，人体内有血、黏液、浅色胆汁和黑色胆汁四种液体。其次是人体的尺寸和人的本质的协调。乌尔里奇援引亚里士多德的论述，认为身材高大才美，身材太小只能是精巧，而不是美。美必须有内在的规模或事物的尺度。再次是身体现有的部分和应有的部分的协调。任何残缺都是丑的，而且，残缺的位置“愈优越”，也就愈丑。比如，脸上的残缺比手上的残缺丑。最后是人体各部分和整体的协调。畸形的人之所以丑，因为他的脑袋大小和身体以及身体其他部分不合比例。经院美学关于人体比例的理论并没有成为艺术实践的规范，当时哥特式雕塑中的人体往往是被拉长的。这反映了中世纪美学和艺术实践相脱节的特点。

乌尔里奇仅仅论述了数量的比例，其他经院美学家对比例的理解已经不再停留在毕达哥拉斯的水平上，他们对希腊美学的这一原则作了新的阐释。例如，把比例理解为普遍秩序的协调，或者事物的“逻各斯”。托马斯·阿奎那坚决反对把比例仅仅理解为美的对象的某种形式主义结构，他认为一切比例的基础是神的智慧，神的智慧把整个世界变成有比例的与和谐的。他不仅把比例看作为一个量和另一个量的关系，而且看作为一部分和另一部分的关系，包括物质世界和精神世界的关系，形式和质料的关系，对象和认识能力的关系。感官是有比例的，它和具有适当比例的对象相类似，它从这种类似中感到愉快。审美愉快产生于感官和客体在结构上的类似，这种观点和现代审美心理学的同形同构说相一致。认识也是从主体和客体的类似中产生的，因此，审美愉快和认识相连。托马斯·阿奎那认为，最具有认识能力的感官、也就是视觉和听觉，最适宜于审美知觉。

托马斯·阿奎那写道："美与认识能力有关系，因为以自身的样式使人喜欢的对象被称为美的。美之所以在于适当的比例，乃因为感官（sensus）喜爱比例适当的事物，因为这些事物与感官相类似。感官像任何一种认识能力一样，是一种理解力（ratio）。因为认识借助于类似而形成，类似指的是形式，美本身和形式因的概念相联系。"[①] 引文中"样式"的拉丁文 species 是柏拉图和亚里士多德的希腊术语 eidos 的译名，它也可以译为"理式"或"形式"。引文中的"形式因"是亚里士多德使用过的概念，这里的"形式"等同于柏拉图的"理式"。托马斯·阿奎那把形式理解为事物的范型，对形式的观照也就是对合比例的整一性的观照。另外，我们要特别注意引文中的"类似"概念。虽然这里说的是感官和对象的类似，然而，"类似"也是中世纪艺术中的重要概念，它替代了希腊艺术中的"形象"。希腊艺术模仿现实，所以它重视艺术形象。中世纪艺术中一切物质的东西只是超物质的精神的反射，这种精神在艺术物质中只可能近似地、象征地得到表现。因此，应该寻求艺术和它所反映的精神之间的类似。从"形象"到"象征"的变化表明了希腊艺术向中世纪艺术的过渡。"类似"是和"象征"密切相连的。

3. 明晰

明晰是中世纪形而上的光的理论向审美属性的生成。经院美学家关于光的论述在法国美学史家 E. 布吕诺早年出版的 3 卷本《中世纪美学研究》

---

① ［意］托马斯·阿奎那：《神学大全》第 2 集第 1 部第 27 题第 1 条。

中可见到。例如，英国经院美学家罗伯特·格罗塞忒斯特（1175—1253年）认为，光是一切美的源泉。光作为颜色和比例的源泉，是一切可见事物的美和装饰。对光的知觉能够产生最高的享受，因为这种知觉是两种光，即物理世界的光和意识的光的和谐相遇。“光是最纯的本质，最高的美；光的存在引起最大的愉悦。”[①]

与托马斯·阿奎那同时代的维特洛（13世纪下半叶）写过10卷的著作《光学》。维特洛生于波兰，母亲是波兰人，父亲是德国移民。《光学》用拉丁语写成，书名“Perspectiva”是希腊语“光学”的拉丁语翻译，在整个中世纪是“光学”的意思，现在已是“透视学”的意思。维特洛的《光学》涉及几何光学、物理光学和生理光学的所有基本问题。他认为光（lux）创造了美，例证是太阳、月亮和星辰，它们仅仅借助光就是美的[②]。

维特洛关于光的理论涉及视知觉心理学，例如，他分析了动和静、糙和滑、断和续、稀和密、同和异等对视知觉的影响，指出美是事物的客观属性，同时审美经验、民族心理在美的认识中具有重要意义。托马斯·阿奎那的明晰概念也关注主体的审美知觉问题，这比伪狄奥尼修斯前进了一步。伪狄奥尼修斯的明晰指事物鲜明和闪光的颜色，这是上帝光辉的反映。托马斯·阿奎那的明晰不局限于此，它既指物体的明晰和精神的明晰，还指主体知觉的“明晰”。

以上论述表明，美的三要素说的出现不是偶然的，它有丰厚的理论背景。这是它能够产生重要影响的根本原因。既然美的这三种要素前人已经分别阐述过，那么，托马斯·阿奎那的贡献体现在哪里呢？主要体现在两方面。首先，他对三要素的理解与前人和同时代人相比有了新的内容，他对这些要素的论述使它们上升到审美标准的水平，从而确立了既不同于柏拉图又不同于亚里士多德的美的神学观点。在他看来，最美的比例是表现

① [法]E.布吕诺：《中世纪美学研究》第3卷，布吕赫1946年版第23页。
② [波]维特洛：《光学》第10卷第148章。

了“作为万物基础的神的美的那种比例”。他所说的明晰，主要指精神的鲜明和辉煌，因为物体的闪光来自精神的闪光。其次，美的三要素不是简单的罗列，而是有机的统一。统一的基础是亚里士多德的形式，即赋予质料以形式的那种形式。托马斯·阿奎那明确指出：“美本身和形式因的概念相联系”。所谓明晰，是“放光辉”，或者说是形式向彼此协调的各部分质料的“放射”。而光是比例的根源，所以明晰和比例相联系，或者说明晰是比例的因素之一。亚里士多德的形式是事物的结构规律和生成规律，它又和尺度、整一、完善相联系。

由此产生出美的三要素说的意义。它不仅关系到事物的现象，而且关系到事物的本质。因为按照经院美学家的理解，光是最纯的本质。如果事物因三要素而美，那么，美就在事物本身，而不像中世纪许多美学理论所主张的那样，认为美在象征或寓意。美的三要素说具有中世纪特有的精神性，然而也涉及感性美。神的美是绝对美，同时，这种美的基本特征也在现实对象的美中得到体现。托马斯·阿奎那明确肯定了审美快感的独立性，以及审美快感对象的独立性。他主张寺院、圣像和祭祀仪式能够成为美学的对象，成为无私欣赏的对象。美的三要素说不仅涉及审美客体，而且涉及审美主体，它关注主体的审美体验。

（二）艺术理论

中世纪和文艺复兴美学家屡次援引了亚里士多德用房子解释形式因和质料因的例子。房子由形式和质料组成，形式预先存在于艺术家的心中，并赋予质料。按照亚里士多德的理解，形式不是创造出来的，而是预存的。如果用铜做一个圆球，并不是制成一个铜球，而是把圆球的形式赋予了铜。房子的情况也是如此。托马斯·阿奎那接受了亚里士多德的观点，并用它来解释艺术创作。他写道：“希腊语称为理式的东西，拉丁语称为形式，因此，应把存在于物之外的形式理解为理式。存在于物之外的形式有两种：

它或者成为某物的范型；或者成为认识的开始，因为被认识对象的形式存在于认识者心中。在这两种情况下，它必须被视为理式。”[①] 托马斯·阿奎那主张艺术理式是预存的。直到文艺复兴时期，艺术理式才被理解为艺术理念，它是艺术家创造出来的。

在艺术模仿现实的问题上，托马斯·阿奎那接受了亚里士多德的观点。但是，他赋予现实以理智性和合目的性原则。于是，艺术模仿现实变成对理智性和合目的性的认识，从而把艺术变成符号和象征，使艺术适应中世纪基督教的需要。

托马斯·阿奎那美学具有哲学思辨性，而不具有实践性。然而，它仍然对艺术实践产生一定的影响。绘画和建筑追求所谓明晰，宝石、黄金、彩色玻璃的鲜明得到高度评价，在它们的鲜明中人们感受到先验因素的存在。20 世纪德国建筑家米斯·凡德罗（1886—1969 年）为了隐喻托马斯·阿奎那所说的明晰，于 1919 年设计了实验性作品——带有玻璃幕墙的摩天大楼。

13 世纪的托马斯主义在时隔六七个世纪后在法国得到复兴。1879 年在专门的教皇通谕中，托马斯·阿奎那的经院哲学被宣告为最优秀的哲学体系、永恒的哲学，托马斯·阿奎那本人则被宣告为各个时代最伟大的思想家。20 世纪，为了适应欧洲变化了的社会政治状况，根植于托马斯主义而又富于现代气息的新托马斯主义应运而生。新托马斯主义美学家吉尔松（1884—1978 年）也谈到美的三个特征：第一是完整，第二是和谐（即托马斯·阿奎那所说的比例与和谐），“美的第三亦即最后要素就是……‘放射’自己的光芒。……这一种放射或闪烁，并不指色彩，或形式，或线条的任何特殊组象；……[而是指的] 我们感到对象的物质因素被彻底地精神化了。”[②] 吉尔松对美的表述和托马斯·阿奎那惊人地相似，这从一个侧面说

① [意] 托马斯·阿奎那：《神学大全》第 1 集第 15 题第 1 条。
② 蒋孔阳主编：《20 世纪西方美学名著选》（下），复旦大学出版社 1988 年版，第 172 页。

明了托马斯·阿奎那美学的影响。

三、经院美学的形象化

但丁的长篇史诗《神曲》的美学意义在于，它以文学作品的形式再现了当时的美学理论，它是经院美学的形象化。但丁（1265—1321年）是意大利诗人和美学家，生于当时意大利最大的手工业中心佛罗伦萨。少年时代好学深思，成年后积极参与政治活动，曾被放逐。他被称为中世纪最后一位诗人和新时代最初一位诗人。作为中世纪最后一位诗人，他谙熟经院哲学，把早于自己40年的托马斯·阿奎那视为先师，并对经院传统作出重要贡献。作为新时代最初一位诗人，但丁提出了一系列人文主义观点，这对文艺复兴美学、14—15世纪人文主义者甚至18世纪启蒙运动者都产生了无可置疑的影响。

除了用意大利语写成的长篇史诗《神曲》外，但丁的美学著作有用意大利语写成的《飨宴》，用拉丁语写的《论俗语》，以及向维罗纳封建主康·格朗德呈献《神曲·天堂篇》的一封信。《飨宴》是但丁诠释自己诗歌的论文集，他要把它作为精神食粮献给读者，故得此名。《论俗语》阐述教会所用的官方拉丁语背景中俗语，即意大利各区域的地方语言的优越性，以及形成标准意大利语的必要性。“这是第一部由一个意大利人来论述意大利问题的书。”《致康·格朗德书》说明了《神曲》的主题、目的和意义。

（一）《神曲》的美学思想

《神曲》包括《地狱篇》《炼狱篇》和《天堂篇》，每篇各有33首“歌”，加上序曲全书共100首歌。地狱是现实，天堂是理想，炼狱是由现实到达理想所必经的苦难历程。这三种境界和全书的布局符合比例的原则。

《神曲》体现了中世纪光的美学理论。从地狱到达天堂，是从丑到达美、从暗到达光。光就是美，而光的源泉是上帝。“那不死的东西和那必死的东西不是什么，只是我们的‘父’在‘爱’的时候所产生的那个‘神子’的回光而已”①。地狱的色调是阴暗的，但丁用“黑色”“昏暗”“永恒的黑暗”“烟雾弥漫”等词语形容它。炼狱是由黑暗向光明的过渡地带，它的色调柔和洁净。天堂则光芒四射，鲜明亮丽。这是一种神圣的光。上帝用光照耀万物，而本身并不因此有任何缺失，“还是像先前那样浑然如一”。但丁的这种观点和普洛丁的流溢说相类似。但丁把光理解为使人崇高、升腾的力量。光是至善，“有缺陷的东西”一到光里面“就成完整”。整个《神曲》展现的就是趋向神圣的光的过程。但丁用动情的诗句颂扬了这种光：“至高无上的光明啊，你那么远远超出在人类思想之上”，“因为人在那辉煌灿烂的光明前，会变成这样，他永远不可能从那里移开眼光去看另外的景象。”②新柏拉图主义把存在分成很多等级，存在的等级越高就越美，而丑是存在的缺失。《神曲》形象地描绘了存在的各种等级结构。地狱的形状像漏斗，下端直达地心，里面分成三部分。第一部分有五层，第二部分有三层，第三部分有四层，分别收容罪孽不同的灵魂。通过惩罚而得到宽恕的灵魂进入炼狱。炼狱分七级，灵魂每洗去一种罪过就上升一级，这样可以逐步升到山顶。天堂有九重天：月轮天，水星天，金星天，日轮天，火星天，木星天，土星天，恒星天和水晶天。上帝存在的等级最高，也就最美。在这等级森严的境界里，“一丝一毫的偶然性都不存在”。

《神曲》充分运用了象征手法。但丁游历地狱和炼狱的向导是罗马诗人维吉尔，他代表理性和哲学。但丁游历天堂的向导是他所爱恋的美女俾德丽采，她代表信仰和神学。对于但丁来说，信仰和神学高于理性和哲学。在《神曲》序曲中，但丁因迷路来到一座小山脚下，他遇到豹、狮、狼三种野兽，它们分别象征淫欲、强暴、贪婪。地狱分为三部分，分别隐喻三种罪恶：放纵、凶残、恶意。《神曲·炼狱篇》第 29 歌“神圣的仪仗”中

---

① [意]但丁:《神曲·天堂篇》，朱维基译，上海译文出版社 1984 年版，第 105 页。
② [意]但丁:《神曲·天堂篇》，朱维基译，上海译文出版社 1984 年版，第 263、264 页。

的凯旋车是罗马教会的寓意描绘。《神曲》明确指出："你们有着明晰的理智的人啊，在这神秘的诗行之间，善自读出那深奥的含义吧！"①

但丁在其他著作中发展了象征的学说。例如，他在《致康·格朗德书》中写道："为着把我们所要说的话弄清楚，就要知道这部作品的意义不是单纯的，无宁说，它有许多意义。第一种意义是单从字面上来的，第二种意义是从文字所指的事物来的；前一种叫做字面的意义，后一种叫做寓言的，精神哲学的或秘奥的意义。为着说明这种处理方式，最好用这几句诗为例：'以色列出了埃及，雅各家离开说异言之民。那时犹大为主的圣所，以色列为他所治理的国度。'如果单从字面看，这几句诗告诉我们的是，在摩西时代，以色列族人出埃及；如果从寓言看，所指的就是基督为人类赎罪；如果从精神哲学的意义看，所指的就是灵魂从罪孽的苦恼，转到享受上帝保佑的幸福；如果从秘奥的意义看，所指的就是笃信上帝的灵魂从罪恶的束缚中解放出来，达到永恒光荣的自由。这些神秘的意义虽有不同的名称，可以总称为寓言，因为它们都不同于字面的或历史的意义。"② 类似的思想但丁在《飨宴》第 2 篇中早就详细阐述过。不过，《圣经》的四种意义前人已经指出过，但丁的论述有什么新的意义呢？新的意义在于，但丁不仅用四种意义来解释《圣经》，而且用它来解释世俗诗。托马斯·阿奎那曾用四种意义解释《圣经》，但是他否认世俗诗的象征意义，只承认它有字面意义。但丁认为世俗诗也有四种意义，并用这种方法阐释自己的诗作。但丁把诗的直接意义比作《圣经》的字面意义，把诗的隐喻意义比作《圣经》的寓言意义。但丁的观点说明了中世纪文艺的象征性。

但丁对艺术的理解和他对象征的理解密切相关。在这方面他受到新柏拉图主义的影响，认为艺术应该反映理式，只是他把理式和上帝直接联系在一起。理式具有绝对的完善，但是它体现在艺术中时原初的完善会有所

---

① [意]但丁:《神曲·地狱篇》，朱维基译，上海译文出版社 1984 年版，第 65 页。
② 采用朱光潜译文，见朱光潜《西方美学史》上卷，人民文学出版社 1979 年版，第 138 页。

减损。艺术的任务是趋近彼岸的理想。由于这种理想在理论上不可能实现，因此，艺术是更高的价值的象征。但丁的美学思想无疑受到亚里士多德的影响，但是更多地受到柏拉图、新柏拉图主义和伪狄奥尼修斯的影响。

（二）《论俗语》

中世纪西欧教会的官方语言是拉丁语，这是西塞罗、昆体良使用过的语言。随着历史的发展，语言的使用情况发生了变化。拉丁语在罗马时代既是口语又是书面语，在中世纪它不再是口语，而成为跨民族、跨国家的书面语言，即文言。在文艺复兴时期，拉丁语受到嘲笑，因为它是经院学术的语言，不能充分地表现当时人的思想，虽然文艺复兴时期重要的学术著作仍然用拉丁语写成。在新兴城市的基础上产生了各种民族语言——意大利语、法语、德语、西班牙语和英语。但丁的《论俗语》就是各民族语言替代拉丁语这种变革的前奏。在但丁之前，已经有人开始用俗语进行文艺创作，但是，像但丁用意大利俗语撰写《神曲》这样的鸿篇巨制还是首创。《论俗语》从理论上与《神曲》的创作实践相呼应。但丁充分肯定了俗语贴近自然和人民大众的优越性，他在《论俗语》中写道："所谓俗语，就是孩提在起初解语之时，从周围的人们听惯而且熟习的那种语言，简而言之，俗语乃是我们不凭任何规律从摹仿乳母而学来的那种语言。"[①]

在《飨宴》中但丁指出意大利语比拉丁语重要，因为它是俗语。他把意大利语比作大麦面包，可以让大众果腹。而拉丁语只有垄断文化的僧侣阶级和经过长期学习的人才能够理解。在《论俗语》中但丁更加详细地阐述了俗语问题。他认为，诗在各种艺术样式中具有特殊的意义，作诗可以用两种语言：自然语言，即俗语；人为语言，即文言。相比之下，俗语是更可贵的语言。由于当时意大利民族语言还未成熟，意大利有许多俗语。在但丁所处的"世界的一个小角落里"就大约有上千种方言。这上千种方

① 《缪灵珠美学译文集》第1卷，中国人民大学出版社1998年版，第263页。

言也约略相当于当时政治上的分野。俗语本身也有很多缺陷，有的发音和词汇极其粗糙，有的结构繁杂。但丁把这些俗语一一“筛过”，去掉不符合标准的，留下符合标准的，力求形成统一的意大利俗语，“就是属于意大利一切城市而不专属于某一城市的那种语言”。统一的意大利俗语是四分五裂的意大利实现国家统一的需要。这种俗语的特征是光辉的、中心的、宫廷的、法庭的。“光辉的”指语言优美、清楚、完整、流畅；“中心的”指标准的，所有的语言都以此为准绳；“宫廷的”指统一的，意大利只有一个宫廷，虽然在形体上它已分散于四方；“法庭的”指经过仔细衡量的。

但丁不仅论述了诗的语言，而且论述了诗的内容。诗有三大主题：安全、爱情和美德。这是诗“应该大书特书的首要事情”。和经院美学相对立，但丁主张诗应该表现人的欲望，人的欲望不是一种罪孽。“最愉快的事情莫过于满足最优美的欲望，而这就是爱情。”

在论述俗语时，但丁提出了语言的起源问题。但丁指出，不是上帝，而是自然赋予人类以语言的能力。“因为在一切生灵中，唯独人类获得自然赋予的语言，因为只有人类需要它。”[①] 语言作为人与人之间精神交往的工具，是感性和理性的结合。就它是声音而言，它是感性的；就它传达意义而言，它是理性的。人的行为受理性的支配，需要用语言来交换思想。语言是和思想联系在一起的，但丁提倡俗语，反对拉丁语，也就是从一个方面反对经院学派的思维模式，尽管他的《论俗语》仍是用拉丁语写成的。《论俗语》对理性的肯定、对感情和欲望的高度评价、从发展的观点看待语言的变化以及对自然和人民大众的关注都表现了人文主义思想。

① 《缪灵珠美学译文集》第1卷，中国人民大学出版社1998年版，第264页。

第八讲
文艺复兴美学

文艺复兴时期是西方美学史中最重要的时期之一。由于涉及欧洲许多国家的文艺复兴运动内在固有的矛盾性和复杂性，学术界对文艺复兴的性质和历史分期存在着不同的、甚至是相反的观点。关于文艺复兴的性质，有一种观点把它和中世纪尖锐地对立起来。17 世纪唯物主义者、18 世纪启蒙运动思想家、18 世纪法国唯物主义的许多代表，如英国的休谟、德国的赫尔德和黑格尔都持这种观点。他们认为文艺复兴结束了中世纪的漫漫长夜，而转向光明的古希腊，提出了自由的和人间的哲学。另一种观点则认为，文艺复兴是中世纪向近代渐次的进化，它没有质的飞跃。关于文艺复兴的历史分期，有人认为在 12 世纪，甚至在 11 世纪就出现了文艺复兴的萌芽。也有人认为在 16 世纪仍然能够看到中世纪传统的余波。

我们的基本观点为：文艺复兴和中世纪具有密切的联系，然而，它彻底地动摇了中世纪的传统。文艺复兴酝酿于 14 世纪，鼎盛于 16 世纪。文艺复兴是一种过程，而不是一种状态。从 14 世纪到 16 世纪末期，整个欧洲的文化活动家们都确信，他们正经历着“新世纪”和“现代世纪”。

一、中世纪和文艺复兴

在历史发展过程上，文艺复兴是中世纪的直接继承者。然而在社会理想和价值取向上，文艺复兴却越过中世纪，以复兴希腊罗马文化为己任。这里就自然而然地产生了一个问题：文艺复兴和中世纪的关系怎样？正确理解这种关系，是分析文艺复兴美学的一个前提。

（一）文艺复兴和中世纪的关系

文艺复兴指希腊罗马科学和艺术的再生。文艺复兴最大限度地利用了中世纪的遗产。甚至文艺复兴的概念和“文艺复兴”的术语本身不仅源自中世纪，而且直接源自《圣经》。《圣经·约翰福音》（第3章第4节）写道：“人若不重生，就不能见上帝的国。”西文中的文艺复兴（renaissance）就借用了这里的“重生”（renasci）。文艺复兴的本义就是“重生”“再生”。《新约》中就经常谈到复兴以及新的人、新的精神发展。文艺复兴对待中世纪的态度，就像一个反对自己父母的年轻人一样，在祖父母那里寻求支持，它情愿忘却中世纪所赐予它的一切，而过分夸大希腊罗马的意义。[①]

在中世纪发生过对希腊罗马文化的复兴，文艺复兴也是对希腊罗马的复兴，那么，这两者之间的区别何在呢？区别就在于中世纪和文艺复兴对希腊罗马的态度不同。对于中世纪来说，希腊罗马仍然是活的文化。中世纪看待希腊罗马时缺乏“透视距离”和历史感，希腊文明从未被作为整体来看待。文艺复兴对希腊罗马的态度有种历史距离感，希腊罗马世界不再是一种威胁，它成为强烈怀旧的对象。文艺复兴懂得，希腊诸神死了，希腊罗马世界就像英国作家弥尔顿笔下的乐园一样消失了，它们只可能在精神上重新获得。希腊罗马在历史上首次被看作为隔绝于现代的整体，因而被看作为可以怀念的理想，而不是可以利用的现实。“中世纪没有埋葬希腊罗马，时不时地祈求死尸复活。文艺复兴含泪伫立于希腊罗马的陵墓中，试图复活它的灵魂。”正因为如此，中世纪对希腊罗马的理解是具体的，同时是不充分的和歪曲的，而文艺复兴对希腊罗马的理解是完整的和连贯的，同时是抽象的。中世纪的文化复兴是暂时的，而文艺复兴则是连续不断的。

---

① ［苏联］洛谢夫：《文艺复兴美学》，莫斯科1982年版，第40页。

（二）人文主义

人文主义是文艺复兴的中心概念。这个概念的产生和“人文学科”有关。人文学科指文法、修辞学、诗学、历史和道德哲学（伦理学），它们和经院教育体系相对立，而和希腊罗马文化相联系。文艺复兴时期，“人文主义者”指人文科学的学习者和讲授者。然而，这个称谓不仅有职业意义，而且有思想内容，它指以人的问题为中心的新的知识体系的创立者。

西文“人文主义”（humanism）的拉丁词源是“土壤”“土地”的意思。这种词源表明，人文主义含有“尘世的人确证尘世的生活”的意思。像一切流行的术语一样，人文主义具有很大的不确定性和多义性。然而，其最本质的东西指与基督教的神权说相对立的以人为中心的精神。Humanism 又可以译为“人本主义”和“人道主义”。人文主义思想把人置于宇宙的中心，肯定人的全面、和谐的发展，主张人的发展的无限可能性。

生产力的变革和封建关系的瓦解为个性解放、人的自由创造了条件。个体手工业逐步转向工场手工业。城市得到发展，并成为社会生活的中心。新大陆的发现开辟了世界市场，为欧洲人向美洲移民奠定了基础。新发明的印刷机成为传播思想的强大工具。布鲁诺关于世界多重性的理论激励人类产生探索地球和太阳系以外的宇宙的想法。

文艺复兴时期产生了像达·芬奇那样精通众多专业的巨人，这既表明了个人才能的充分展示，也表明了文艺复兴时期生产方式的过渡性。只有在不发达的、半中世纪式的生产和文化的基础上，才能产生这样的巨人。当时，封建主义生产方式瓦解了，而资本主义生产方式还没有形成，资本主义生产的分工和专门化、标准化所带来的负面影响还没有出现。文艺复兴时期与其说像资本主义社会，不如说更像中世纪社会。

意大利在文艺复兴运动中占有领导地位。中世纪的特征——经院哲学、封建领土关系、哥特式建筑等，首先出现在法国，而文艺复兴的特征首先出现在意大利。虽然 14 世纪的意大利在政治上充满冲突和混乱，在经济上比过去更加贫穷，然而，意大利具有两个根本特征：城市和法律。“欧洲其他任何地方都未出现过如此明显的城市发展时期。在欧洲其他任何地方的城市生活中，民法或宗教法也未曾占有过如此重要的地位。我们可以看出，这两个特征就其方向而言，使这里出现一个比其他地方更富于世俗性的社会。这两点构成了意大利半岛的各个部分在政治、社会和文化的发展上，所具有的某些先决条件的共同基因。”①

14世纪的意大利，是早期人文主义者彼特拉克、薄伽丘和乔托的时代。诗人彼特拉克（1304—1374年）被称作第一位人文主义者。他的叙事诗《阿非利加》描写了古罗马统帅齐皮奥战胜汉尼拔的英雄事迹。这是文明对野蛮的胜利。彼特拉克热衷于古代拉丁文学，特别喜爱西塞罗，并通过西塞罗接触了柏拉图的学说。彼特拉克对文艺复兴的理解后来扩展到绘画和其他艺术。作家薄伽丘（1313—1375年）在故事集《十日谈》中谴责禁欲主义，歌颂爱情是才智和高尚情操的源泉。他在《但丁传》和《异教诸神谱系》中为诗辩护，反对中世纪对诗的攻击。薄伽丘是自由的世俗诗学的创立者之一，他的诗学理论带有反经院性，在文艺复兴时期产生广泛的影响。画家乔托（1267—1337年）的艺术创作的中心是摆脱了神学桎梏的人的体验。他为阿累那教堂绘制的37幅壁画，内容虽然是《圣经》故事中关于基督和玛利亚的情节，但却表现了人的感觉和普通人容易理解的感情。他的壁画不是让观众为了拯救自己的灵魂而祈祷，而是作不涉利害的欣赏。薄伽丘在《十日谈》中讲到，乔托使绘画艺术重返光明，就像他的光荣的老师彼特拉克使缪斯重新具有古典美一样。

如果说希腊罗马美学是宇宙学的，中世纪美学是神学的，那么，文艺复兴美学就是人文主义的。希腊罗马信奉多神教，多神教把自然力量和社会发展的物质力量神化。于是，物质的、感性知觉和肉眼看到的宇宙，即

① ［英］丹尼斯·哈伊：《意大利文艺复兴的历史背景》，李玉成译，生活·读书·新知三联书店1988年版，第61页。

地球和带有星体的苍穹，是存在的最后类型。在这种天文学的世界观中，诸神仅仅是宇宙循环周转的原则和宇宙内部万物的生成模式。因此，希腊罗马美学的基础是宇宙学，它力图解释宇宙的循环周转和存在的永恒往复的正确性。中世纪美学首先服务于绝对个性的理论，绝对个性就是上帝，他高于自然和世界，是一切存在的造物主。中世纪美学与多神教相对立，它论证和表现一神教。因此，其基础不是宇宙学，而是神学。文艺复兴美学中最主要的东西是独立的和普遍的个性，这种个性不在超世界的存在中，而在纯人的现实中是绝对的。这样，文艺复兴美学不是宇宙学的，也不是神学的，而是人文主义的。

从形态上讲，文艺复兴美学有两个特点：一是它摆脱了上千年的神学和宗教的桎梏，成为世俗的学科。二是它的艺术美学发达，艺术美学脱离哲学的母体，完全成为各门艺术的理论。文艺复兴艺术美学的主要代表是阿尔伯蒂和达·芬奇。

二、美与和谐

通过和谐来确定美是阿尔伯蒂美学理论的重要特点。阿尔伯蒂（1404—1472 年）是意大利著名的建筑家、画家、作家、学者和音乐家。他出身于佛罗伦萨一个被流放的家庭，毕业于博洛尼亚大学，获法学博士，写过拉丁语喜剧《菲洛多克斯》，它被人误认为是罗马时代的作品。他一生中大部分时间生活在罗马。在这里他研究建筑理论，从事建筑设计，宣传简洁和严格的罗马风格。他的美学著作有《论建筑》《论绘画》和篇幅不大的《论雕塑》。我们分别阐述阿尔伯蒂的美的理论和艺术理论。

（一）美的理论

阿尔伯蒂的美的理论主要体现在《论建筑》第 6、9 卷中。阿尔伯蒂的美学术语是从希腊罗马美学家、特别是西塞罗和昆体良那里借用的。

阿尔伯蒂的美的概念与和谐的概念密切联系。关于和谐，他有两段重要的论述，其中一段写道："什么是美和装饰，它们之间的区别是什么，看来，对这些问题我们的感觉比较容易理解，而要用语言来说清楚就比较困难。尽管如此，我们完全可以简单地说：美是各个部分严格的相称的和谐，这些部分由它们所归属的某个事物结合在一起。如果不想毁坏这种和谐的话，那么就不能有任何增损和变化。这是伟大的和神圣的事物，它的实现要求艺术和才能付出全部力量，即使自然本身要产生充分完美的、在各方面都完善的东西也极为罕见。"①这段话是阿尔伯蒂在比较美和装饰时说的。建筑需要装饰，但装饰不同于美。阿尔伯蒂认为，装饰是美的补充，是第二性的美。它和美的区别在于，美是内在的，它弥漫在整个事物中；而装饰是附着的，不是宛若天成的。

阿尔伯蒂关于和谐的另一段论述写道："和谐的功能和目的，总的说来是调节性质不同的各个部分，使它们具有某种完善的关系，其中一部分与另一部分相适应，从而创造美。由此经常发生这样的情况，当和谐通过视觉、或者听觉、或者其他感官呈现在心灵前，我们就立即感到它。……与其说在整个物体中或者它的各个部分中存在着和谐，不如说在其本身和其本质中存在着和谐，因此我把和谐称作为心灵和理性的分有者。对于和谐来说有着它可以表现和繁荣的广阔领域：它包容人的全部生活，渗透到万物的本质中。因为自然所产生的一切都符合和谐的规律。"②

这两段论述有三点值得注意：第一，阿尔伯蒂受到毕达哥拉斯学派的影响，把和谐看作为自然的绝对因素，自然在其本质上是和谐的。和谐是最一般的客观规律，而美是和谐的体现。这样，美是客观存在的最本质的特征之一，文艺复兴美学和希腊罗马美学一样，是一种本体论美学。第二，阿尔伯蒂受到柏拉图和新柏拉图主义者的影响，把和谐看作对理性的分有。

① [意]阿尔伯蒂：《论建筑》第6卷第2章。
② [意]阿尔伯蒂：《论建筑》第9卷第5章。

和谐不仅存在于事物中，而且存在于理性中。美是某种意识结构和普遍的自然规律相会的结果。美作为一种现实，能够直接诉诸我们的视觉和听觉，立即为我们的感官所知觉。同时，美作为和谐规律的体现，只能为我们的理性所理解。第三，和谐使性质不同的各个部分有序化，任何微小的变化都会破坏和谐。阿尔伯蒂像毕达哥拉斯学派一样，认为和谐通过特定的数和比例来实现。自然规律由数来表现，艺术家在艺术中对数的使用不是无序的，而要坚持数的和谐协调。在阿尔伯蒂看来，整个建筑的各个部分、每个部分的特征、各种线和角之所以能够组成一个完整的作品，这一切仅仅取决于对建筑的分解①。在《论雕塑》一文中阿尔伯蒂以同样的方法对待雕塑，为了制定雕塑家的工作法则，他把人体分成600个部分，同时还考虑到人体的姿势和动作。阿尔伯蒂希望通过对人体的算术划分，来描绘生动的三维人体，从现在的观点看，这个任务是无法完成的，因为他没有采用更复杂的数学方法。然而，文艺复兴艺术家们热衷于探讨人体比例，力图找出最美的比例和线条，这在美学史上标明一个重大的转折：不在彼岸的精神世界，而在现实世界中寻求美的根源和美的奥秘，并且，在对美的奥秘的探索中把美学和数学、解剖学等自然科学结合起来。

（二）艺术理论

阿尔伯蒂认为自然所产生的一切都符合和谐的规律，所以艺术被说成是对自然的模仿。事实上，“艺术模仿自然”的信条为文艺复兴美学所普遍接受。

在《论绘画》中，阿尔伯蒂指出绘画分为三部分：轮廓、结构和明暗配置。绘画的这三大构成是向自然借用的。画家在观看某个物体时，首先注意到它在空间占据一定的位置。画家用线条描绘这种位置，这就是轮廓。接着，画家分析物体的各个面是怎样组合的，这时候他研究结构。最

① ［意］阿尔伯蒂:《论建筑》第1卷第9章。

后，画家要清晰地确定这些面的颜色和性质，描绘它们由光所产生的差异，这就是明暗配置。“因此，在各个面的结构中，应该竭力寻求对象的优雅和美。为了达到这个目的，在我看来，除了向自然借用这种结构外，没有更合适和更正确的途径，如果注视到自然这位令人惊讶的万物的匠师怎样卓绝地在美的物体上构筑平面的话。”①

文艺复兴美学使艺术和精密科学、首先和数学相接近。文艺复兴时期认识有数学化的倾向，库萨的尼古拉认为，认识的本质是测量。文艺复兴美学家经常讨论的数和比例就是一种测量，阿尔伯蒂所说的建筑分解成各个部分也是一种测量。阿尔伯蒂还直接谈到测量，而这也是从自然那里借用的。“因为自然提供给我们一种手段，那就是测量，认识测量能给我们带来不小的用处，所以，让勤勉的画家在自己的工作中向自然借用测量，作出一切努力认识测量，让他们记住向自然借用的东西。”②阿尔伯蒂发现，人的脚掌的长度相当于下颌到头顶的距离。各个肢体的比例体现了和谐和美，也符合它们的功能。

“艺术模仿自然”的关键在于对自然的理解。阿尔伯蒂对自然有两种理解：一种理解认为和谐和美渗透到万物的本质中。另一种理解则与此相反，自然变成消极的、被动的。“我们知道，建筑是一种形体，它和其他形体一样，由轮廓和质料组成，而且，前者由理智创造，后者则取自自然。”③由此可见，自然仅仅提供质料，然后由艺术家的理智和技艺使质料成形。在我们前面的引文中，阿尔伯蒂也说过，自然中美的事物很罕见。这样，艺术家就必须研究和观察自然，寻找值得模仿的东西。而寻找自然中美的事物的标准是人的理性。这种模仿是能动的、积极的模仿，艺术家在模仿自然的同时，也应该学习前人所发现的规则和所积累的经验。为了寻找和体现事物中的美，阿尔伯蒂建议建筑家制作未来建筑物的模型，模型是建筑家

① [意]阿尔伯蒂：《论绘画》第2卷。
② [意]阿尔伯蒂：《论绘画》第2卷。
③ [意]阿尔伯蒂：《论建筑》前言。

的构思和设计的具体表现，对于模型可以反复讨论、修改，使它臻于完善，从而不给未来的建筑留下任何缺憾。

艺术模仿自然，应该模仿自然那样去创造。阿尔伯蒂谈到，建筑中的一切应该像自然创造的有机物那样。例如，马的肢体的形式美最适合这些肢体的目的。因此，建筑中的形式美也不能脱离它的效用。艺术作品是美的实现，而自然也是艺术作品，是神的艺术作品。“无疑，当我们仰望天空和神的奇妙作品时，我们对神感到更加惊讶，原因在于我们看到这些作品的美，要胜过感到它们的效用。”①

三、“绘画科学”

把绘画称为“绘画科学”是达·芬奇的名言，意指绘画和精密科学，特别是数学的密切联系。列奥那多·达·芬奇（1452—1519年）是意大利著名的画家、雕塑家、作家、自然科学家和工程师，他是文艺复兴关于“学识渊博的人”的理想的具体体现。14岁时进入佛罗伦萨著名的画家和雕塑家维罗丘的作坊接受艺术教育。约于1487年离开佛罗伦萨，为米兰公爵服务，并在他的宫廷里度过了16年。其杰作《岩间圣母》和《最后的晚餐》就是在这段时间完成的。1499年他重返佛罗伦萨，在这里创作了名画《蒙娜丽莎》。法国人占领米兰后，达·芬奇开始了在法国的长途旅行，并在法国度过了生命的最后3年。

除了艺术创作外，达·芬奇留下了大量笔记，内容涉及数学、力学、物理学、天文学、地质学、植物学、解剖学和生理学等广泛的知识领域。他的全部笔记于20世纪出版，此前，根据他的手稿编纂的画论《论绘画》已经问世，这是他主要的美学著作。

① [意]阿尔伯蒂:《论建筑》第6卷第2章。

（一）绘画理论

达·芬奇的美学思想集中表现在他的绘画理论中。在阐述他的美学思想之前碰到的一个问题是：他究竟有没有完整的美学体系？

20 世纪意大利美学家克罗奇对此持断然否定的态度。在《作为哲学家的达·芬奇》一文中，他认为在达·芬奇那里寻找美学体系、完整和真正的艺术理论体系，那是徒劳无益的。不仅他没有这种体系，而且当时论述造型艺术、诗、音乐和修辞学的许多作者，以及论述辩证法和理性哲学的职业哲学家们都没有这种体系。

如果把体系理解为各种审美范畴的系统，那么，这种体系在达·芬奇那里是不存在的。然而，如果把体系理解为经过深思熟虑的各种艺术理论的汇集，那么，达·芬奇具有这种体系。世界上第一位把达·芬奇当作美学家来研究的德国学者沃尔夫就持这种观点。他在《作为美学家的达·芬奇》一书（斯特拉斯堡 1901 年版）中，认为达·芬奇处在新旧时代的交界线上。他的思想明显地接近于柏拉图、亚里士多德和经院哲学家，同时又接近于培根、笛卡儿和斯宾诺莎。他的理论中有幼稚和陈旧的东西，然而又有许多很晚以后得到发展的东西。这种矛盾的哲学根源在于，达·芬奇的全部理论建立在一个信条上：艺术是科学。而精密科学中主要产生于对现实的观照的科学是数学，因此，达·芬奇的美学力图在几何秩序中分析作为科学的艺术。

我们认为，达·芬奇通过绘画理论所表现的美学思想的核心内容，是艺术模仿自然和艺术创造美的结合。这两种倾向的结合也是文艺复兴艺术理论的基本特征。在主张艺术模仿自然的时候，达·芬奇认为人现实地、感性地看到的自然就是最真正的自然，就是事实本身，这不是中世纪所以为的上帝的影像，也不是古希腊所迷恋的精确的几何图形。达·芬奇认为最值得称赞的绘画是最逼肖于被模仿对象的绘画，他号召画家不要试图纠正自然，而要遵循自然，在这方面他提出著名的镜子说：“画家的心应该像一面镜子，永远把它所反映事物的色彩摄进来，前面摆着多少事物，就摄取多少形象。明知除非你有运用你的艺术对自然所造出的一切形状都能描绘（如果你不看它们，不把它们记在心里，你就办不到这一点）的那种全能，就不配做一个好画师……画家应该研究普遍的自然，就眼睛所看到的东西多假思索，要运用组成每一事物的类型的那些优美的部分。用这种办法，他的心就会像一面镜子真实地反映面前的一切，就会变成好像是第二自然。”[①] 达·芬奇多次提到自然作为镜子是画家的老师，画家应该拜镜子为师。

在艺术模仿自然的理论中，自然高于艺术家，它是艺术家学习的对象。绘画是自然中一切可见的创造物的唯一的模仿者，所以它是自然的女儿。“确实，绘画是一门科学，它是自然的女儿，因为它是由自然产生的；但是，如果要表述得更确切的话，我们说：绘画是自然的孙女，因为一切可见的事物是由自然产生的，而绘画是由这些事物产生的。因此，我们将公正地把绘画称作为自然的孙女和上帝的亲戚。”[②] 达·芬奇还把画家尊称为自然的儿子，而把模仿其他画家的人卑称为自然的孙子。

然而另一方面，在艺术家和自然的关系上，达·芬奇又主张艺术家高于自然。自然虽然是艺术家的镜子，不过艺术家不可能满足于描绘个别的自然对象，因为在个别的自然对象中美是不充分的、不完全的。艺术家应该观察、研究、比较各种自然现象，在自己的作品中选择和融合它们中的美。艺术作品中的美是艺术家创造的，艺术家作为创造者，能够以自己的作品与自然相抗衡。文艺复兴美学把上帝解释为永恒的创造因素，称上帝为“匠师”和“艺术家”，这样艺术家也是“上帝”。

由于与美的创造相结合，达·芬奇的艺术模仿自然说就不像很多著作所认为的那样，仅仅是彻底的、始终不渝的现实主义。为了更准确、更全

---

① ［意］达·芬奇：《笔记》，采用朱光潜译文，见伍蠡甫主编：《西方文论选》上卷，上海译文出版社 1979 年版，第 183 页。

② ［意］达·芬奇：《论绘画》第 1 部第 12 节。

面地理解文艺复兴的艺术模仿说，我们不妨看一下文艺复兴的艺术实践。文艺复兴艺术家普遍信奉艺术模仿说，然而，文艺复兴艺术作品的题材大部分却取自《圣经》。中世纪圣像画也利用《圣经》题材，但是，文艺复兴绘画和圣像画完全不同，它对《圣经》题材作了世俗的、人的解释。文艺复兴的圣母画不再表现“赎罪”“灵魂拯救”的思想，而仅仅是普通的肖像，肖像的细节是对女性的现实主义描绘。然而，如果文艺复兴艺术家仅仅对模仿普通女性的具体特征感兴趣，那么，他们为什么要利用《圣经》题材呢？为什么要描绘远离现实的圣母呢？可能的解释是：第一，《圣经》题材具有崇高的性质和深刻的象征意义，文艺复兴艺术家想借此表现自己的某种理想。在这里，模仿现实是和表现理想结合在一起的。第二，文艺复兴处在过渡期，沿用以前的题材是很自然的事。然而文艺复兴艺术家对同样的题材作出不同的处理，与中世纪艺术家相比，体现了他们的人类中心论和自由创造的进步思想。

达·芬奇指出，优秀的画家应该描绘两种主要的对象：人和人的心灵。而描绘人的心灵比描绘人要难。文艺复兴的艺术模仿原则并不是要求艺术模仿整个自然，不是模仿世界的本体论存在，而是要求艺术主要认识和表现自然、人和世界的美，其次也认识和表现自然、人和世界的崇高和卑下，用现代术语说，艺术最高的和特殊的目的是表现现实世界的审美价值。这正是文艺复兴艺术模仿说的精义所在。

（二）画和诗的比较

希腊罗马和中世纪美学都对不同的艺术作过比较研究，试图确定某种艺术对其他艺术的优先权。艺术的等级排列的做法在文艺复兴美学中达到一个高峰，达·芬奇以不容置疑的口吻宣告了绘画在艺术家族中至高无上的地位。

达·芬奇之所以把绘画看作最完美的艺术，这与他的美学基本思想有关。模仿自然和创造美的结合，在哲学基础上根植于真和美的统一，在艺术作品中则是认识价值和审美价值相吻合。达·芬奇把艺术等同于认识、等同于人的认识活动，于是，艺术和科学具有相同的功能。而他认为在各种艺术中，唯有绘画与科学最接近，他直接把绘画称为“绘画科学”。

作为艺术实践家，达·芬奇重视经验，他认为科学中第一位的是经验，“经验不会犯错误”。然而他并不把经验绝对化，他尊重科学和理论，“科学是军官，实践是士兵。”他认为实践应该永远建立在正确的理论上。他嘲笑无视科学而耽于实践的人，把他们比作乘着没有方向盘和罗盘的船只出发的航海者。他的《论绘画》就从确定科学的定义开始，并发现绘画像几何学一样，是以经验为基础的知识。他告诫画家：“先要学习科学，然后再从事这门科学所产生的实践。”[①] 达·芬奇把绘画称作科学。虽然达·芬奇把绘画称作科学，但是他仍然仔细地辨析了绘画和科学的区别。首先，绘画不仅仅是数学。如果科学是知识，那么绘画是技艺。科学可以完整地传授给学生，而绘画实践无法传授。没有绘画天赋的人，无法学习绘画。其次，科学是消极的模仿的知觉，而绘画是积极的知觉，是个人的创作。最后，科学忽视自然的美和自然的“形式的性质”。

可以按照多种标准对艺术进行分类。按照本体论标准，即艺术存在的方式，可以把艺术分为空间艺术和时间艺术。按照符号学标准，即艺术描绘现实的方式，可以把艺术分为再现艺术和表现艺术。按照心理学标准，即知觉艺术的方式，可以把艺术分为视觉艺术和听觉艺术。达·芬奇比较了绘画和诗、音乐、雕塑的优劣，其中绘画和诗的比较最为重要。而在比较绘画和诗时，达·芬奇主要依据的是艺术分类的心理学标准，即从知觉方式上判定绘画高于诗。

按照达·芬奇的理解，作为感官，知觉绘画的眼睛要优于知觉诗的耳朵。眼睛是心灵之窗，它是观照自然无限丰富的创造物的主要途径。而耳

---

① [意]达·芬奇：《论绘画》第2部第54—55节。

朵是第二位的，它只是由于听到有关眼睛所看到的事物的转述变得高尚起来。诗人若不以眼睛观察事物，他就无法成功地描述它们。如果诗人把绘画称作为哑的诗，那么，画家就可以把诗称作为盲的画。盲比哑是更大的缺陷。绘画比诗更直观，诗以词语描绘人物、形式、姿势和地区，而绘画用形象模仿它们。诗人通过耳朵服务于理性，画家通过眼睛服务于感情。让画家和诗人都描绘一场战争或者女性的美，结果会是绘画比诗更有感染力。“如果诗伸展到道德哲学，那么，绘画伸展到自然哲学。如果诗描述意识的活动，那么，绘画考察意识是否表现在行动中。如果诗以可怕的虚构使人害怕，那么，绘画以现实中同样的事物做到这一点。”[①] 观众在欣赏绘画所描绘的各个部分的和谐时，能于瞬间中同时把整个画面摄入眼帘。诗人只能在不同的时间里分别描述各个部分，记忆无法获得和谐美的印象。

达·芬奇对诗的理解显然有片面性，不过，他强调艺术的魅力在于生动、具体的形象直接作用于人的感情世界，却是值得肯定的。达·芬奇诗画比较研究的美学意义在于：首先，他是美学史上对不同艺术进行详细的比较研究的第一人，这种研究有助于深入认识各门艺术的特征。他的艺术比较研究对后世产生很大的影响，激起后人作同类研究的兴趣。其次，达·芬奇抬高绘画地位的意见是偏颇的，然而这种意见暗合艺术发展不平衡的规律。文艺复兴时期绘画艺术空前繁荣的局面催生了达·芬奇的这种意见。在不同的历史时期中，由于社会原因和文化原因，各种艺术的发展不平衡。比如，希腊罗马时期的雕塑、中世纪的建筑、文艺复兴时期的绘画、启蒙运动时期的戏剧、浪漫主义时期的诗和音乐分别在当时的各种艺术中占据巅峰的位置。研究这种现象，是美学的一项重要课题。

---

① [意]达·芬奇:《论绘画》第1部第19—23节。

第九讲
法国新古典主义

新古典主义是相对于古典主义而言的。古典主义指希腊罗马时期的古典主义精神。17 世纪法国继承文艺复兴运动的传统，以复兴希腊罗马为己任，所以称为新古典主义。新古典主义发生在欧洲许多国家，我们之所以只阐述法国新古典主义，是因为新古典主义在法国得到最成熟的表现。法国作为拉丁民族，是古罗马的继承人。古罗马帝国是法国人心目中的榜样。他们的政治、法律制度在很多方面都仿效古罗马帝国。法国新古典主义的原型只是拉丁古典主义①。

法国新古典主义和君主专制政体有密切的联系，这并不是指新古典主义者和宫廷的直接接触，而是指君主专制政体是产生新古典主义的政治土壤。法国君主专制有其两重性：一方面，它实现了国家的统一，建立了有利于资本主义发展的社会秩序，使欧洲的文化中心从意大利移到法国。另一方面，它又要把一切纳入严格的规范和律令中，压制社会中的各种独立性和自由思想的表现，从而成为社会进步的阻碍。为了巩固中央集权，法国君主专制政体通过专门的机构制定和推行文化政策。这就是法国国王路易十三时期手握重权的首相黎塞留于 1635 年建立的语言文学的官方中心——法兰西学院。不久，绘画和雕塑学院于 1648 年、建筑学院于 1671 年建立。这些学院不是大学，而是官方最高的学术机构。学院的基本思想是形式的正确性，这种正确性要求达到绝对的纯洁性。法国新古典主义就在这种政治背景和文化氛围中应运而生。它的哲学基础是笛卡儿的理性主义，它的最著名的戏剧家和戏剧理论家是高乃伊，它的立法者则是布瓦罗。

① 参见朱光潜：《西方美学史》上卷，人民文学出版社 1979 年版，第 181 页。

一、“他杀死了诗！”

“他杀死了诗！”这是新古典主义美学家布瓦罗初次接触到笛卡儿的观点时发出的感叹。笛卡儿（1596—1650年）是法国哲学家，近代理性主义哲学的创始人。出身于贵族家庭，自幼接受神学、经院哲学、数学和其他自然科学的教育。1616年他获学士学位，曾游历欧洲许多国家。他潜心科学研究，在物理学、光学、天文学、特别是数学领域作出令人瞩目的成就。他的主要著作有《第一哲学沉思集》《方法谈》《哲学原理》和《论世界》，他直接论述美学问题的著作有《给友人论G.德·巴尔扎克书简的信》《致麦尔生神父的信》《音乐概论》和《论激情》。笛卡儿的理性主义哲学比他的美学理论本身对美学史的影响要大得多。

（一）理性主义

笛卡儿整个哲学的出发点是他所说的一句名言：“我思故我在。”一切凭人的理性，我凭理性能思想，所以我确实知道我存在，不容任何怀疑。笛卡儿认为感官经验和现有的知识系统都不可靠，为了排除一切成见，确定认识真理的途径，他对一切都加以怀疑。而唯一不能怀疑的是正在怀疑的自我，即思维着的自我。他写道：“不过我们在怀疑这些事物的真实性时，我们却不能同样假设我们是不存在的。因为要想象一种有思想的东西是不存在的，那是一种矛盾。因此，我思故我在的这种知识，乃是一个有条有理进行推理的人所体会到的首先的、最确定的知识。”[①]

“我思”是一种理性活动。笛卡儿宣称思维存在这个事实是一切真理中最可靠的真理。理性是最完善、最重要的认识工具，而感性不能认识世界。一切都要由理性来解决，理性不能解决的，信仰也无济于事。这种思想当然具有巨大的进步意义，它是对神权的猛烈冲击。在笛卡儿看来，真理的

① ［法］笛卡尔：《哲学原理》，关文运译，商务印书馆1958年版，第3页。

标准是思维的清楚和明晰。一切不确定的、本质以外的、多样性的东西都应该从科学中驱逐出去。感性世界也就成为科学道路上的障碍。

笛卡儿理性主义的产生有其历史必然性，它是对文艺复兴时期含混的自然哲学的否定。然而，这种理性主义也有其片面性，它没有考虑感觉在认识过程中的作用。笛卡儿是位二元论者，除了自然外，他还承认非物质的“思维本体”，也就是承认精神和物质是两个彼此独立的本体，上帝则是沟通这两个本体的桥梁。笛卡儿的物理学是 18 世纪唯物主义哲学的根源之一，不过，在本体论和认识论上他是位唯心主义者。由于数学比其他任何科学更具有清楚和明晰的特点，所以，笛卡儿在制定理性主义认识方法的基本原则时，把数学援为范例，他的理想是按照数学规律来思维。这种倾向和法国君主政体的主流意识形态惊人的一致，法国当时的意识形态力图在文化和社会生活的各个领域达到精确的规范化和条理化。特别在路易十四时代，法国文化的理想是“明晰和秩序”，一切独特的、幻想的东西都是有害的，它们受到最大限度的压制。

笛卡儿否定感性世界和感性认识，这对艺术十分不利，因为艺术和感性密不可分。然而，笛卡儿的理性主义对美学理论的影响却十分巨大。它和布瓦罗的新古典主义美学有着内在的联系。可以说，布瓦罗的理论是理性主义哲学在美学领域的反映。

（二）美学理论

除了理性主义哲学外，笛卡儿还在一些著作中讨论了具体的美学问题，但是，他没有形成完整的美学体系。

《音乐概论》是笛卡儿的早期著作，写于 1618 年，它没有超出美学史上对音乐作数学解释的传统。笛卡儿指出：“音乐的目的是产生愉悦和激起我们的各种感情。”[①] 而达到这个目的的主要手段有两种：声音的长短和高

① [法] 笛卡儿：《音乐概论》第 1 章《音乐的对象是声音》。

低。而关于声音本身的性质，应该由物理学加以研究。声音的悦耳在于它与感觉的适应和协调。我们之所以觉得人的嗓音最悦耳，乃因为它最适合我们的生活习性。“这种快感要求对象和感官之间的某种对比关系。因此，例如火枪或雷霆震耳欲聋的声音就不适合音乐，因为它对耳朵有害，就像过强的阳光对直视它的眼睛有害一样。”① 声音要使我们感到愉悦，必须要有差异。但是这种差异又不能多变，以至感官无法把握。“它们（指声音——译者注）的比例应该是算术比例，而不是几何比例。原因在于算术比例不要求感官顾及许多，因此差别到处都是一样的，这样，感官在清晰地知觉比例中所包含的一切时不会感到那样疲劳。”② “在各种感觉对象中，最能使我们的灵魂感到愉悦的不是感官最容易知觉的东西，也不是最难知觉的东西，而是不那么容易知觉、也不那么难以知觉的东西，这样既避免感官向往对象的自然欲望立即完全得到满足，又避免感官产生疲劳。”③

上述最后一段引文笛卡儿在《致麦尔生神父的信》中也一字不差地重复过，可见他对这段话的重视。这段话把感官知觉对象的难易作为美的标准。在《致麦尔生神父的信》中，笛卡儿继续讨论美的标准问题，得出美的相对性的结论。对于麦尔生神父提出的“能否确定美的标准”的问题，或者他提出的另一个问题“为什么我们觉得一个声音比另一个声音愉快得多”（也就是美得多），笛卡儿回答说：“美和愉快的只是我们的判断和对象的一种关系，既然人们的判断彼此悬殊，就不能说美和愉快有理所当然的尺度。”④ 例如花坛的图案，有人认为有三种图案的花坛美，而另一些人却认为有四五种图案的花坛美。因此，我们不能宣称一个花坛就一定比另一个花坛美。笛卡儿的这种观点显然背离了美的客观性和美学中的理性主义。

那么，能不能把多数人的意见作为美的标准呢？笛卡儿认为这也无从

① ［法］笛卡儿：《音乐概论》第 2 章《初步意见》第 2 节。
② ［法］笛卡儿：《音乐概论》第 2 章《初步意见》第 6 节。
③ ［法］笛卡儿：《音乐概论》第 2 章《初步意见》第 6 节。
④ ［法］笛卡儿：《致麦尔生神父的信》。

确定。接着，他谈到美的感觉与人的生活经历有关。他写道："如上所述，同一支曲调，有些人听到马上要翩翩起舞，而另一些人可能会伤心落泪。这一切仅仅取决于这支曲调激活了我们记忆中的什么观念。例如，有人以前曾经伴着这支旋律尽情起舞，因此只要一听到类似的曲调，就马上产生跳舞的念头。相反，如果有人以前一次都没有听过欢乐的舞曲，而有一次听到时恰好碰到悲伤的事，下次他再听到这支曲调时，一定会伤心。"[①] 笛卡儿还举例说，在小提琴声中狠狠地打了狗五六下，下次狗再听到小提琴声时，一定会狂吠着逃窜。

笛卡儿的这些论述在美学史上很重要。他把美确定为人和客体直接的感性接触的结果，确定为人对客体的某种心理反应。而且，人对美的判断和他个人的生活经历有关。在审美活动中，人对审美对象有所选择，存在着某种倾向。笛卡儿把这种审美定向说成是某种条件反射。如果一个审美对象使人联想起愉快的生活经历，那么，他对审美对象的情感反应就是积极的。笛卡儿对美感特征的这种分析，对美学中 17—18 世纪形成的、19 世纪由实证主义发展的心理生理流派有重要影响。他力图科学地解释审美活动中人的心理生理特征。他对条件反射的论述和对条件反射机制的揭示，得到 20 世纪著名的生理学家巴甫洛夫的高度评价。

笛卡儿通过观念联想来解释美感，离理性主义立场已经相去甚远。不过，在《给友人论 G. 德 · 巴尔扎克书简的信》和《论激情》中他重申了理性主义原则。G. 德 · 巴尔扎克是文学中纯洁主义最早的代表之一。笛卡儿称赞他"文词的纯洁"，这种纯洁的美就像真正美的女性那样，各部分之间"有一种恰到好处的协调和适中"。"纯洁"和"明晰"密切相关，"明晰"是思想语言的一致。"纯洁"和"明晰"是法国新古典主义文艺的理想。"它的长处在此，它总是明朗的，完美的，易于理解的；但是它的短处也在此，它因过分侧重理智因素，情感的深刻，想象的奔放，力量气魄的

① ［法］笛卡儿：《致麦尔生神父的信》。

感觉以及言有尽而意无穷的韵味就不免受到损失。”[①]

《论激情》的基本思想是把激情和谐化，就是使激情处在得到克制的温和状态。笛卡儿把这种和谐化看作艺术的任务。这部著作对新古典主义在绘画艺术中最著名的代表勒·布朗（1619—1690年）产生了直接的影响。勒·布朗在《论描绘激情的方法》中把笛卡儿的激情理论翻译成绘画语言，为每一种激情制定了表情、动作和姿势的规范，从崇高的理想出发，剔除了任何多余的成分。

二、新古典主义戏剧的创始人

高乃伊（1606—1684年）是法国戏剧家和戏剧理论家，新古典主义戏剧的创始人。他的戏剧《熙德》《贺拉斯》《西拿》和《波里厄克特》长期以来是激烈争论的对象。先是因为他的创作原则还没有获得承认，后是因为这些戏剧作为过时的新古典主义旗帜，受到启蒙运动美学家、“狂飙突进”时期的作家以及19世纪初期的浪漫主义者的反对。他的美学思想主要体现在他的三篇戏剧理论文章中，它们是《论悲剧》《论戏剧》和《论三一律》。

法国新古典主义在戏剧、文学、绘画等领域取得重要成就，特别是高乃伊和拉辛的悲剧、莫里哀的喜剧具有巨大的艺术价值。高乃伊自觉地改革戏剧的风格，使戏剧摆脱他的前辈们的作品中的芜杂和混乱，努力建立17世纪法国戏剧作品更完善的结构，从而使得法国戏剧不同于莎士比亚时代的英国戏剧和文艺复兴末期的西班牙戏剧。

① 朱光潜:《西方美学史》上卷，人民文学出版社1979年版，第185—186页。

（一）对净化说的阐释

新古典主义戏剧理论是继续16世纪学者围绕亚里士多德《诗学》所展开的争论的一种总结。高乃伊仿效文艺复兴学者，并结合自己的创作实践，在新的时代对亚里士多德的《诗学》进行再阐释。

中世纪欧洲不知道亚里士多德的《诗学》，经院哲学对亚里士多德的了解主要局限于他的逻辑学。16世纪初《诗学》在意大利被发现，1508年出版了拉丁文本，接着出版了希腊文本，1549年出版了意大利文本。从此，意大利出版了大量注释《诗学》的著作，以及研究诗和戏剧的著作。其中，卡斯特尔维特罗1570年的《以俗语对亚里士多德〈诗学〉的诠释》就是突出的例子。卡斯特尔维特罗所阐述的主要问题是人文主义者所关注并引起激烈争论的问题：诗的目的和功能是什么？卡斯特尔维特罗主张诗的功能不是教益，不是通过净化达到德行，而是产生快感。他对《诗学》的诠释不仅是阐述亚里士多德的理论，而且试图使这种理论适应当时的审美需要和艺术实践需要。意大利研究诗学的传统也在欧洲其他国家得到发扬。英国作家和诗人锡德尼（1554—1586年）在1581年写下了《为诗辩护》，他和坚决否定柏拉图理论的卡斯特尔维特罗不同，他在自己的著作中把亚里士多德和柏拉图结合起来。锡德尼还援引了同时代人的论述，他所关心的不仅是希腊艺术的历史命运，而更主要的是英国诗歌的发展道路。

和卡斯特尔维特罗、锡德尼等人一样，高乃伊对《诗学》的阐释也是从现实需要出发的，他所关心的问题是怎样通过阐释亚里士多德美学来建立现代戏剧理论。因此，重要的倒不是高乃伊的阐释本身，而是这种阐释所折射出来的美学和艺术创作的现实走向。

净化问题是高乃伊阐释《诗学》时所想解决的最主要的问题。亚里士多德指出，悲剧通过引起怜悯和恐惧来使这些情绪得到净化。高乃伊以他的悲剧《熙德》为例阐释净化的本质。在《熙德》中，女主角希梅娜的父亲高迈斯伯爵被男主角罗得黎培（希梅娜的恋人）杀死。高乃伊写道："如果悲剧净化强烈的情感，那么，这种净化只应该按照我所指出的途径实现。即使在满足亚里士多德所提出的全部条件的悲剧中，我也怀疑能够产生净化。《熙德》有这些条件，它们促使演出获得巨大的成功。罗得黎培和希梅娜具有所要求的诚实，她们容易产生强烈的情感，恰恰这些情感是她们不幸的原因，因为她们的不幸只在于互相滋养这些情感。这种人性弱点使她们堕入灾难，我们也像她们一样，易受这种弱点之害。"[①] 对于亚里士多德所说的悲剧引起怜悯和恐惧，高乃伊作出独特的解释。他认为，怜悯是我们针对悲剧中不幸的人物的，而恐惧是我们针对自身的。这是担心遭受同样的不幸的恐惧，恐惧引起避免不幸的愿望，这种愿望促使我们净化、抑制、矫正、根除强烈的情感。在高乃伊看来，净化的对象并不是亚里士多德所说的怜悯和恐惧，而是强烈的情感，这是一种人性弱点。净化的本质就是改造人的不良习性。

美学史上对净化说作过许多研究，形成若干种有代表性的观点。高乃伊对净化的阐释可谓一家之言。其特点是挖掘净化的伦理学含义，认为净化的作用在于培养道德规范。除了高乃伊外，拉辛和德国启蒙运动美学家莱辛都这样解释净化说，虽然莱辛对高乃伊的新古典主义戏剧持激烈的批评态度。道德教育作用仅仅是净化说的一个方面，亚里士多德还谈到净化引起的快感，以及净化的心理生理意义。为什么高乃伊只对净化的道德方面感兴趣呢？因为当时的美学吁求艺术的道德教育功能。

17—18 世纪美学特别关心艺术在社会生活中的作用。启蒙运动美学家关心这个问题是很自然的，因为他们把艺术看作对人民大众进行启蒙的基本工具之一，于是，艺术的教育功能凸显出来。17 世纪对艺术教育功能的重视表现了美学思想发展的新走向。文艺复兴时期侧重美和真、美学和科学、审美和认识论的联系，17 世纪则侧重美和善、美学和伦理学、审美和价值论的联系。17 世纪把文艺复兴时期的审美认识论取向引入到审美伦理

---

① ［法］高乃伊：《论戏剧》。

学取向中来，启蒙运动美学则主张美和善的有机统一。

（二）三一律

三一律指戏剧中情节、时间和地点的一致律。亚里士多德在《诗学》中谈到，情节是悲剧的基础，它必须是有机统一的整体。亚里士多德还谈到“悲剧力求以太阳运行一周为限，或稍超过一点”。这被后人理解为剧情以描写一天中发生的事情为限。地点一致律指剧情必须发生在同一地点。《诗学》没有涉及这个问题，后人根据对《诗学》某些内容的揣摩，总结出地点一致律。卡斯特尔维特罗是把三一律作为戏剧内在完整的规则提出来的第一人。《诗学》是新古典主义三一律的理论来源，不过，新古典主义所理解的三一律是对《诗学》的曲解。艺术创作的法则来源于艺术实践，反过来又指导艺术实践，并随艺术实践的发展而变化。新古典主义三一律则把艺术创作法则理解为一成不变的清规戒律和刻板公式，从而束缚了艺术创作的发展。

就高乃伊来说，一方面他信奉《诗学》和三一律，另一方面他又根据自己的创作实践对《诗学》理论有所修正。关于情节一致律，他写道：“不应该把‘情节一致’的说法理解为向观众提供一个孤立的情节。所选择的情节应该有开头、中间和结尾；这三部分不仅每部分都是构成主要情节的独立情节，而且，每部分还可以包括同样从属自己的新情节。”[①] 情节的整一性并不是情节的单一，戏剧情节是多层次展开的，全剧有统一的情节，在统一的情节的管辖下，开头、中间和结尾又有各自独立的情节。这些次一级情节的属下也有新的情节，所有情节都是错综复杂而又井然有序的。

至于时间一致律，亚里士多德关于太阳运行一周的说法引起激烈的争论：这究竟指 24 小时还是 12 小时？每一方都有很多支持者。对此，高乃伊写道：“我认为，如果题材难以纳入到一个不长的时间段中，那么，我不

---

① ［法］高乃伊：《论三一律》。

仅提供给它们整整 24 小时，而且我利用这位哲学家（指亚里士多德——译者注）所赋予的权利，在时间上稍超过一点，甚至没有拘束地把时间延长到 30 小时。”[①] 新古典主义者往往把三一律当成金科玉律，然而，高乃伊结合自己丰富的创作经验论证三一律时，却表现出一定的灵活性。

三、文学的《古兰经》

布瓦罗（1636—1711 年）是法国新古典主义诗人和理论家，生于巴黎。他最著名的学术著作是模仿贺拉斯的《诗艺》，同样以诗写成的《论诗艺》。这部 17 世纪的诗歌法典总结了新古典主义的基本原则，被称作文学的《古兰经》。它在欧洲各国产生的巨大影响一直延续到 18 世纪末期。

（一）新古典主义基本原则

布瓦罗生活的时代里，笛卡儿对法国的精神生活的影响越来越大。在某种程度上，布瓦罗也是一位笛卡儿主义者，虽然他的美学并不是简单地从笛卡儿的哲学中直接推引出来的。布瓦罗美学的基本出发点是，艺术要遵循理性。他的这种观点产生于他对人的理解，他把人理解为理性的、思维的、认识的人。艺术创作过程是理性支配的过程，与其说它反映现实对象，不如说它认识现实对象的内部规律。因此，艺术家不仅要观察对象，而且要研究对象，而研究对象是理性的事。《论诗艺》明确提出：

> 因此，要爱理性，让你的一切文章
> 永远只从理性获得价值和光芒。[②]

---

① ［法］高乃伊：《论三一律》。
② ［法］布瓦罗：《论诗艺》第 1 章第 37—38 行。译文据任典译的波瓦洛：《诗的艺术》，人民文学出版社 1959 年版。引文略有更改，下同。

艺术的内容和形式都要符合理性。理性的内容高尚风雅，它们是伟大人物的伟大事迹。而不符合理性的内容是超出常规的怪诞离奇东西，它们卑劣和猥琐。因此，布瓦罗轻视中世纪艺术和民间诗歌。也因此，得到他高度评价的莫里哀，由于作品过于接近民间戏剧而受到他的严厉谴责：

……过分做人民之友，把精辟的刻画
往往用来显示人物的憨皮笑脸，
为着演小丑，他就不顾斯文风雅，
恬不知耻地把特林斯塔配上塔巴朗。[①]

为了实现艺术中的理想，艺术家必须服从严格的规则，特别要把希腊罗马美学理论和艺术实践中形成的规则奉为圭臬，比如三一律：

但是理性使我们服从它的规则，
我们就要求按艺术去安排情节，
要求舞台上表演的自始至终，
只有一件事在一地一日里完成。[②]

由于重视规则，布瓦罗特别重视表现技巧，而在表现技巧中，他又格外强调语言的纯洁和明晰。在内容和形式的关系上，布瓦罗一方面主张内容对形式的主导地位，理性的内容是主宰，音韵只是它的奴仆。然而另一方面，为了表现这种内容，主要的是完善的技艺、正确的方法和形式的运用。对于他来说，内容和形式的统一是一种外在的关系。

---

① [法]布瓦罗：《论诗艺》第3章第395—398行。译文据任典译的波瓦洛：《诗的艺术》，人民文学出版社1959年版。特林斯（前190—前159年）：罗马著名喜剧家。塔巴朗是法国当时的著名小丑。
② [法]布瓦罗：《论诗艺》第3章第43—46行。译文据任典译的波瓦洛：《诗的艺术》，人民文学出版社1959年版。

布瓦罗对完美艺术的理想是：内容高雅化，形式精致化，情感平淡化，一切都中规中矩。这样的艺术是不可能亲近生糙的自然和缤纷的现实的。然而，布瓦罗屡次强调艺术要模仿自然，“让自然作你唯一的研究对象”[①]，“谨防不顾良知去纵情戏谑，永远一步不要离开自然。”[②]这似乎是一种矛盾，实际上布瓦罗所理解的自然不是文艺复兴美学家所理解的自然，不是自然风景和现实世界，而是万物的普遍规律。因此，模仿自然就是模仿理性，表现事物的常情常理。布瓦罗相信绝对美的存在，因此也存在着关于绝对美的稳定的概念。美的永恒不变对立于生活的匆忙烦乱和转瞬即逝，就像人的理性对立于自发的情感一样。希腊罗马的艺术作品体现了绝对美，表现了符合理性的、普遍永恒的东西，因此，模仿自然也就是模仿古典，就是学习古人观察和表现自然的方法。在布瓦罗那里，理性、自然、绝对美、普遍永恒、古典都是相互统一的概念。

布瓦罗对典型的理解是新古典主义的又一个重要原则。“典型”（tupos）这个术语在希腊文中的原义是铸造用的模子。同一个模子脱出来的东西都是一样的。西方美学史上最早的典型观点是亚里士多德在《诗学》第9章中提出来的，不过，在典型作为个性和共性、特殊性和一般性的统一中，亚里士多德是倾向共性和一般性的。他在晚年写的《修辞学》第2卷中，更是把重点转到了共性，提出了与艺术典型有别的类型。首先发挥这种类型说的是贺拉斯，他在《诗艺》中主张诗人应该按照人物的年龄来描写他们的性格，这是只强调共性而忽视个性的类型化创作方法。布瓦罗在《论诗艺》中重申了贺拉斯的类型说：

写阿伽门农应把他写成骄横自私；

① [法]布瓦罗：《论诗艺》第3章第359行。译文据任典译的波瓦洛：《诗的艺术》，人民文学出版社1959年版。
② [法]布瓦罗：《论诗艺》第3章第413—414行。译文据任典译的波瓦洛：《诗的艺术》，人民文学出版社1959年版。

写伊尼阿斯要显出他敬畏神祇；
写每个人都要抱着他的本性不离。[①]

在西方，18世纪以前典型观的重点摆在共性上，“典型”几乎与“普遍性”成为同义词；18世纪以后典型观的重点摆在个性上，“典型”几乎与“特征”成为同义词。作为理性主义美学家，布瓦洛把重点完全摆在共性和一般性上，那是十分自然的。

布瓦洛的新古典主义美学理论主要代表了封建宫廷的利益，而不是反映新兴资产阶级的要求。“当时法国宫廷在文化教养上贵妇人很占势力，文艺沙龙大半是由她们主持的，作家和艺术家大半是由她们庇护的。稍涉粗俗、古怪离奇或缺乏斯文风雅的东西会使她们震惊，一句漂亮话、一个优雅的姿态或是一个色彩煊灿的场面也会使她们嫣然喜笑颜开。”[②]布瓦罗正是要求作家以纯洁和明晰的高贵语言，描绘上层阶级典雅的风度和教养。

（二）古今之争

尽管新古典主义占统治地位，然而17世纪法国还是爆发了轰动一时的古今之争。争论的焦点是古人高明还是今人高明。坚持古人高明的一方以布瓦罗为代表，坚持今人高明的一方以法兰西学院成员帕罗（1628—1703年）为代表。双方分别反映了封建宫廷和新兴资产阶级的观点。布瓦罗在致帕罗的信中责问他为什么要反对古人：是担心模仿古人会对今人造成损坏吗？“但是，您能够否认我们伟大的诗人把自己创作的成就恰恰归功于这种模仿吗？”高乃伊从古人那里吸取了优秀的题材和高尚的思想，从而创

① 布瓦罗:《论诗艺》第3章第110—112行。译文据任典译的波瓦洛《诗的艺术》，人民文学出版社1959年版。阿伽门农是荷马史诗《伊利亚特》中的希腊将领，伊尼阿斯是罗马诗人维吉尔的史诗《伊尼特》中的主角。
② 朱光潜:《西方美学史》上卷，人民文学出版社1979年版，第197页。

作出新的、亚里士多德所不知道的悲剧。索福克勒斯和欧里庇得斯培育了拉辛，莫里哀从罗马喜剧家普洛特和特林斯那里学会了艺术的精致。

古今之争中双方的观点都比较迂腐，值得注意的是新派人物中的圣厄弗若蒙（1613—1701年）的观点。他出身于贵族家庭，参加了反对专制制度的投石党运动（1648—1653年）后，曾两次被关进巴士底狱。1661年被迫离开法国，他拒绝与路易十四和解，最终客死伦敦。他的主要著作有《论古今悲剧》《论悲剧》《论我们的喜剧》《论古人诗的奇妙》等。他被称作为“17世纪的伏尔泰”，是文艺复兴和启蒙运动的连接点。

布瓦罗主张艺术作品应该遵守理性的一成不变的规则，与此相对立，圣厄弗若蒙把趣味作为评价艺术的基本标准之一。趣味是变化的、发展的，与民族精神相联系，它不可能成为抽象的规范。圣厄弗若蒙写道：“应当承认，亚里士多德的《诗学》是一部出色的著作。但是，没有如此完善的东西，以至能够成为一切时代和一切民族的规则。笛卡儿和伽桑狄发现了亚里士多德所不知道的真理。高乃伊也发现了亚里士多德所不懂得的戏剧的可能性。我们的哲学家在他的物理学中找到错误。我们至少觉得他的某些原理是错的。因为从那时起一切都变了。”[①] 圣厄弗若蒙表现出历史发展的观点。

① ［法］圣厄弗若蒙：《论古今悲剧》。

第十讲
英国经验主义

17—18 世纪的英国是世界上先进的资本主义国家，有人把 1689 年有条件地称为英国启蒙运动开始之年。此前，英国发生了一系列重要的政治事件：国会反对国王的斗争演变成资产阶级革命，国王查理一世被推翻和处死，克伦威尔建立护国政府、自任“护国王”，斯图亚特王朝复辟，1689 年威廉三世推翻复辟王朝并登上王位。资产阶级和地主贵族的联合执政对英国启蒙运动产生了影响，英国启蒙运动不像法国启蒙运动那样具有明显的反封建性，它不要求改变现有的生活秩序，在同宗教的斗争中往往采取自然神论或怀疑论的立场。

受自然科学和蓬勃发展的技术的影响，在 17—18 世纪英国哲学中占统治地位的是经验主义，它与欧洲大陆的理性主义相对立。经验主义否认先验理性的存在，主张以精确的经验材料为基础，通过对经验材料的合理加工，制定认识和改造自然的方法。经验主义既可以表现为唯物主义，又可以表现为唯心主义。因为片面相信经验会演变成感觉主义，从而产生不可知论和怀疑论。休谟是英国经验主义的集大成者，博克则是 17—18 世纪英国最重要的美学家。

新古典主义在 17 世纪英国艺术中占有主导地位。它的最初特征在莎士比亚较为年轻的同时代人、戏剧家本·约翰逊的创作和美学观点中已经表现出来。17 世纪末期英国诗人和戏剧家德莱顿（1631—1700 年）是新古典主义在艺术创作和艺术理论中的重要代表。18 世纪英国批评家蒲柏（1688—1744 年）和约翰逊（1709—1784 年）也是新古典主义的代表。但是，英国新古典主义从来不那么严格，它往往和其他艺术流派相结合。建于1768年的英国皇家美术学院首任院长、画家和绘画理论家雷诺兹（1723—1792年）也是一位不严格的新古典主义者，他的理论具有感伤主义和浪漫主义的许多特点。

对英国新古典主义以及英国皇家美术学院所宣扬的正统“趣味”作出尖锐批评的首推英国画家和美学家荷迦兹（1697—1647年），和他的观点相接近的有英国小说家和戏剧家菲尔丁（1707—1754年）。由于我们不专门阐述荷迦兹的美学思想，所以，我们在这里顺便提一下他的名著《美的分析》。这是一部绘画理论著作，然而它不同于17—18世纪问世的大量同类著作，它超越了局部的绘画理论，而涉及普遍的美学问题。他从绘画的美过渡到一般的美，从绘画的结构过渡到艺术方法。他反对英国对法国和意大利艺术精品的收藏热，号召绘画观察和学习自然。荷迦兹也反对15—16世纪德国著名画家丢勒对美的数学分析的做法，而在同知觉主体的联系中研究美的问题。他认为蛇形曲线或波形曲线是最美的，因为它最大限度地引起观众的内在运动。荷迦兹对狄德罗和莱辛都产生了影响。

一、美不在物而在心

“美不在物而在心”是休谟的主要美学观点。休谟（1711—1776年）是英国哲学家、心理学家、历史学家、经济学家和美学家。他是英国经验主义的集大成者，认为一切知识来自经验，而经验被归结为我们感官的印象（第一性感觉）和内心关于第一性感觉的观念（反思）。这两者之间的相互作用是休谟哲学分析的唯一对象。他没有提出心理怎样和客观世界相联系的问题，客观世界和人的自我被他看作想象和联想的产物，他怀疑客观世界能够被认识。这种不可知论成为他研究美学问题的出发点。在所有英国哲学美学家中，休谟是最爱好文艺的一个，他原来计划逻辑学、伦理学和艺术批评在他的全部著作中各占1/3，这个计划后来未能实现。休谟的主要美学著作有《论审美趣味的标准》《论悲剧》和《审美趣味和情感的细致》。另外，他的《人性论》的部分内容也涉及美学问题。

（一）美的本质

休谟美学主要研究两个问题：美的本质和审美趣味的标准。这与他对批评科学（实际上就是美学，当时美学还没有得到命名。休谟的《论审美趣味的标准》写于1739—1740年，美学命名在1750年）的理解有关。他认为批评科学应该包括两个部分：理论部分和实践部分。理论部分研究美、崇高的本质，实践部分在理论部分的基础上制定艺术创作和欣赏中审美趣味的标准。

休谟指出必须用“哲学的精确性”来研究审美知觉和审美体验问题。迄今为止哲学未能确定道德、思维和艺术批评不容置疑的基础，而是无休止地争论真伪、善恶和美丑的问题，不能说明它们之间区别的根源。因此，他想通过引进新的哲学体系以造成思维的变革。这种哲学体系以“人性”研究、而不是以旧的形而上学思辨原则为基础。休谟把人性理解为思维和感情的心理学，这种心理学只有通过经验归纳法才能研究。于是，休谟的哲学具有心理学色彩。他的美学主要研究审美活动的主体方面，他重视审美的心理学问题，而不同意同时代人博克对审美体验的生理学分析。

关于美的本质，休谟说过一段常为人援引的话：“美不是事物本身的属性，它只存在于观赏者的心里。每一个人心见出一种不同的美。这个人觉得美，另一个人可能觉得丑；每一个人应该既抱定自己的感觉，又不把它强加给别人。”① 美不在物而在心，这种美的理论当然是主观唯心主义的。美如果是主观的，那它就必然是相对的。休谟写道：“我们可以继续观察并得出结论说，一个人独立行动，谴责一个事物而赞扬另一个事物，称一个物体丑陋可憎，另一个物体美丽可爱，所有这些性质实际上完全不属于物体本身，而只属于谴责者或称颂者的感情。”“一个人如果不习惯意大利音乐、

① ［英］休谟：《论审美趣味的标准》。

听觉不能掌握它的复杂性，你们决不要劝他相信意大利音乐比苏格兰旋律好（休谟是苏格兰人——译者注）。除了审美趣味外，你们再也提不出任何证据。至于我们的对方，他的审美趣味在这件事中是起决定作用的证据。如果你们聪明的话，你们每个人要承认双方都对。如果遇到审美趣味中类似分歧的诸多情况，你们双方都要得出这样的结论，美和价值完全是相对的，它们处在使人愉快的感觉中，这种感觉是由物体适合人心的结构和构造形成的。”①

然而，休谟对美的本质的看法又有另一面，即不完全否定美的客观基础，这和上述引文的观点有一定的矛盾。原因在于休谟是一个不可知论者，而不是彻底的主观唯心主义者。他的逻辑只是，我们不知道美的客观基础是什么。他没有分析美的客观基础，但也不排斥客体结构中的某些性质或形式是美的根源之一。“美是 [对象] 各部分之间的这样一种秩序和结构；由于人性的本来的构造，由于习俗，或是由于偶然的心情，这种秩序和结构适宜于使心灵感到快乐和满足，这就是美的特征，美与丑（丑自然倾向于产生不安心情）的区别就在此。”② 这段话表明，美有客观基础，这就是对象的一种秩序和结构。除此以外，休谟还把合目的性、合比例、人体的健康和强壮看作美的客观根源，有时直接把这些属性称作美。不过，在更多场合下，休谟认为美不是客体的属性本身，而是这些属性对人的作用。这里有两点值得注意。第一，审美价值不同于真，真是不取决于主体的，而审美价值必然取决于主体。第二，美是具有某种性质的客体和具有某种能力的主体相互作用的结果，美是第二性的性质。

（二）审美趣味

休谟于 1757 年发表的《论审美趣味的标准》是西方美学史上一篇著名

① [英] 休谟：《论审美趣味的标准》。
② [英] 休谟：《人性论》。采用朱光潜译文，见朱光潜：《西方美学史》上卷，人民文学出版社 1979 年版，第 226 页。

的论文。它的英文篇名是《论趣味的标准》,“趣味”(taste)前面并没有“审美”的限定词。朱光潜把它译为《论审美趣味的标准》。不仅如此,朱光潜还把伏尔泰1757年在《百科全书》上发表的《论趣味》译为《论审美趣味》,把博克为1757年再版的《论崇高与美两种观念的根源》添加的导论《论趣味》译为《论审美趣味》。朱光潜的译名不是随意的,它符合西方趣味研究的历史发展。

趣味作为辨别美丑善恶的能力17世纪就成为学术研究的对象。不过,那时趣味还不具有专门的审美意义。1707年阿姆斯特丹出版了天主教修道院院长贝尔加德的《论良好趣味》,该书把趣味不是看作专门的审美问题,而是看作人“选择某种活动”的能力,以及“判断色彩、气味、科学、衣服、建筑、艺术品和自然产品”的能力。1736年巴黎出版的维拉特的《趣味的历史研究和哲学研究》也对趣味作类似的理解。到18世纪中期,巴托、孟德斯鸠、伏尔泰、狄德罗、达兰贝尔等在专门的审美意义上使用了这个术语。

为什么在18世纪中叶审美趣味成为西方美学研究的主要问题之一呢?这是西方美学发展的历史必然。从18世纪开始,美学家们在研究艺术时不局限于某一种艺术,而是对几种艺术进行比较。例如,法国启蒙运动美学的早期代表杜博在《诗和画的批评思考》(1719年)中就对诗和画进行了比较研究。后来,美学家们对三种(如诗、画和音乐)和更多的艺术(如诗、画、音乐、建筑和雄辩)进行比较,并终于导致出现了寻找各种艺术普遍规律的著作,这就是法国美学家巴托的《各种美艺术的统一原则》。这部著作使巴托在18世纪声名远播。他所说的美艺术指以产生快感为根本目的的艺术,而不是把效用和美结合起来的艺术(如建筑)。美艺术包括音乐、诗、绘画、雕塑、舞蹈。巴托研究的是各种艺术的共同规律,而不是比较几种艺术以揭示每种艺术的特征。这是一种新的研究对象,巴托认为艺术的共同规律是“模仿美的自然”。于是,自然中的美以及把握这种美的能力——审美趣味成为美学研究的中心问题。巴托把艺术理论同美的理论和审美趣味理论结合起来，在西方美学史上第一次触摸到美学对象的特殊结构，美学作为一门独立学科的存在呼之欲出。巴托提出的一些问题成为美学家们争论的焦点："存在着良好的审美趣味，并且只有它是好的。它是什么呢？它取决于什么？取决于客体还是取决于客体所感召的才能？存在着审美趣味的标准吗？审美趣味的感官是什么——理智，或者心灵，或者其他什么东西？"[①] 休谟的《论审美趣味的标准》就是在这种背景中产生的。

《论审美趣味的标准》所要解决的问题是：是否存在着普遍的审美趣味，如果存在，怎样确定它的标准？解决这个问题的难点在于，休谟主张美不仅取决于审美客体，而且取决于审美主体，因此，审美趣味必然随着主体的不同而千差万别。他赞同成为谚语的公理"趣味无可争辩"。"对于同一个对象不同的人有许多不同的意见，然而存在着一种、并且只有一种公正的和正确的意见：全部困难在于怎样确定和证实它。"[②] 不过，承认审美趣味的差异性并不是相对主义，休谟试图在外在的差异性中寻找某种统一的、稳定的东西。观察表明，普遍的审美趣味是存在的。如果认为微不足道的诗人奥吉尔和弥尔顿一样伟大，鼠丘和大山一样高耸，水塘和大海一样宽广，那是荒谬的。"两千年前在雅典和罗马博得喜爱的那同一位荷马今天在巴黎和伦敦仍然博得喜爱。气候、政体、宗教和语言各方面所有的变化都没有能削弱荷马的光荣。权势和偏见能够使没有才能的诗人或雄辩家一时声誉鹊起，然而他的名望绝不可能持久和得到公认。"[③] 休谟关于审美趣味的论述给我们总的启示是：审美趣味可以千差万别，然而它有着普遍性，这种普遍性并不要求审美趣味的单一化，相反，它促使审美趣味的多样化。

审美趣味的差异有两种情况：一种是好趣味之间的区别，另一种是发达趣味和不发达趣味、好趣味和坏趣味之间的区别。造成第一种情况的原

---

① ［法］巴托：《美艺术的统一原则》第 2 部分第 1 章《什么是审美趣味》。
② ［英］休谟：《论审美趣味的标准》。
③ ［英］休谟：《论审美趣味的标准》。

因有时代和国家的不同，年龄的不同，性格、气质和禀性的不同等。于是，有人喜欢宏伟，有人喜欢温柔，还有人喜欢戏谑。“这些现象是不可避免的和无害的，因此，从来不会成为争论的对象，因为没有可以判断它们的标准。”[1] 也就是说，对于不同的、然而都是良好的趣味，无可争论。造成后一种情况的是内在感官的不完善，以及“缺乏想象的精致性”。内在感官的不完善就是心理功能不健康，从而不能获得审美趣味和感情的正确标准，就像黄疸病人不能辨色一样。想象的精致能够辨别美丑的细微分别。休谟援引了小说《堂·吉诃德》中的例子。两位品酒人品尝一桶上等葡萄酿成的陈年好酒。两人都夸酒好，但是，一人品出皮子味，另一人品出铁味。他们受到众人的嘲笑。可是把酒倒干后，桶底原来有一把系着皮带的钥匙。休谟盛赞品酒人感觉的精细和敏锐。审美趣味的发达和不发达是量的差异，审美趣味的好坏是质的差异。在这两种情况下，都应该争论趣味问题。对于心理功能和想象力的缺陷，休谟要求通过训练和学习来弥补。

审美趣味的普遍性有两方面的原因：一是人性的一致性和人的心理结构的相似性，另一是作为美的客观根源的“某些性质”是客体固有的。休谟把审美趣味完善的人当作审美趣味的权威裁判。审美趣味的完善包括感情的敏锐、想象的丰富和智慧的发达。休谟作为自己时代的代言人，把审美趣味的标准摆在少数感情精致的优选者身上。

二、崇高和美的根源

博克（1729—1797年）是英国著名的政治活动家、政论家和美学家。在英国博克作为政治家比作为美学家更著名。在英国之外，至少在18世纪末期，博克的知名度主要不是取决于美学著作，而是取决于政治学著作《法国革命的思考》，这部著作反对法国开始于1789年的资产阶级革命。

---

① ［英］休谟：《论审美趣味的标准》。

不过，他的美学著作《论崇高与美两种观念的根源》体现了启蒙运动的精神。这部著作于1756年出版，立即广为传播。第二年再版时博克添加了导论《论审美趣味》。在此后的30年中，该书重版10次。1765年该书被译成法语，1773年被译成德语。

博克从洛克的经验主义认识论出发，研究崇高感和美感。他认为一切感情，包括审美感情都来自经验。他首先分析感性的情欲经验，然后转入考察引起这些情欲的对象的属性。在这里，我们分别阐述博克的崇高理论、美的理论和审美趣味理论。

（一）崇高理论

崇高作为审美范畴最早是由罗马美学家朗吉弩斯提出来的。他在《论崇高》中强调了崇高对情感的强烈作用。“天才不仅在于说服听众，且亦在于使人狂喜。”朗吉弩斯分析了自然界和社会生活中的崇高，但是他的主要注意力放在诗和演说艺术表现崇高的规则和方法上。在18世纪英国美学中，博克的先驱者艾迪生、贝利等人也把崇高作为独立的审美范畴来研究。贝利在《论崇高》中研究了作为崇高根源的对象属性。艾迪生常用“精神的伟大”来说明特殊的情感表现，他指出“精神的伟大”取决于对象巨大的尺寸，贝利则认为取决于对象的力量和威力。博克吸收了他们的研究成果，也把这些性质称作为崇高的根源。还有人在博克之前谈到了崇高感和恐怖感的联系。博克崇高理论的特点是：把前人指出的崇高特征综合起来，加以系统化，并补充了一系列新的特征，在经验主义基础上创立了崇高理论。他所理解的崇高已经不局限于诗和演说艺术。

博克把人类情欲分为两种：自我保存的情欲和社会生活的情欲。属于自我保存的情欲的有苦痛和危险，在个体生命受到威胁时，这些情欲就活跃起来。并且，这些情欲是各种情欲中最强烈的，因为疾病和死亡使人充满恐惧，从而产生强烈的印象。

崇高感涉及自我保存的情欲，因为崇高感的心理内容正是这些情欲。“凡是能以某种方式适宜于引起苦痛或危险观念的事物，即凡是能以某种方式令人恐怖的，涉及可恐怖的对象的，或是类似恐怖那样发挥作用的事物，就是崇高的一个来源。”[①] 威胁人的存在的事物如果离人太近，它的恐怖只能产生痛感。如果它对人的存在的威胁不是直接的，那么它的恐怖中就有某种快感。“如果危险或苦痛太紧迫，它们就不能产生任何愉快，而只是可恐怖。但是如果处在某种距离以外，或是受到了某些缓和，危险和苦痛也可以变成愉快的。”[②]

考察作为崇高感基础的情欲还不是博克的目的，他的目的是揭示崇高的根源，即引起崇高感的对象的客观特征。“凡是可恐怖的也就是崇高的”。崇高的对象具有共同的特点，即可怖性，它能够产生强烈的情感。博克认为人有三种能力：感觉、想象力和判断力。崇高的客观特征只涉及事物的感性方面，由感觉和想象力加以掌握，判断力在这里不起作用。“自然界的伟大和崇高……所引起的情绪是惊惧。在惊惧这种心情中，心的一切活动都由某种程度的恐怖而停顿。这时心完全被对象占领住，不能同时注意到其它对象，因此不能就占领它的那个对象进行推理。所以崇高具有那样巨大的力量，不但不是由推理产生的，而且还使人来不及推理，就用它的不可抗拒的力量把人卷着走。惊惧是崇高的最高度效果，次要的效果是欣羡和崇敬。”[③]

凡是可怖的、令人起深刻印象的、产生强烈和深刻体验的感性性质是崇高的客观特征。它们包括晦暗、力量、威力、体积的巨大、无限、壮丽、令人眩目（如闪电）和声音宏大（如雷鸣）以及所谓否定性的状态，如空

① ［英］博克：《论崇高与美两种观念的根源》第 1 部分第 7 节。采用朱光潜译文，见朱光潜：《西方美学史》上卷，人民文学出版社 1963 年版，第 237 页。
② ［英］博克：《论崇高与美两种观念的根源》第 1 部分第 7 节。采用朱光潜译文，见朱光潜：《西方美学史》上卷，人民文学出版社 1963 年版，第 237 页。
③ ［英］博克：《论崇高与美两种观念的根源》第 2 部分第 1 节。采用朱光潜译文，见朱光潜：《西方美学史》上卷，人民文学出版社 1963 年版，第 242 页。

无、孤寂和静谧等。它们都能够产生强烈的印象，“没有强烈的印象什么都不可能成为崇高的”。博克把崇高感的心理分析和生理学基础结合起来，从而找到产生崇高感的客观基础。

博克还谈到艺术中的崇高问题。法国美学家杜博认为画比诗更能够产生强烈的效果，因为画比较明晰。博克不同意这种看法，指出画再现现实时如果达到最大程度的明晰，就会降低它的作用力。相反，“不明晰的观念如果以应有的方式传达的话，比明晰的观念具有更大的作用力”①。这表明博克反对新古典主义的文艺观点，而倾向于浪漫主义的美学理想。

博克崇高理论的缺点是对崇高作纯粹的生理学心理学研究，把崇高感的情感方面绝对化，而忽视了其中的理性因素。此外，他把崇高感的基础局限于否定性情感，如苦痛和恐惧。事实上，一些肯定性情感也可以成为崇高感的基础。

（二）美的理论

在和崇高理论的比较研究中，博克进行美和美感的研究。在人类情欲、心理内容、情感调质和客观特征等方面，美和美感与崇高和崇高感都形成某种程度的对立。

美感涉及社会生活的情欲。这种情欲指人的社交本能和异性间的生殖欲，它们维持社会存在，绵延种族生命。人不同于动物，为了群居的需要，他的一般情欲和某些社会性质的观念联系在一起，这些社会性质的观念指导和提高人的性欲。这种复合的情欲叫作“爱”，而爱是美感的主要心理内容。“按照一般的自然规律人追求异性，但是他们喜爱别人是因为别人的美。”②

社会生活的情欲分为三种：同情、模仿和竞争心。同情“就是设身处

① [英]博克:《论崇高与美两种观念的根源》第1部分第10节。
② [英]博克:《论崇高与美两种观念的根源》第3部分第2节。

在旁人的地位，在许多事情上旁人怎样感受，我们也就怎样感受”。同情是一种道德观点，它促使人们联合起来，形成社会道德概念。美感和同情有联系，这表明它具有社会性质。由于这种联系，艺术才具有作用于人的能力。博克以同情为基础，分析了悲剧的作用。悲剧愈接近于真实，使人忘记虚构，它的作用就愈大。但是，无论这种作用多大，它都不能和现实事件相比拟。博克设想由最优秀的演员表演最崇高和最令人激动的悲剧，当观众紧张地期待时，突然向他们宣布，附近的广场上要处死一个重要的国事犯。观众会蜂拥着去看执行死刑，而剧场为之一空。在这里，博克既主张艺术要逼真地描绘现实，同时又要看到艺术和现实之间的区别。

博克接受了亚里士多德《诗学》中的模仿理论，把模仿看作艺术的基础，也看作一种学习。“正如同情使我们关心旁人所感受到的，模仿则使我们仿效旁人所作的。”博克所理解的竞争心是“自己在人类公认为有价值的东西方面要比旁人优越”的要求，也就是朗吉弩斯所说的读者读到崇高风格的诗时，内心感到的光荣和伟大。竞争心要求把所观照的对象的尊严和价值移到自己身上来。博克在论述美感时，把竞争心和崇高感结合起来。竞争心所产生的自豪感和胜利感是崇高感中痛感转化为快感的原因。

在分析美的客观特征时，博克批评了当时广为流行的关于美的观念。第一种观念是美在比例。英国美学家艾迪生、雷诺兹都持这种观点。博克批评美在比例说是对美的理性主义理解，他坚持对美仅仅作感性的理解。比例不是作用于感觉和想象的最初原因，所以不是美。“我们认为某个对象是美的，不是由于长时间地研究它和仔细地注意它；美不要求我们理智上的任何帮助，甚至不涉及意志；美的现象如此有效地引起某种力量的爱，就像冰或火的作用引起冷或暖的观念一样。”[①] 博克对美的这种解释把审美体验降低到初级感觉的水平，但同时是对理性主义的一种反动。

第二种观念是美在合目的性或效用。荷迦兹持这种观点。博克认为效

① ［英］博克：《论崇高与美两种观念的根源》第 3 部分第 3 节。

用和美不仅不吻合，而且不相互依赖。例如，猪的头部结构符合它的效用，即适宜掘土嚼草根，可是猪并不美。博克在这里再次否定理性主义，因为合目的性主要作用于理智，而不是爱。博克没有看到美和效用的联系，美虽然不归结为效用，但是并不和效用相对立。

第三种观念是美在完善。夏夫兹博里和哈奇生持这种观点。博克指出，与其说美在完善，不如说美在不完善。“美这个性质，在达到高度时，例如在女人身上，往往带有软弱或不完善的意味。女人们很能体会到这一点，因此她们学着咬舌头说话，走路故意作摇摇欲坠的样子，装弱不禁风甚至装病。”“最动人的美是愁苦中的美，含羞红脸的力量略次一等”。[①]

把美说成是比例、合目的性（或效用）、完善是对美的理性主义理解，博克认为引起快感、爱或类似感情的完全是某些感性性质。“美多半是物体的一种性质，它通过外部感官对人心机械地起作用。”[②] 美的事物的客观特征主要是小，以及与小相关的性质，如柔滑，娇弱，明亮，纯净，精细，各部分安排见出变化而又不露棱角。博克还讨论了丑、畸形和秀美等概念。他指出了丑和畸形的区别，取消畸形并不能产生美，因为畸形的对立面不是美，而是常态。畸形的原因是不合比例，而美不是由比例决定的。秀美见于姿态和动态，它须显得轻盈和圆润。

博克对美的研究坚持了唯物主义和经验主义立场，同时依据了 18 世纪中期的自然科学成就。当时机械论占统治地位，例如，感觉的振动理论机械地解释人的心理活动。感官受到刺激，引起神经的振动。振动传到大脑，产生相应的感觉。博克就是按照这种思路来解释美感和崇高感的，他从纯粹的生理学角度说明美感和崇高感的本质。他的美的理论含有丰富的、给人启迪的敏锐观察，同时又有简单化和机械化的毛病。

---

① ［英］博克：《论崇高与美两种观念的根源》第 3 部分第 9 节。采用朱光潜译文，见朱光潜：《西方美学史》上卷，人民文学出版社 1963 年版，第 245 页。
② ［英］博克：《论崇高与美两种观念的根源》第 3 部分第 12 节。

（三）审美趣味

在休谟的《论审美趣味的标准》的直接影响下，博克在《论崇高与美两种观念的根源》第2版中补充了导论《论审美趣味》。在审美趣味问题上，他和休谟的共同点是：尽管审美趣味有差异，然而它们有共同的原则，这是人的本质、人的心理结构的共同性造成的。他和休谟的不同点是：在休谟那里，审美趣味评价的主观性占主导地位，他对寻求审美趣味标准的可能性持怀疑主义态度。博克则确信，存在着审美趣味的普遍原则，因为审美趣味和感官从外部世界获得的感觉有许多共同性，特别和普通的味觉有共同性。

博克认为审美趣味涉及感官、想象力和判断力三种心理功能。感官是审美趣味的基础，感官的结构在所有的人那里是同样的。外部感官是想象的根源，既然外部感官是一致的，那么，人们的想象之间就有很大的相似性。人们的判断力也是相似的，因为受到相同的逻辑原则的支配。由此博克得出结论说，审美趣味的标准就像思维的标准一样，在所有的人那里都是相同的。审美趣味的差异性也是由上述三种心理功能的差异造成的。有些人感官不敏锐，还有的人想象力和判断力不发达。感官不敏锐导致审美趣味的缺乏，判断力薄弱则产生不正确的审美趣味。为了获得完善的和精致的审美趣味，必须要有知识和训练。在这里博克反对同时代美学家夏夫兹博里和哈奇生关于审美趣味（即内在感官）是天生的说法。

博克对研究审美趣味的认识论本质和心理学本质作出了积极贡献。审美趣味的普遍标准既取决于人的心理生理属性，又取决于审美对象客观存在的特征。他侧重审美趣味的感性情感方面，同时又强调判断力的作用。这与他对美感和崇高感的理解不同。这可能由于导论是后来添加的，从而与博克的整个美学理论不大协调。博克审美趣味理论的缺点是轻视了审美趣味的社会决定性，对人的心理生理属性作抽象的、非历史的理解。

《论崇高与美两种观念的根源》对美学发展产生了重要影响。这部著作在英国引起了热烈的讨论，很多美学家、哲学家和作家参加了讨论。无论支持者还是反对者都承认博克美学观点的独创性。在法国，狄德罗在《沙龙》中支持博克的某些观点。在德国，莱辛在博克的美学著作出版一年后就读了它，并打算把它译成德文。虽然计划未能实现，他仍然高度评价博克对美和崇高范畴的研究，在他的《拉奥孔》中也可以感到博克的影响。康德的早期著作《对美感和崇高感的观察》(1764年)中的观点和博克很接近。在《判断力批判》(1790年)中康德的美学观点发生了重要变化，他不满意博克对美和崇高的纯经验理解，然而他认为博克对审美感情的心理学分析非常出色。

《论崇高与美两种观念的根源》是博克唯一一部自始至终论述美学问题的著作。他于1765年进入议会，是辉格党的领导人之一，他主要从事议会工作，撰写政论文章。现代西方学者往往更多地把他看作为一位政治家，奥戈曼1973年于伦敦出版的《博克：他的政治哲学》就是一例。另一方面，作为美学家的博克则是英国经验主义美学的集大成者。

第十一讲
法国启蒙运动

法国启蒙运动时期是18世纪法国资产阶级革命的准备时期。在欧洲其他国家中，启蒙运动和资产阶级革命之间的联系没有像法国那样紧密。法国启蒙运动思想家把艺术作为意识形态斗争的工具，相信艺术开启民智的教育功能，这使得艺术的地位发生了重要变化。在方法论上，法国启蒙运动美学研究艺术时，把它看作人和世界的系统中的一种成分。从这种视野出发，美学主要研究审美趣味、艺术特征和艺术创作问题。

一、关于“趣味无可争论”

伏尔泰对“趣味无可争论”的谚语作了深入的分析，确立了审美趣味理论。伏尔泰（1694—1778年）是启蒙运动的最高领袖、哲学家、美学家、诗人、小说家和剧作家，反对封建专制和天主教教会的斗士。伏尔泰在漫长的一生中留下大量的学术著作和文艺作品，并产生巨大的社会反响。涉及美学问题的主要有为《百科全书》等撰写的、后来收录在他的《哲学辞典》中的词条《美》《论审美趣味》《论想象》，以及著作《论史诗》《论悲剧》等。伏尔泰是自然神论者，主张神是道德秩序的基础。同样，在美学领域他要维持美的抽象标准，虽然另一方面他也承认历史内容对审美趣味的决定性，伏尔泰的美学具有双重性，是启蒙运动早期到成熟期的过渡阶段。我们主要阐述伏尔泰的审美趣味理论和艺术理论。

（一）审美趣味理论

在哲学基础上，伏尔泰继承了唯物主义传统。这种哲学倾向在他的审美趣味理论中得到反映。法国启蒙运动者在研究审美趣味时，重点放在它对感性知觉机制的依赖上。这种特点在启蒙运动初期表现得格外明显。

从词源上看，西方语言中的“趣味”的原义是“味道”，即辨别食物属性的能力，这是生理趣味。而辨别美丑的能力是审美趣味。词源学上的联系表明这两种感觉的相似性，伏尔泰写道：“这种辨别是在瞬间完成的，就像我们的舌和上颚立即可以区分所品尝的食物的味道一样；在这两种情况下，辨别超过思想。”[1] 伏尔泰明确地肯定了审美趣味判断的瞬间性和非推理性，他还写道：“就像美食家能够立即嗅出并马上辨出两种甜酒的混合物的味道，具有审美趣味的人、行家也能一眼就看穿两种风格的混杂，他可以发现同美混在一起的丑”[2]。

关于“趣味无可争论”，伏尔泰指出，如果是指生理趣味，即对某些菜肴的喜爱或厌恶，那么，这种说法是正确的。然而艺术中的情况与此不同，因为艺术中存在着明显的美。能够立即辨认出这些美的趣味是良好的趣味，对这些美视而不见的趣味是低劣的趣味。在这种情况下，必须纠正产生低劣趣味的错误观念。

伏尔泰把审美趣味分为良好的和低劣的、健全的和歪曲的。这种划分后来为卢梭和狄德罗所接受。艺术中的低劣趣味只推崇人为的美，而对自然的美麻木不仁。艺术中的歪曲趣味热衷于矫揉造作和装腔作势，忽视质朴和自然。伏尔泰对审美趣味的这种划分表现了反对宫廷文化、捍卫文艺中的新生事物的倾向。艺术中审美趣味的发展比生理趣味要难得多，“培育精神趣味需要时间和习惯的力量”。比良好的趣味更高一等的是超凡的趣味。“超凡的趣味不仅是辨认作品是否美的能力，不仅是对作品整体美的意识，而且是感受这种美、在和它接触时体验到激动的能力。”“超凡的趣味不仅是直觉地感受美的能力，不仅是接触到美时无以名状的激动，而且是

① ［法］伏尔泰：《论审美趣味》第 1 章。
② ［法］伏尔泰：《论审美趣味》第 1 章。

品味细微差异的技能。”[①]

审美趣味的差异既有社会原因，又有自然原因。伏尔泰举例说，伦敦居民喜欢的一些细节，可能对巴黎居民不产生任何印象。英国人运用来自海洋生活的比拟和隐喻比巴黎人要擅长得多，因为巴黎人很少能够看到舰艇。一个国家寒冷潮湿的气候条件会产生建筑、家具、服饰上的特殊风格。这种审美趣味本身是非常好的，然而却是罗马或者西西里所完全不能接受的。罗马诗人菲奥克里和维吉尔在牧歌中颂扬清凉的树荫和清新的流水，而英国诗人汤姆逊在描绘一年四季时却运用了完全不同的色调。在妇女足不出户的国家和妇女享受充分自由的国家中，诗歌是不同的。[②]虽然各个民族在气候和文化传统上的差异造成了审美趣味的不同，然而，伏尔泰指出，“天才和审美趣味在任何土壤上都可以产生”。有人主张诗和音乐只能产生于温和的气候中，那是极大的谬误。如果气候在这个问题上具有决定意义，那么希腊现在也可以产生柏拉图，就像那里始终生产水果和鲜花一样[③]。

伏尔泰还谈到共同美的问题。“有共同的、一切时代和一切民族都没有争议的美，但是也有个别性质的美。”[④]伏尔泰承认共同美，不过他没有解释产生共同美的原因。在对莎士比亚的评价上，反映出伏尔泰对审美趣味理解的偏颇。在早年的《哲学通信》中，他高度赞扬莎士比亚的戏剧成就，认为莎士比亚具有雄强而丰富的天才，既自然，又雄伟。然而与此同时，又认为他“没有一点好的审美趣味，丝毫不懂得规则”。伏尔泰把莎士比亚说成是一个“天才的野蛮人”，认为他只代表粗野的自然，拉辛才代表文明的艺术，这表现了新古典主义的偏见。

---

① [法]伏尔泰：《论审美趣味》第1章。
② [法]伏尔泰：《论审美趣味》第2章。
③ [法]伏尔泰：《1769年2月26日致苏马罗科夫的信》。
④ [法]伏尔泰：《论审美趣味》第2章。

（二）艺术理论

在艺术理论上，伏尔泰基本上是新古典主义的信徒。他辩护戏剧中的“三一律”，对拉辛佩服得五体投地。虽然他对束缚艺术创作的原则也作了批评，允许舞台上悲和喜的混合，并说出了一句著名的箴言：“除了枯燥的，一切体裁都是好的。”

伏尔泰主张艺术以模仿自然为基础，自然是五彩缤纷的，模仿自然的艺术就不能囿于某些严格的规则。在主张模仿自然的同时，伏尔泰也允许和真实不矛盾的虚构的存在。艺术“对想象的依赖不比对自然的依赖少”[①]。他自己的哲理小说就是例证。伏尔泰在《论想象》中专门论述了想象问题。我们在看人、动物和花园的时候，通过感官知觉这些现象，由记忆保存它们，想象则以某些组合联结它们。一个人说“三角形”这个词时，如果不同时设想某个三角形，那么，他只是发出空洞的声音。人之所以有三角形的观念，是因为视力正常的人见过它，或者盲人触摸过它。如果想象不设想、即使是模糊地设想某个三角形，那么，就根本不可能理解三角形。

伏尔泰把想象分为两种：消极想象和积极想象。消极想象仅仅保留对事物的简单印象，积极想象以各种方式安排和组合所获得的印象。消极想象和记忆区别不大，人和动物都有这种想象。猎人和猎狗在梦中追逐猎物，当他（它）们听到号角声时，区别只有一个：猎人在叫，猎狗在吠。猎人和猎狗都体验到比简单记忆更多的东西。消极想象不需要意志的帮助。

积极想象除了记忆外，还需要思考和创造。它表现在绘画的结构和诗的虚构中。它不能没有记忆，然而仅仅把记忆作为一种工具。用手搬不动一块巨石，用木棍可以把它撬起。积极想象发明了杠杆，然后发明了复杂运转的机器，这些机器只不过是伪装的杠杆。“借助想象诗人创作自己的角色，赋予他们以特性、情感，构思情节、序篇，使开端复杂化，准备结局，

---

① ［法］伏尔泰：《论史诗》第 1 章。

这是一项需要最庞大的、同时也最精细的思虑的工作。”[①]

伏尔泰还谈到想象和灵感的关系。积极的想象造就了诗人，使他产生灵感。在希腊语中“灵感”的意思就是内心激动。灵感烧灼着诗人的心，使他变成他所描绘的角色，作者笔下的人物所说的，恰恰是作者所要说的。

对于学习古人，伏尔泰的态度是比较辩证的：“不能只爱古代作者的作品，而对自然呈现在我们周围的美视而不见。”[②]

二、反对艺术成为“装饰铁链的花带”

卢梭提出“回到自然”的口号，抨击现代文明，反对艺术成为“装饰铁链的花带”。卢梭（1712—1778年）是启蒙运动者中最激进的思想家，他不仅是思想家和政论家，而且是作家和作曲家，写过长篇小说《爱弥尔》和《新爱洛猗丝》，以及歌剧和音乐批评文章。卢梭涉及美学问题的著作主要有《科学与艺术的复兴是否有助于净化风俗？》（又称《论科学与艺术》）、《关于戏剧演出致达朗贝的信》《关于法国音乐的信》《论语言的起源，兼论旋律和音乐模仿》等。

（一）艺术理论

卢梭思想体系的基本精神是崇尚自然和感情，反对理性主义。他对艺术的态度体现了他对文明的态度，因为艺术是文明的产物并反映了文明的属性。

1750年发表的《科学与艺术的发展是否有助于净化风俗？》是卢梭应征第戎学院的有奖征文。对于第戎学院提出的艺术是否有益于人类的问题，卢梭作了断然否定的回答。这在法国知识界引起很大反响。卢梭认为，在现代文明的社会里，人们被置于这样的境地中，他们的共同生活不可能没

① ［法］伏尔泰：《论史诗》第1章。
② ［法］伏尔泰：《论史诗》第1章。

有相互戒备、倾轧、欺骗、出卖和坑害。这导致了风俗的堕落。再也没有真诚的友谊、尊敬和信赖。在彬彬有礼的幌子下永远隐匿着怀疑、恐惧、冷漠、谨慎、仇恨。我们不夸耀自己的尊严，但是贬损别人的尊严。我们不粗鲁地凌辱敌人，但是善于灵巧地诽谤他们。民族的敌人消逝了，对祖国的爱也随之消逝了。卢梭的结论是：随着我们的科学和艺术臻于完善，我们的心灵腐化了。文明的进步导致了道德的堕落。

艺术是文明的一部分。它作为一种奢侈品，和社会不公联系在一起，远离劳动人民的俭朴生活。卢梭既把艺术理解为纯艺术，又理解为技术。那么，艺术给人们带来了什么呢？“把花冠点缀在束缚着人们的枷锁之上，它们窒息人们那种天生的自由情操……使他们喜爱自己被奴役的状态，并且使他们成为人们所谓的文明民族”①。

在美学史上，卢梭第一次涉及后来被称作异化的现象。文明的成就有害于人的发展。艺术面临两种出路：或者融入文明，从而成为装饰铁链的花带；或者拒绝文明成就，回到原初的自然。卢梭选择了第二种道路，提出“回到自然”的口号，把“自然人”作为社会的理想。因为自然使人幸福和善良，而社会歪曲了人，使人成为不幸的。人只有在本初的状态才是聪明的和幸福的，离这种状态越远就越愚蠢和不幸。他所描绘的社会蓝图是小农和小手工业者住在远离大城市的地方，返回到原初的单纯。这种观点当然不是进步的，卢梭本人也知道回到自然是不可能的。然而他对社会文明的激烈否定中隐匿着强烈的民主意识。他所说的自然是与腐败的君主社会相对立的概念。

卢梭回到自然的思想在艺术理论中得到反映，他从否定文明出发否定艺术。他给达朗贝的信集中体现了他的这种观点。这封信是对达朗贝为《百科全书》撰写的《日内瓦》词条的回答。卢梭和达朗贝的争论暴露了他和其他启蒙运动者的深刻分歧。达朗贝把戏剧看作教育民众的有力手段，

① [法]卢梭：《论科学与艺术》，何兆武译，商务印书馆1963年版，第8页。

表现了启蒙运动美学家的共同观点。卢梭认为戏剧败坏观众的道德，而不是教育观众。卢梭列举了戏剧的各种弊病：它是一种无益的娱乐，浪费时间，观剧导致劳动纪律松懈。剧院耗费钱财，使政府和个人在经济上不堪重负。戏剧伤风败俗，对道德起消极作用。他主张取消戏剧，在道德健全的人民那里，应该用节日庆典、业余娱乐、歌舞晚会和体育运动来代替它。在道德败坏的、不能满足于朴实的业余创作的人民那里，应该把艺术作为不可避免的恶保留下来，促使它宣传德行，以阻抑艺术本身所产生的不道德的影响。卢梭批判艺术，并不是从根本上消灭艺术，而是把它变成手工业者和农民的业余活动。他对艺术的批判体现了民主思想，然而有很大的负面作用。因为他力图用业余活动代替专业的艺术活动，用原始的、落后的艺术代替精致的、发达的艺术。

卢梭关心艺术的社会问题，揭示了社会发展和艺术进步之间的矛盾。他主张艺术为人民大众所理解、所接受。他的这种观点后来被雅各宾党人政府的文化部门所采纳。

（二）音乐美学思想

卢梭对 18 世纪音乐美学作出了贡献，他有专门的音乐美学著作。他负责狄德罗主编的《百科全书》的音乐部分，编写了自己的音乐辞典。他还写了法国第一部喜歌剧《乡村巫师》。

1752 年应法国国王邀请，意大利喜歌剧团到巴黎巡回演出。围绕意大利喜歌剧和法国新古典主义歌剧孰优孰劣的问题展开了激烈的争论，这就是著名的“喜歌剧之战”。争论席卷了法国整个艺术界，双方在杂志上相互攻击。卢梭支持意大利人，并写下了《论法国音乐的信》。达朗贝描述了当时争论的情景：卢梭几乎是孤军奋战，作为著名的罗马人，他经受着被他的信激怒并团结起来的整个法国军团的攻讦。

卢梭支持日常生活体裁的喜歌剧，它逼真、自然、朴实；反对新古典主义的严肃歌剧，即抒情悲剧，这种歌剧过于程式化和矫揉造作。卢梭不同于达朗贝等人，达朗贝认为音乐的基础是和谐，而卢梭主张旋律在音乐中具有头等重要的意义。他比较了各民族音乐的旋律和他们语言的音调，发现了两者的相似性，从而得出音乐产生于语言的结论。卢梭考察了音乐中的动态成分——语言的音调，论证了音乐的音调本质。“旋律、和谐、主题、乐器和声音的选择——这一切都是音乐语言的成分，而旋律借助它同语法和口语重音的关系，赋予其他各种成分以规定性。这样，无论在器乐中还是在声乐中，表现力的基础应该从旋律中产生出来。”[①] 卢梭把简洁、自然和表现力作为评价音乐的主要标准。

三、原初的自然和贵族文明浸润的自然

狄德罗主张艺术模仿原初的自然，而不是经过贵族文明浸润的自然。狄德罗（1713—1784 年）是法国启蒙运动美学最重要的美学家，他还是哲学家、戏剧家、诗人、作家和艺术批评家。作为启蒙运动的喉舌，狄德罗主编的《百科全书》第 1 卷于 1751 年出版。当局和教会的迫害、出版者的背叛、秘密的审查制度都没能阻挡《百科全书》的出版。到 1772 年 37 卷《百科全书》全部出齐。很多启蒙运动思想家参加了这项工作，他们被称作“百科全书派”，狄德罗就是“百科全书派”的领袖。

狄德罗涉及美学问题的主要著作有：论述美的问题的《关于美的根源及其本质的哲学探讨》，论述戏剧理论的《论戏剧诗》《演员奇谈》和《关于〈私生子〉的谈话》，论述绘画理论的《画论》和《沙龙随笔》。

（一）美的理论

《关于美的根源及其本质的哲学探讨》又名《论美》，是狄德罗在英国

① ［法］卢梭：《论法国音乐的信》。

经验主义美学的强烈影响下为《百科全书》第2卷（1752年）写的“美”的词条。这篇论文提出了美在关系说。狄德罗写道：“凡是本身含有某种因素，能够在我的悟性中唤起‘关系’这个概念的，叫作外在于我的美；凡是唤起这个概念的一切，我称之为关系到我的美。”[①]

这里提到两种美：外在于我的美和关系到我的美。前者是能够唤起，指客观存在的美。例如，卢浮宫的门“不管有人还是没有人，它都不因此而减其美”，“其一切组成部分依然具有原来的这种或那种形状，其各部分之间依然是原有的这种或那种安排”。后者是已经唤起，即已经被感觉到的美。例如，我们把一座建筑物看作为美的，因为我们看出它的各部分，或者它与别的物体之间构成某种关系。

美在关系说的关键是对“关系”的理解。狄德罗所说的关系有三种意义。第一种是同一个物体内部的各种关系。孤立地看一朵花，说它是美的，只是由于我们在它的构成部分之间看到了秩序、安排、对称、关系。这种美是真实的美。第二种是一种物体和其他物体的关系。把一朵花和其他花联系起来看，也可以把它和植物，以至大自然的其他产物联系起来看，这时候花的美就是相对美。第三种是客体和主体的关系，这种关系中产生的美也是相对美。

在这三种意义中，第一种意义希腊时代就已经知道。后两种意义则体现了主客观的联系。人们对美的评价取决于知觉条件和知觉主体的特征。狄德罗在“关系”中引进了整体的概念。一种事物只有不被孤立地看待，只有它和其他事物处在某种关系中，对它的知觉才可能产生美。他以高乃伊悲剧《贺拉斯》中的一句话“让他死！”为例，说明这句话不是因为自身，而是因为整个悲剧的情境才显得美。不明白老贺拉斯的这句答话何所指的人，感到它既不美又不丑。如果他知道这是一个人在被问及另一个人应该如何进行战斗时所作的答复，他就开始看出答话人的勇气，并对这句

① 《狄德罗美学论文选》，人民文学出版社1984年版，第25页。

话感兴趣。如果他进而知道，这场战斗关系到祖国的荣誉，而战士正是这位被询问者的儿子，是他剩下的最后一个儿子，而且这个年轻人的对手是杀死了他的两个兄弟的三个敌人，那么，这句原先既不美也不丑的回答就逐渐变美，终于显得崇高伟大了。“美是总随着关系而产生，而增长，而变化，而衰退，而消失”[①]。

狄德罗所理解的美既是客观的，又是主观的，是两者的统一。美是客观的，但不是绝对的。卢浮宫的门无论你是否看到，它仍然是美的，但是它只对人而美。美又是主观的，否则就无法解释对美的评价为什么会有那样多的分歧意见。对“美在关系”可以作两方面的理解。一方面，这种关系“不是由我们的想象力移植到物体上的智力的或虚构的关系，而是存在于事物本身的真实的关系”[②]。无论审美判断有多少分歧，“我们毫无理由认为真实的美，即寓于关系的感觉中的美是虚构的”。另一方面，“利益、情欲、愚昧、偏见、习惯、风俗、气候、习俗、政府、信仰、事件等等，对于我们周围的物体来说，或者妨碍它们或者促使它们在我们心中唤起或不唤起好几种概念，消灭其中的十分自然的关系，而建立起偏颇的和偶然的关系”[③]。

《论美》是狄德罗的早期著作，其中有不少含混和矛盾的地方。在他更成熟的著作如《1767 年沙龙随笔》中，对美作了进一步的论述。“您把这座悬崖峭壁说成是美的，把覆盖在它上面的阴暗的树林说成是美的，把以浪花刷白了堤岸并漫过卵石的河流说成是美的；我发现，您把‘美的’定义用来说明人、动物、植物、石头、鱼、鸟和金属。不过，您同意这一切没有共同的物理性质。那么，它们共同的本质特征是从哪里产生出来的呢？”[④] 在回答这个问题时，狄德罗已经不用关系作解释，他认为美的概念

① 《狄德罗美学论文选》，人民文学出版社 1984 年版，第 29 页。
② 《狄德罗美学论文选》，人民文学出版社 1984 年版，第 31 页。
③ 《狄德罗美学论文选》，人民文学出版社 1984 年版，第 37 页。
④ [法] 狄德罗：《1767 年沙龙随笔》。

产生于“同样的观念或感觉，这些观念或感觉是由完全不同的物理性质在您的心中引起的”[①]。这些物理性质是什么，狄德罗没有说明。不过，在他的理解中，美仍然是主客观的统一。

（二）戏剧理论

作为戏剧家，狄德罗创作过剧本《私生子》和《家长》。《关于〈私生子〉的谈话》是作为《私生子》的后记和它同年发表的。狄德罗的《论戏剧诗》则是继《家长》以后发表的长篇论文。他的戏剧理论成就远远超过他的戏剧创作成就。在戏剧理论问题上，他最关心的是市民剧的创立和戏剧表演问题。

狄德罗从艺术应该贴近生活的观点出发，主张用表现现实生活的、符合资产阶级利益的市民剧（他称作“严肃剧”）来代替符合贵族的审美趣味的新古典主义戏剧。在《关于〈私生子〉的谈话》中，狄德罗论证了创立市民剧的必要性。市民剧是现代话剧的前身。

结合美在关系说，狄德罗提出情境应该是市民剧的基础。所谓情境就是“人物的社会地位、其义务、其顺境与逆境等”。过去在喜剧里，性格是主要的，情境只是次要的。在市民剧里情境应成为主要对象，性格只能是次要的。市民剧描绘私人生活，然而它折射出社会内容。“这个源泉比人物性格更丰富、更广阔，用处更大。”[②]狄德罗提出的“情境”为19世纪现实主义高度重视。

在创立市民剧的过程中，狄德罗详尽地论述了艺术模仿理论。他指出，第三等级的普通群众是值得模仿的对象，他们不再是作为受嘲笑的喜剧人物，而是作为正面人物进入到艺术中，包括狄德罗的创作中。在模仿理论中，狄德罗十分重视“真”的概念。“我将不倦地向我们法国人呼吁：真

① [法]狄德罗：《1767年沙龙随笔》。
② 《狄德罗美学论文选》，人民文学出版社1984年版，第107页。

实！自然！学习古人！学习索福克勒斯！”[①] 狄德罗屡次要求艺术准确地再现现实，然而这不是艺术形象和现实之间简单的外部相似，因为艺术的真正目的是通过视觉打动心灵。狄德罗提出了比模仿更为广义的概念：“形象与实体相吻合”，这个概念超出了外部相似的范围。“艺术中的美和哲学中的真理有着共同的基础。真理是什么？就是我们的判断符合事物的实际。摹仿的美是什么？就是形象与实体相吻合。”[②]

在《论戏剧诗》和《演员奇谈》中，狄德罗进一步发展了艺术模仿的理论。这主要表现在三个方面：第一，艺术要模仿原初的自然，即没有经过贵族文明浸润和腐蚀的现实生活。“自然在什么时候为艺术提供范本呢？是在这样一些情景发生的时候：当儿女们在垂死的父亲床边扯发哀号；当母亲敞开胸怀，指着哺育过他的双乳恳求她的儿子……当披头散发的寡妇，因死神夺去她们的丈夫，用指甲抓破自己的脸……”[③]“诗人需要的是什么？是未经雕琢的自然，还是加工过的自然；是平静的自然，还是动荡的自然？他喜欢纯净肃穆的白昼的美呢，还是狂风阵阵呼啸，远方传来低沉而连续的雷声，或闪电所照亮的上空中黑夜的恐怖？”狄德罗的回答是：“诗需要的是巨大的、野蛮的、粗犷的气魄。”[④] 艺术模仿说虽然是现实主义理论，然而在狄德罗的阐述中却充满了浪漫主义气息。他所描绘的情境令人惊心动魄，最能刺激想象力，表现了强烈的情绪。这里没有任何委靡、琐屑和造作，有的只是雄健、狂热和激烈的情感。这是一种原始的、旺盛的生命力，也是艺术发挥震撼人心的影响力之所在。

第二，艺术模仿所要求的不仅是真实，而且是逼真。真实是已经发生的事情，逼真是情理中的真实。在现实中有很多偶然事件，我们往往不能发觉事件之间的联系。而诗人则抛弃偶然因素，在他的作品中贯穿一个明

① 《狄德罗美学论文选》，人民文学出版社 1984 年版，第 77 页。
② 《狄德罗美学论文选》，人民文学出版社 1984 年版，第 114 页。
③ 《狄德罗美学论文选》，人民文学出版社 1984 年版，第 205 页。
④ 《狄德罗美学论文选》，人民文学出版社 1984 年版，第 206 页。

显而容易觉察的联系。狄德罗受到亚里士多德的影响，把诗和历史相比较。历史的内容都是真实的事，诗人却可以凭个人的想象在历史以外加上他认为可以提高兴趣的东西。哲学家根据事实进行推理，诗人根据假设进行推理，这就是想象。想象如果体现了各种现象的必然联系，它就是合乎逻辑的。

第三，艺术不仅模仿个别现象，它要创造具有概括意义的艺术形象。艺术形象是个别性和一般性的结合，它是真实的，又是典型的。狄德罗在《演员奇谈》中写道："比亚科员是某一伪君子，格里则尔神父是某一伪君子，但是都不是标准的伪君子。金融家杜那尔是某一吝啬鬼，但是他不是标准吝啬鬼。标准吝啬鬼和标准伪君子是根据世上所有的杜那尔和格里则尔创造出来的。这要显示他们最普遍最显著的特点，而不是其中某一个人的精确肖像，因此任何一个人都不能在这里面认出他自己。"[①] 在启蒙运动美学家中，狄德罗对艺术模仿作了最深入的论述。

狄德罗的《演员奇谈》论述了戏剧表演问题。他之所以把这篇对话称为"奇谈"，因为戏剧表演不同于绘画和诗，它是通过人来表现人的。演员生动的个性作为非程式化的因素进入戏剧中，然而戏剧表演又要遵循一定的程式，这就产生了内在的矛盾。

戏剧表演主要有两种流派：体验派和表现派。体验派演员任凭感情的驱遣，他们在舞台上生气、发怒、绝望。他们完全受一种激情的控制，并使观众的眼睛看到这种激情的真实形象，让观众的心灵感受到这种激情的真正声音，以致受到感染，完全忘却自身，使观众看到的不再是演员本人，而是他们所扮演的阿伽门农或者尼禄。表现派与此不同。狄德罗所推崇的法国女演员克莱蓉是表现派的代表。她在演出前"事先已塑造出一个范本"。"由于刻苦钻研，她终于尽可能地接近了自己的理想。这时万事俱备，

① 《狄德罗美学论文选》，人民文学出版社 1984 年版，第 309 页。

她就坚决地守定那个理想不放，只需要一套练习和记忆的工夫就行。”① “当她一旦上升到她塑造的形象的高度，她就控制得住自己，不动感情地复演自己。像我们有时在梦中所遇见的一样，她的头高耸入云端，她的双手准备伸出去探索南北极。她像是套在一个巨大的服装模特儿里，成了它的灵魂；她的反复练习使这个模特儿依附到自己身上。她随意躺在一张长椅上，双手叉在胸前，双目紧闭，凝然不动，在回想她的梦境的同时，她在听着自己，看着自己，判断自己，判断她在观众中间产生的印象。在这个时刻，她是双重人格：她是娇小的克莱蓉，也是伟大的亚格里庇娜（拉辛悲剧中的人物，尼禄的母亲——引者注）。”②

体验派和表现派各有千秋，可以相互取长补短。不同禀赋的演员可能会适应不同的流派。狄德罗赞同表现派，排斥体验派，指出它的一系列缺点，如表演好坏不均，忽冷忽热。从对体验派和表现派的评价中，可以看出狄德罗美学观点的重大变化。他原来非常重视感情和想象在艺术中的作用，而在演员表演中他却强调理性和冷静。演员遵循的不是感情，而是理智，他要不停地研究和模仿理想范型。直接和强烈的体验不能成为演员创作的源泉，演员创作应该服从和谐与统一的规则。

启蒙运动文化中贯穿着理想和现实、理性和感情、天然和人工、文明和自然的对立。这种对立也造成了狄德罗美学中的矛盾。他像其他启蒙运动者一样，力图综合这些对立的因素。

（三）绘画理论

狄德罗精通绘画的鉴赏，关心绘画艺术的发展。当时法国艺术界每两年在巴黎举办一次画展，称之为“沙龙”。应德国文学批评家格里姆之约，狄德罗为 1759 —1781 年的 9 届画展撰写画评，刊于《文学通讯》。这就

① 《狄德罗美学论文选》，人民文学出版社 1984 年版，第 282 页。
② 《狄德罗美学论文选》，人民文学出版社 1984 年版，第 283 页。

是《沙龙随笔》。它是艺术批评的范例，把对具体绘画作品的评价与艺术家的个性以及美学理论结合起来。此外，狄德罗的绘画理论著作还有《画论》和附在《1767 年沙龙随笔》后面的《论手法和造作》。

真实、自然和简洁是狄德罗所理解的艺术美的三条标准。法国画家布歇的作品风格艳丽、浮华纤巧。狄德罗批评他“除了真实以外，此人可谓具备一切优点了”。人们走遍乡村田野，也找不到一棵小草类似他的风景画里的青草。自然指浑然天成，它的对立面是造作。“造作出来的对比，经院式、宗派性、技术性的对比，都是虚伪的。那就不是在自然里发生的动作，而是矫揉造作的、拘泥刻板的、在画布上扮演出来的动作。画的就不是一条街、一个广场、一座神庙，而是一台戏。”① 简洁也是狄德罗经常强调的。“作品必须简单明了。因此，不要任何多余的形象，无谓的点缀。”②

狄德罗的美学思想内容丰富，他既是现实主义的捍卫者，又是浪漫主义的预言者。这两种倾向在狄德罗那里处在某种矛盾的统一中，以后在西方美学中得到独立的发展。

---

① 《狄德罗美学论文选》，人民文学出版社 1984 年版，第 407 页。
② 《狄德罗美学论文选》，人民文学出版社 1984 年版，第 405 页。

第十二讲
德国启蒙运动

与先进的资产阶级国家英国和法国相比，18 世纪的德国是一个落后的国家，它分裂成 300 多个小公国。托马斯·闵采尔领导的农民起义失败后，德国在经济上长期保留了农奴制。在国际势力支持下，南北方之间的三十年战争（1618 —1648 年）使全国成为一片废墟。手工业和贸易的繁荣取决于封建诸侯，资产阶级力量十分薄弱。新教教会和各个公国政权相互勾结，不仅管理政治和经济活动，而且控制臣民的精神生活。

然而，西欧先进国家的经验，英国资本主义的历史和法国新百科全书派的活动对 18 世纪德国思想家产生了很大影响。德国启蒙运动的形成与反对封建君主倡导的法国新古典主义文化有关。在 18 世纪德国文学和启蒙运动中形成泾渭分明的两大阵营：一个是以高特舍特为代表的封建阵营，另一个是以温克尔曼、莱辛和赫尔德为代表的民主阵营，在德国启蒙运动中美学起了很大的作用。许多英国美学家如哈奇生、荷迦兹、博克等人的著作被译成德文，法国美学家特别是狄德罗和巴托的影响同样巨大。

一、“美学的教父”

鲍姆加登被称为“美学之父”，因为“美学”这门学科的名称是他起的。实际上，称他为“美学的教父”更合适，他只是为早已存在的一门学科命了名。鲍姆加登（1714 —1762 年）是德国哲学家和美学家，他专门的美学著作有两部：一部是《关于诗的哲学默想录》，这是他于 1735 年答辩的学位论文，同年 9 月该书出版，他在这本书中第一次提出美学是一门独特的哲学学科的思想；另一部是《美学》，第 1 卷出版于 1750 年，第 2 卷出版于 1758 年，但是这部著作因作者去世而未能完成。按照鲍姆加登的构想，美学应该包括理论部分和实践部分。他已经出版的《美学》仅仅占理论部分的 1/3（另两部分是“方法论”和“符号学”），至于实践部分（艺术理论），则根本未能涉及。另外，他的哲学著作《形而上学》的部分章节论述到美学问题。

包括克罗齐在内的不少美学史家对鲍姆加登的美学未能作出应有的评价，认为他的贡献仅仅是为早已存在的学科起了一个名字。造成这种状况的部分原因在于，鲍姆加登的两部美学著作以拉丁语写成，语言艰晦，句法复杂，专门术语繁多，阐述极其抽象。不少专门研究德国美学和鲍姆加登美学的德国学者如洛兹、贝尔格曼、佩特斯都指出过这一点。布莱特迈尔甚至谈到，鲍姆加登的语言是如此难懂，以致他的一些句子往往只有放在整体联系中才能确定它们的含义。实际上，鲍姆加登美学具有比美学命名大得多的意义。

（一）美学作为一门科学

遵循莱布尼茨和伍尔夫的学说以及 18 世纪的心理学成就，鲍姆加登把人的心理能力分为知、情、意三部分。逻辑学研究知（理性），引导人们达到真。伦理学研究意（意志），引导人们达到善。但是还没有一门科学来研究情（感情），于是他建议由美学来研究它。他认为，美学可以引导人们达到美，从而取得与逻辑学和伦理学同等的地位。由于“逻辑学”和“伦理学”在西文中是以希腊词语为基础的，所以，鲍姆加登也用希腊词语“埃斯特惕卡”构成了“美学”这一术语。他写道：“希腊的哲学家和教会的神学者曾经慎重地区别感性事物与理性事物。显而易见，他们并不把理性事物同感性事物等量齐观，因为他们以这名称敬重远离感觉（从而，远离形象）的事物。所以，理性事物应该凭高级认识能力作为逻辑学的对象去认识，而感性事物 [应该凭低级认识能力去认识] 则属于知觉的科学，或美学（Aestheic，亦译为‘感性学’——引者注）。”[①]

鲍姆加登把认识论分为两种：低级的感性认识论和高级的理性认识论。前者是美学，后者是逻辑学。由此可见，美学是作为一种认识论，而且是一种低级的认识论被提出来的。在《美学》第1卷第1节中，鲍姆加登把美学称作“感性认识的科学”，又称作“低级认识论”。这里的关键是如何理解“感性认识”。鲍姆加登看到感性认识和理性认识的区别，但是它们之间的对立并不明显。他所理解的感性认识不是仅仅凭感觉所获得的知识，而是“理性的类似物”。他在《形而上学》第640节中把“理性的类似物”解释为辨别异同的能力、想象、记忆和感性判断力。对感性认识的这种理解在随后的德国古典美学中得到发展，康德把感性认识不仅理解为由感觉所产生的认识，而且理解为直觉和想象。

把感性认识作为美学研究的对象，把美学视为与逻辑学平行的科学，这极大地提高了感性认识的意义和美学的地位。在18世纪中期的德国，宗教道德领域里笼罩的是基督教虔诚教派的神秘教义，在哲学和理论领域里流行的是极端的理性主义。它们都认为感性认识不值得研究。对感性认识的兴趣，在虔诚教派那里被当作伤风败俗，在理性主义那里则意味着对科学和哲学的贬低。某些同时代人也认为鲍姆加登胆大妄为，因为他在感性认识中看到逻辑认识的类似物。然而鲍姆加登也不是完全孤立的。

按照鲍姆加登的理解，美学不仅是研究感性认识的科学，而且是研究感性认识的完善的条件和规律的科学，他写道：“美学的目的是感性认识的完善本身。而这种完善是美。”[②] 他把“完善”看作感性的审美认识的目的，这种“完善”的概念来自莱布尼茨，莱布尼茨把它确定为“多样性的统一”。这样，美学和艺术发生了关系，因为艺术是美的集中体现。综上所述，鲍姆加登所理解的美学有两层含义：第一，美学是研究感性认识的科

---

① ［德］鲍姆加登：《诗的哲学默想录》第116节。见《缪灵珠美学译文集》第2卷，中国人民大学出版社1987年版，第130页。译文略有改动。

② ［德］鲍姆加登：《美学》第14节。

学，它是哲学认识论的一部分；第二，美学借助艺术研究感性认识，它不仅是一种认识论，而且是一种艺术哲学。

美学史上对鲍姆加登所说的“感性认识的完善”主要有两种不同的理解。一种理解把它说成是通过感性对完善的认识。这样，知、情、意以三种不同的方式掌握同一个对象——完善，被掌握的完善分别是真、美、善。真、善、美具有共同的内容，由人的不同的心理能力加以认识。另一种理解把它说成是完善的感性认识，这里的“完善”指认识内容、表象的秩序和表现三者的和谐（鲍姆加登构想的理论美学体系包括三部分，即规律论、方法论和符号学，它们分别研究认识的内容、表象的秩序和表现）。完善的感性认识是美。这样，美学和逻辑学的区别不仅在于认识方式的不同，而且也在于认识对象的不同。美学有自己特殊的认识对象。我们赞同后一种理解。

鲍姆加登的功绩在于，他认为对感性认识和艺术缺乏严肃的思考，是哲学体系中的一个巨大的空白。他把感性认识列为一个特殊的领域，并对它进行哲学研究。他指出了美学在哲学体系中的地位，确定了它的任务和界限，使美学成为一门独立的学科。美学不同于逻辑学，因为它研究感性认识；美学不同于伦理学，因为它不研究道德问题的本质，只研究道德的感性现象；美学不同于理论哲学，真不是由于它本身，而是在与美的对比中引起美学的兴趣，完善的理性认识是真，完善的感性认识是美。在美学史上，这是第一次对美学的对象、任务和方法作详尽的哲学论证。

（二）艺术模仿

鲍姆加登主张艺术的法则是模仿自然。他写道：“诗是自然及其从属行为之摹仿。”[①] 不过，鲍姆加登所理解的模仿不仅仅是对客观现实的模仿，因为他强调诗可以表现奇迹，奇迹的表象极有诗意，但是奇迹在自然领域中绝少发生，或者至少是罕见的，它不是“见惯的和很容易认识的事情”。

---

① 《缪灵珠美学译文集》第 2 卷，中国人民大学出版社 1987 年版，第 128 页。

那么，究竟怎样理解鲍姆加登所说的“对自然的模仿”呢？原来，他把艺术理解为自然的类似物，艺术模仿自然就是模仿自然那样去创造。自然是造物主的产品，艺术是艺术家的产品。艺术创作的行为类似于自然中所发生的行为。“假如一首诗被视为自然的摹仿或行为的摹仿，它的效果必须与自然所产生的效果相似。”[①]“诗人宛若一个制作者或创造者。所以，一首诗应该像一个世界。由此类推，凡是哲学家关于现实世界所能了然若观的，也就是关于一首诗所应该掌握的。”[②]鲍姆加登所理解的自然不是文艺复兴自然哲学家所理解的自然，不是现存万物的总和，而主要是“宇宙的内在变化原理”。因此，自然与诗人“创造出相似的形象”[③]。鲍姆加登对艺术模仿的理解与亚里士多德相接近，这种理解强调了艺术家的创造性。艺术作品像造物主创造的宇宙一样，是具有和谐的、合比例的结构的有机体。造物主也是艺术家。

除了艺术模仿理论外，鲍姆加登还论述了个别性在艺术中的作用。他主张科学只认识一般性，艺术只认识个别性。艺术表现个别性的主张有利于艺术摆脱当时在德国占统治地位的理性主义理论。在德国分散的各个封建公国中，个人的自我意识受到压抑和鄙视，发展个性的要求能够促使资本主义关系的形成。由于强调个性在艺术中的作用，鲍姆加登也考察了规则在美学中的意义。他认为规则在艺术创作中的意义是有限的，规则有时候能够帮助发现美的某些方面，但是伟大的艺术作品从来不能靠规则创作出来，因为艺术创作永远是个性的问题。

鲍姆加登为德国古典美学奠定了第一块基石。他不仅为美学命名，而且界定了美学的特殊对象。他总结了前此存在的关于美学对象的各种观点，把分散在诗学、认识论、修辞学和语言学中的这些观点集中成一门新科学的对象。后来的美学家利用和发展了他在《美学》中提出和暗示的思想。

---

① 《缪灵珠美学译文集》第2卷，中国人民大学出版社1987年版，第128页。
② 《缪灵珠美学译文集》第2卷，中国人民大学出版社1987年版，第114页。
③ 《缪灵珠美学译文集》第2卷，中国人民大学出版社1987年版，第128页。

二、高贵的单纯和静穆的伟大

“高贵的单纯和静穆的伟大”是温克尔曼评价希腊艺术特点时说的名言。温克尔曼（1717—1768年）是德国美学家、艺术史和艺术理论家。他的主要美学著作是《古代艺术史》以及一些美学论文，其中最著名的是《关于在绘画和雕刻中模仿希腊作品的一些意见》和《对〈关于在绘画和雕刻中模仿希腊作品的一些意见〉的解释》。

如果说鲍姆加登是德国哲学美学的奠基者，那么温克尔曼就是德国艺术美学的奠基者。鲍姆加登给温克尔曼上过课，温克尔曼亲眼看到美学在哈雷大学诞生，然而，鲍姆加登没有使温克尔曼成为哲学家。温克尔曼不是对美作哲学考察，而是从希腊艺术遗产中总结出古代艺术的特征，以及自己对美和美的表现手段的看法。

（一）希腊艺术研究

《古代艺术史》是温克尔曼多年研究的成果，它的主要研究对象是希腊艺术。温克尔曼把希腊艺术的成就同有利的地理条件和自由的社会生活联系起来，从而提出模仿希腊的主张。这部著作很快被译成法文，并对狄德罗产生明显影响。温克尔曼提倡古典主义，然而他的古典主义和法国的古典主义完全不同。法国的古典主义和君主政体的宫廷文化遗产结合在一起，而温克尔曼的古典主义把希腊作为民主的社会制度和人的自由发展的理想。

《古代艺术史》的出发点是：希腊艺术因其完善应该成为研究和模仿的对象，这种研究“在于传授它的本质方面；这种传授不仅可以提供知识的养料，而且可以用来指导实践”[①]。温克尔曼从四个方面论述了希腊艺术优越性的原因。首先是气候的影响。希腊的气候介于冬夏之间，处于适中状态的大自然越发明亮和愉悦，很早地赋予人体以完美的形式，在希腊创造了

① ［德］温克尔曼：《希腊人的艺术》，邵大箴译，广西师范大学出版社2001年版，第107页。

更完善的人种。其次是国家体制和管理。希腊艺术之所以优越，最重要的原因是有自由。享有自由的希腊人的思想方式与在强权统治下生活的民族的观念完全不同。温克尔曼援引希腊历史学家希罗多德的话说，自由乃是雅典城邦繁荣的唯一源泉。希腊人的演说术只有在充分自由时才开始得到繁荣。再次是艺术家得到尊重。希腊人高度评价艺术或工艺各个领域中的完善技巧，艺术家得到的奖赏使他们可能把艺术放在高于任何生财之道和金钱利害考虑的地位。最后是艺术的使用。艺术的使用维护了艺术本身的尊严，艺术家所做的，在整体上和全民族崇高的思想方式相吻合。

温克尔曼对希腊艺术优越性的历史解释，无疑夸大了希腊社会的自由程度，带有理想化的色彩。然而，这种解释表明了他对艺术繁荣所必需的社会条件的看法，包含了对不利于艺术发展的德国社会状况的批判。封建德国的社会秩序破坏了和谐的、完整的个性，压抑了人的自由发展。温克尔曼关于自由的、和谐的个性的理想具有民主倾向。

温克尔曼的《古代艺术史》是一个科学的体系，这个体系的中心概念是美。什么是温克尔曼所理解的美呢？他认为美的普遍概念是存在的，他驳斥了怀疑这一点的人，怀疑者“主要以居住在偏僻地区的民族的美的观念为依据，这些民族的脸形轮廓与我们不一样，自然，他们对美的认识也与我们不同”。他们关于美的观念来自不完善的形式，因为他们居住在自然的边远角落，要与寒冷和炎热作斗争，人和植物的形体中会出现过分的或不成熟的成分。而我们与古希腊人一样，关于美的概念建立在更为完善的形式之上。大自然在接近自己的中心地带，即气候适宜的地方，创造的东西更为正确。“至于说到美的普遍形式，那么不论是在欧洲、亚洲或非洲，多数有文化的民族关于它们的概念总是相近的。因此，这些概念不应该被视为随意的，尽管我们不能在每一个概念中有明确的认识。”①

肯定了美的普遍概念的存在后，温克尔曼力图确定美的具体特征。首

① [德]温克尔曼:《希腊人的艺术》，邵大箴译，广西师范大学出版社 2001 年版，第 122 页。

先是统一和单纯。“统一与单纯把任何一种美提高一步，就像美把我们说的和做的一切都加以提高一样，那些本来是伟大的东西，在显示出单纯的同时却变得崇高。”[①]相反，如果我们要观照的一切是零散的部分或者组成部分很烦琐，不能一眼把握，就会失去规模感和美。而“在形式的组合中愈是有统一性和从一种形式到另一种形式的转换愈多，整体的美也愈强”[②]。美的另一个特征是不可测性。诗人比画家和雕刻家更懂得不可测性，他们不准确地确定人物的形象，而让读者有想象的余地。不可测性“产生的形象不是某个特定人物的表现，不表达任何心境状态和激奋的感情，因为这些异常的特征妨碍美和破坏统一”。在这种意义上，温克尔曼把美比作水：“美颇有些像从泉中汲出来的最纯净的水，它愈是无味，愈是有益于健康，因为这意味着它排除了任何杂质。”[③]

为了表现美，艺术家不能仅仅描绘个别的对象。因为在自然和最美的人体结构中也很少完美无缺，在最美的人体中也有一些部分可能以更完美的形式在别的人体中表现出来。希腊艺术家对美的理解不限于它的个别表现，他们力图把许多优美的人体的优美部分集合到一个整体上。“以此经验为基础，聪明的艺术家像园艺家一样，在一个主干上插上各种优良品种的接枝，也像蜜蜂从许多花蕊中采集液汁一样。”[④]

艺术的最高目的是美，以概括的方式能在自然中发现很多美，然而在希腊艺术中有更多的美。温克尔曼据此认为，“对古人的模仿优于对自然的模仿”。“在认识完善的美这一方面，研究自然无疑是比研究古代雕像更为艰难和更为漫长的道路”。在《关于在绘画和雕刻中模仿希腊作品的一些意见》一文中，温克尔曼花了大量篇幅论述自然美和希腊艺术美孰高孰低的问题，他的总的结论是：希腊艺术美远远高于自然美，因此，艺术家首先

① [德]温克尔曼:《希腊人的艺术》，邵大箴译，广西师范大学出版社2001年版，第124页。
② [德]温克尔曼:《希腊人的艺术》，邵大箴译，广西师范大学出版社2001年版，第126页。
③ [德]温克尔曼:《希腊人的艺术》，邵大箴译，广西师范大学出版社2001年版，第125页。
④ [德]温克尔曼:《希腊人的艺术》，邵大箴译，广西师范大学出版社2001年版，第128页。

应该模仿希腊艺术。“希腊雕像的美比自然中的美更易被发现，它比后者激动人心，不那么分散，而更集中于一个整体。”① “我们的大自然未必能创造出如此完美的人体，就如我们在‘俊美的’安提诺依（Antinous Admirandus）那里看到的那种人体一样；想像也不可能创造出超越梵蒂冈阿波罗像的那种优美神祇的比人的比例更为美的东西来。”②

温克尔曼要求艺术家直接模仿希腊艺术杰作，到雅典寻找最纯真的源泉，从希腊吸取高雅的趣味，其积极意义在于反对以罗马艺术为范本的17世纪新古典主义，以及模仿法国新古典主义的原则。对于温克尔曼来说，希腊艺术是一种规范，它具有“第二自然”的意义。温克尔曼并不否定模仿自然，但模仿有两种途径：“对于自然中优美的模仿，或者专注于单一的对象，或者是把一系列单一对象集中于一体，前者得到的是酷似的摹写——肖像，这是通向荷兰形式和人像的道路；后者则得到了概括的美和理想描绘的美——这是希腊人发现的道路。”③ 第二条道路比第一条道路优越，因为这才是真正的创作。

（二）希腊艺术的主要特点

“高贵的单纯和静穆的伟大”是温克尔曼所确定的希腊艺术的主要特点。他写道：“希腊杰作有一种普遍和主要的特点，这便是高贵的单纯和静穆的伟大。正如海水表面波涛汹涌，但深处总是静止一样，希腊艺术家所塑造的形象，在一切剧烈情感中都表现出一种伟大和平衡的心灵。”④

希腊的诗、绘画和雕刻的这种特点，并不是温克尔曼第一次指出的。德国学者舒尔茨谈到，在17世纪诗人丢克奴阿的一首诗中，就把高贵的单纯和静穆的伟大说成是一切伟大艺术的条件。另外，德国学者尤斯梯证实，

---

① ［德］温克尔曼：《希腊人的艺术》，邵大箴译，广西师范大学出版社2001年版，第10页。
② ［德］温克尔曼：《希腊人的艺术》，邵大箴译，广西师范大学出版社2001年版，第10—11页。
③ ［德］温克尔曼：《希腊人的艺术》，邵大箴译，广西师范大学出版社2001年版，第10页。
④ ［德］温克尔曼：《希腊人的艺术》，邵大箴译，广西师范大学出版社2001年版，第17页。

温克尔曼把伟大的艺术形象比作海水的说法，在一则格言中已经有过。不过，只有在温克尔曼那里，高贵的单纯和静穆的伟大成为希腊艺术的基本特点。

温克尔曼认为，希腊艺术的这种特点不仅为希腊造型艺术，而且为希腊诗歌所具有。并且，它也使近代的艺术变得非凡伟大。“希腊雕像的高贵的单纯和静穆的伟大，也是繁荣时期希腊文学和苏格拉底学派的著作的真正特征。这些特征构成了拉斐尔作品的非凡伟大，拉斐尔之所以达到这一点，是通过模仿古代这条道路的。”①

按照温克尔曼的看法，最成功地体现了希腊艺术的这种特征的是雕像拉奥孔，“拉奥孔和荷马一样不可企及”。这尊雕像是公元前 50 年左右刻成的。我们在第四章里谈到，希腊为了攻下特洛伊组成了联军，把一群精兵藏在一匹大木马内，放在特洛伊城外。在特洛伊人把木马拖入城时，拉奥孔曾极力劝阻，因而触怒了偏爱希腊人的海神。海神派两条大蛇把他和他的两个儿子一起绞死。雕像描绘了拉奥孔和他的两个儿子痛苦挣扎的情景。罗马诗人维吉尔在史诗《伊尼特》中也使用过这个题材，他的诗出版于公元前 17 年。

拉奥孔的极端痛苦在他的面部、周身的肌肉和筋脉上都有所显现，然而拉奥孔的面孔和全身没有显示出猛烈的动乱。没有像维吉尔在诗中所描写的那样，拉奥孔可怕的号泣。雕像中更多的是惊恐和微弱的叹息。“身体感受到的痛苦和心灵的伟大以同等的力量分布在雕像的全部结构，似乎是经过平衡了似的。”② 温克尔曼认为：“身体状态越是平静，便越能表现心灵的真实特征。”“在强烈激动的瞬间，心灵会更鲜明和富于特征地表现出来；但心灵处于和谐与宁静的状态，才显出伟大与高尚……艺术家为了把富于特征的瞬间和心灵的高尚融为一体，便表现他在这种痛苦中最接近平静的

① ［德］温克尔曼：《希腊人的艺术》，邵大箴译，广西师范大学出版社 2001 年版，第 19—20 页。
② ［德］温克尔曼：《希腊人的艺术》，邵大箴译，广西师范大学出版社 2001 年版，第 17 页。

状态。”①

温克尔曼对希腊艺术的这种理解，来源于他对产生这种艺术的希腊世界的认识。他所说的高贵的单纯和静穆的伟大，与他所理解的希腊政治自由和民主制度是联系在一起的。出于对变革现实的需要，他在古希腊绘画和雕刻中寻求他的理想。他把社会自由当作希腊艺术繁荣的条件，这在当时的德国起到思想解放的作用。温克尔曼最后被一名刚获释的犯人刺杀，不幸身亡。歌德对他作出这样的评价：“他像一个男子汉那样生活了，也像一个真正的男子汉那样离去了。现在，在后代人的记忆中，他幸运地被看作永远是英勇和坚强的人。”“从他墓穴中发出的有力的呼吸，使我们更坚强，激发起我们最有生气的热情，继续沿着由他用热忱与爱开拓的道路前进。”②

温克尔曼美学产生了重要影响，他为莱辛的美学研究准备了理论基础。尽管他们之间有着深刻的分歧，然而莱辛像他一样，认为造型艺术只能表现美，而不能表现丑和狂烈。温克尔曼的历史主义观点、他关于社会政治条件对艺术史的意义的思想，直接影响到赫尔德，成为赫尔德历史哲学的基本原则。温克尔曼开辟了实证主义研究的道路，他承认艺术的外部条件，如气候对艺术发展的作用，这种艺术的实证主义研究为法国美学家丹纳所接受和发展。

三、画与诗的界限

画与诗的界限是莱辛的名著《拉奥孔》阐述的主要内容。莱辛（1729—1781年）是德国启蒙运动最重要的美学家，他还是戏剧家、批评家和政论家。自1767年担任汉堡民族剧院的艺术顾问。他根据该剧院第一年的52场演出撰写了104篇评论，1769年集成上下卷出版，每卷52篇，

---

① ［德］温克尔曼：《希腊人的艺术》，邵大箴译，广西师范大学出版社2001年版，第18页。
② ［德］温克尔曼：《希腊人的艺术》，邵大箴译，广西师范大学出版社2001年版，第262页。

取名《汉堡剧评》。他的另一部美学名著是《拉奥孔》。

莱辛是温克尔曼较为年轻的同时代人。他们的共同点是，通过具体地研究文艺作品阐述美学思想，以确定德国民族文艺发展的道路。他们的区别在于，温克尔曼是位艺术史家，他的美学思想是他研究希腊雕刻作品的直接结果；莱辛的主要研究对象是文学、特别是戏剧（戏剧诗），他本人是位诗人和戏剧家。他的《拉奥孔》研究了诗和画的界限，但它主要是作为诗学作品而写的，作者的兴趣与其说是研究造型艺术的审美特征，不如说是为了揭示诗的特点。在德国的戏剧诗史上，莱辛是席勒以前最杰出的德国戏剧家。充满革命精神的席勒悲剧无疑受到他的影响。

（一）《拉奥孔》

莱辛的《拉奥孔》是通过具体分析艺术作品以阐述美学思想的范例，它又称《论画与诗的界限》。书的扉页上援引了希腊历史学家普鲁塔克的一句话："它们在题材和模仿方式上都有区别。"作者正是从题材、模仿方式等方面论述画与诗的区别的。书的副标题为"兼论《古代艺术史》的若干观点"，这表明这本书反驳温克尔曼的《古代艺术史》的论战性质。我们分别阐述《拉奥孔》的基本思想和意义。

1.《拉奥孔》的基本思想

莱辛像温克尔曼一样，比较了雕像拉奥孔和维吉尔史诗《伊尼特》对同一题材的处理，结果发现拉奥孔在雕像里不哀号，在诗里却哀号。雕像拉奥孔面部所表现的痛苦并不如人们根据这种痛苦的强度所期待的表情那么激烈。在这一点上，莱辛和温克尔曼的意见相同。然而，对于造成这种结果的原因，他们却作出不同的解释。温克尔曼认为希腊艺术表现静穆的伟大，莱辛则主张希腊造型艺术的最高法律是美。他写道："雕刻家要在既定的身体苦痛的情况之下表现出最高度的美。身体苦痛的情况之下的激烈的形体扭曲和最高度的美是不相容的。所以他不得不把身体苦痛冲淡，把哀号化为轻微的叹息。这并非因为哀号就显出心灵不高贵，而是因为哀号会使面孔扭曲，令人恶心。”① 莱辛的结论是：“凡是为造形艺术所能追求的其他东西，如果和美不相容，就须让路给美；如果和美相容，也至少须服从美。”②

诗和造型艺术不同，它不适宜表现物体美，而在表现物体丑时，效果却不像造型艺术那么坏。莱辛从三个方面论述了诗和画的区别。首先是题材的不同。绘画所特有的题材是物体，物体是在空间中并列的。表达物体美是绘画的使命。物体美与粗暴的情绪不相容，画家应避免表现这种情绪，在姿势和表情上就应有静穆的伟大。诗所特有的题材是动作，动作是在时间中先后承续的。动作包含的动机愈多，愈错综复杂，愈互相冲突，也就愈完善。诗的理想美不是静穆，而是静穆的反面。其次是模仿的媒介不同。绘画所用的媒介是颜色和线条，它们是在空间中同时并列的模仿符号，只能表现同时并列的物体，因此，物体及其感性特征是绘画所特有的对象。诗所用的媒介是语言，它是在时间中先后承续的模仿符号，只能表现先后承续的动作，因此，动作是诗所特有的对象。最后是知觉的感官不同。绘画诉诸视觉，物体美源于众多部分的和谐效果，而这些部分是可以一眼就看遍的。诗诉诸听觉，它适宜接受按先后次第安排出来的动作。总之，“时间上的先后承续属于诗人的领域，而空间则属于画家的领域”③。

当然，绘画也模仿动作，但是只能通过物体，用暗示的方法去模仿。“绘画在它的同时并列的构图里，只能运用动作中的某一顷刻，所以就要选择最富于孕育性的那一顷刻，使得前前后后都可以从这一顷刻中得到最清楚的理解。”④ 拿雕像拉奥孔来说，艺术家就避免描绘激情顶点的时刻。因为到了顶点也就到了止境，表情已达到了看得见的极限，这就给想象划了界

① [德]莱辛：《拉奥孔》，朱光潜译，人民文学出版社 1979 年版，第 16 页。
② [德]莱辛：《拉奥孔》，朱光潜译，人民文学出版社 1979 年版，第 14 页。
③ [德]莱辛：《拉奥孔》，朱光潜译，人民文学出版社 1979 年版，第 97 页。
④ [德]莱辛：《拉奥孔》，朱光潜译，人民文学出版社 1979 年版，第 83 页。

限。“所以拉奥孔在叹息时，想象就听得见他哀号；但是当他哀号时，想象就不能往上面升一步，也不能往下面降一步；如果上升或下降，所看到的拉奥孔就会处在一种比较平凡的因而是比较乏味的状态了。”[①] 造型艺术家把愤怒冲淡到严峻，把哀伤冲淡到愁惨。

诗也可以描绘物体，主要的手法有三种：一是通过动作，用暗示的方法描绘物体。荷马写阿伽门农的装束，就让他把全套服装一件一件地穿上，我们从诗人描绘穿衣的动作中看到衣服。二是就美的效果来写物体美。荷马写海伦的美避免作细节的描绘，而是让海伦走到特洛伊元老们的会场，引起这些冷心肠的老人们的私语，承认为了她进行多年的战争，流了许多血和泪是值得的：“没有人会责备特洛伊人和希腊人，说他们为了这个女人进行了长久的痛苦的战争，她真像一位不朽的女神啊！”没有什么比这段叙述能引起更生动的美的意象。三是化美为媚。“媚是动态中的美”，“是一种一纵即逝而却令人百看不厌的美”，媚比起美来，所产生的效果更强烈。莱辛举了文艺复兴时期意大利诗人阿里奥斯陀描写美女阿尔契娜的例子。阿里奥斯陀描写了阿尔契娜窈窕的身材、纯金色的长发、白里透红的双腮、圆润的额头，莱辛认为把美的形象的一些冷冰冰的细节零星罗列出来，交织在一起，不能引人入胜。而当诗人写到这位美女“娴雅地左顾右盼，秋波流转”时，她的形象就生动起来。她之所以到现在还能令人欣喜和感动，全在她的媚。

2.《拉奥孔》的意义

《拉奥孔》作为一部美学著作，是和德国的艺术实践密切联系的。莱辛不仅以他的美学著作来解释艺术现象，而且要对艺术的发展产生影响。在这种意义上，莱辛的美学是行动着的艺术理论，它为 18 世纪下半叶开始缓慢形成的德国资产阶级意识形态服务。

---

① ［德］莱辛:《拉奥孔》，朱光潜译，人民文学出版社 1979 年版，第 19 页。

《拉奥孔》论述了诗和画的区别，这个问题的提出本身就是有争议的。因为希腊美学家早就指出了诗和绘画的一致性。希腊诗人西摩尼德说："画是一种无声的诗，诗是一种有声的画。"接着，罗马美学家贺拉斯在《诗艺》中也提出："画如此，诗亦然。"长期以来，西摩尼德和贺拉斯的观点占统治地位，也有些学者试图确定诗和画的区别。亚里士多德在《诗学》中按照模仿的对象和模仿的方式对艺术进行分类。索福克勒斯认为诗中所许可的形象为绘画所禁止。普卢塔克则指出各种艺术的表现方式的不同。然而这些观点并未能动摇诗画一致的看法。中世纪教会要求绘画具有寓意，图解宗教教义和道德原理。在8世纪和9世纪的一些修辞学著作中，仍然复述着西摩尼德的说法："画是一种无声的诗，诗是一种有声的画。"

据法国学者布留纳、德国学者布留姆内和格卢克研究，最早试图更准确地确定诗画区别的是1世纪的狄翁·兹拉托乌斯，他指出画家只能描绘不动的、仿佛在时间中凝固的对象，而诗人既能描绘可以见到的对象，又可以描绘不可以见到的对象。因此，诗的领域比绘画宽广。

文艺复兴美学家关注希腊和当代的造型艺术，15世纪的美学著作几乎仅仅讨论这种艺术的创作。1500年发现了亚里士多德的《诗学》后，情况有了变化，对诗歌理论的兴趣增强了。文艺复兴时期占主导地位的依然是西摩尼德和贺拉斯的观点。诗和画引起的快感是相同的，诗和画的虚构原则是相同的。它们的区别不在题材，而在于表现的方式。任何一个对象既可以成为诗的题材，又可以成为画的题材。

在17世纪末和18世纪，诗画的关系问题被提到美学理论的前沿位置。英国的夏夫兹博里、斯彭司（1697—1768年，英国牛津大学诗学教授，莱辛在《拉奥孔》中批评了他的观点），艾迪生（1672—1719年，英国诗人和文学评论家），法国的杜博、狄德罗，瑞士苏黎世派的布莱丁格和波特玛都讨论过这个问题。总的看法是：诗应该模仿绘画，通过叙述解决表现的任务。18世纪中期德国学者如摩西·门德尔松也提出了诗画关系的问题。

在这种背景中，温克尔曼就雕像拉奥孔和维吉尔史诗对拉奥孔的描绘进行了比较研究。莱辛利用了温克尔曼所开始的讨论，但是他的目的不仅仅是对诗画进行比较研究，而是通过这种研究阐述他对文学的对象、任务和表现手段的理解。并且，他所理解的文学不是一般的文学，而是他同时代的德国文学。他的理论旨在反对新古典主义僵死的规范。莱辛对造型艺术不如他对诗那样精通。一些造型艺术理论著作（如格卢克的《莱辛》）屡次指出莱辛对希腊造型艺术理解得不准确。例如，他认为希腊造型艺术避免描绘激情顶点的顷刻，然而，杀了妻子又自杀的加莱人的形象就描绘了激情顶点的顷刻。不过，这些不准确并不妨碍莱辛对当时的德国文学任务的认识。

《拉奥孔》的真谛是反对德国当时风行的诗，这种诗的特点是描述性和绘画性，它们是由宫廷风格的诗人、诗学家和戏剧家培育起来的。莱辛强调诗特有的题材是动作，这是要求文学表现德国社会的真实面貌，反映人民争取自由和民主的斗争，描绘人民被君主专制压抑的行动。

从这种角度出发，才能看到《拉奥孔》的现实意义。莱辛对诗画同一说的批评，不是作抽象的理论探讨，而是具有极强的现实针对性的。例如，《拉奥孔》第 16 章的标题是“荷马所描绘的是持续的动作，他只用暗示的方式去描绘物体”，其内容直接批驳 18 世纪中期德国美学和诗学中一种流行的观点。这种观点认为荷马是绘画的伟大导师，与此相反，莱辛指出荷马是诗的伟大导师，他并不用绘画手段来解决诗的任务。“不仅是在把这种较深的意旨结合到描绘时，就连所要做到的只在画出一幅图画时，荷马也把这幅图画拆散成为所绘对象的历史，使它在自然中本是并列的各部分，在他的描绘中同样自然地一个接着一个，仿佛要和语言的波澜采取同一步伐。”[①]“这样，象我们已经说过，我们在画家作品里只看到已完成的东西，

① ［德］莱辛：《拉奥孔》，朱光潜译，人民文学出版社 1979 年版，第 89 页。

在诗人作品里就看到它的完成的过程"[1]。动作的过程正是莱辛所理解的文学的对象。

（二）《汉堡剧评》

《汉堡剧评》研究德国民族戏剧问题。如果不摧毁法国新古典主义戏剧的理论体系，德国民族戏剧就无法建立。所以，《汉堡剧评》的主要争论对象是法国新古典主义戏剧及其理论，它不仅是理论著作，而且是艺术批评的范例。继狄德罗之后，莱辛主张建立市民剧。市民剧的角色是普通人物，他们的不幸和生活状况与我们接近，因此更能够打动我们的心灵。

德国学者保尔·黎拉在《莱辛及其时代》（柏林 1960 年版）中对《汉堡剧评》有个总的评价："莱辛把法国新古典主义戏剧及其代表人物作为论争的对象，并非出于纯理论斗争的目的，而是为了建立民族戏剧和市民戏剧，以达到德国启蒙运动要求民族统一的政治目标。尽管他在反对法国新古典主义，特别是在反对伏尔泰的论争中，表现了偏激情绪和片面性，但就论争的实质来说，莱辛是符合历史发展方向的，他反对法国宫廷悲剧的斗争，是正义的，是切中要害的。不管这种悲剧的历史根源如何，像高特舍特那样，把它直接搬到德国来，作为师法的样板，对德国资产阶级艺术的发展显然是有害的。莱辛是作为资产阶级艺术的先驱者发言的，而不是作为腾空的、超时间的、超民族的批评家。所以，《汉堡剧评》不仅在欧洲文艺理论史上占有重要地位，而且是十八世纪德国在准备形成一个统一国家的过程中的重要民族文献。"[2] 德国文学在 18 世纪德国社会的发展中具有特殊的意义。德国与当时的英国和法国不同，在这些国家中经济问题和政治问题具有决定意义。而德国经济落后，政治软弱，全国分裂成众多小公国，这一切导致德国文学成为形成民族统一概念的最重要的条件之一。

① ［德］莱辛：《拉奥孔》，朱光潜译，人民文学出版社 1979 年版，第 89—90 页。
② ［德］莱辛：《汉堡剧评》，张黎译，上海译文出版社 1998 年版，第Ⅸ页。

莱辛在《文学书简》第 17 封信中已经阐述过《汉堡剧评》的核心思想。这封信提出了德国戏剧的发展道路问题。与法国相比，德国的戏剧创作和戏剧理论都很落后。高特舍特作为德国新古典主义文学及其理论的最高权威，力图按照法国模式发展德国戏剧，把高乃伊和拉辛的戏剧原则奉为圭臬。而莎士比亚对于德国和法国新古典主义者来说，都是一个缺乏艺术教养和良好趣味的野蛮人。与高特舍特针锋相对，莱辛利用高乃伊、拉辛的戏剧在汉堡上演的机会，对法国新古典主义戏剧的题材、语言和三一律进行了尖锐的批判。他主张以莎士比亚为榜样："莎士比亚作品的各部分，甚至连最细微的地方，都是按照历史剧的宏大篇幅剪裁的，这跟具有法国趣味的悲剧相比，犹如一幅广阔的壁画和一幅绘在戒指上的小品画。"[①] 莎士比亚悲剧的力量在于真实地反映了社会生活。高乃伊是在机械的结构上接近于古人，而莎士比亚在本质上接近于古人。莱辛认为，在索福克勒斯的《俄狄浦斯》以后，世界上没有一部悲剧比《奥赛罗》《李尔王》和《哈姆雷特》更优秀。

由于法国戏剧远离生活现实，仅仅为宫廷利益服务，所以莱辛坚决地否定法国有真正的戏剧。"我所想的是：不仅我们德国人，就是自夸一百年来就有戏剧的、吹嘘有着全欧最好的戏剧的法国人也还没有戏剧。"[②] 法国新古典主义戏剧雕琢浮夸的文风、雍容造作的语言、舞台上有着球形桂树的法国式公园，都表明它违背了现实生活。在莱辛看来，"感情绝对不能与一种精心选择的、高贵的、雍容造作的语言同时产生。这种语言既不能表现感情，也不能产生感情。然而感情却是同最朴素、最通俗、最浅显明白的词汇和语言风格相一致的。"[③]《汉堡剧评》指出了当时的宫廷戏剧迎合封建贵族的趣味、利益和需要的危害性。莱辛写道："我早就认为宫廷不是作家研究天性的地方。但是，如果说富贵荣华和宫廷礼仪把人变成机器，那么，

① [德]莱辛:《汉堡剧评》，张黎译，上海译文出版社 1998 年版，第 375 页。
② [德]莱辛:《汉堡剧评》，张黎译，上海译文出版社 1998 年版，第 408 页。
③ [德]莱辛:《汉堡剧评》，张黎译，上海译文出版社 1998 年版，第 307—308 页。

作家的任务，就在于把这种机器再变成人。”[①]这就是德国民族戏剧发展的道路。

《汉堡剧评》产生了重要影响。席勒研究了《汉堡剧评》后，在给歌德的信中写道：“毫无疑问，在他那个时代的所有德国人当中，莱辛对于艺术的论述，是最清楚、最尖锐、同时也是最灵活的、最本质的东西，他看得也最准确。只要读读他的东西，便会感到德国欣赏趣味的大好时代已经过去了，现在对艺术的批评无人能跟他相比。”[②]赫尔德的另一则评价可以看作为对莱辛美学研究的一个总结：“照我看，没有一个现代作家在文学的欣赏趣味和精深的批评方面，对德国发生过如此巨大的影响。”[③]

① [德]莱辛：《汉堡剧评》，张黎译，上海译文出版社1998年版，第308—309页。
② [德]莱辛：《汉堡剧评》，张黎译，上海译文出版社1998年版，第Ⅰ页。
③ [德]莱辛：《汉堡剧评》，张黎译，上海译文出版社1998年版，第Ⅰ页。

第十三讲

维柯和意大利美学

文艺复兴运动结束以后，欧洲的文化中心从意大利转移到法国。17 世纪意大利经济衰退，天主教势力重新猖獗，意大利内部不统一，招致外国的不断入侵。西班牙统治了意大利大部分领土，18 世纪上半叶奥地利加入了同西班牙争夺意大利的竞争。意大利成为外国强权角逐的舞台。在艺术和美学领域，文艺复兴人文主义理想的危机导致巴洛克和新古典主义的产生。

一、巴洛克和新古典主义

17—18 世纪意大利艺术和美学中有两种主要流派：巴洛克和新古典主义。

（一）巴洛克

16 世纪末至 17 世纪上半叶，在意大利的文学、音乐、绘画、雕刻和建筑中，“新艺术”流派占统治地位，它的艺术手法是“现代风格”。18 世纪时，这个流派的反对者——新古典主义者把它鄙称为“巴洛克”，意指艺术中形象的奇异游戏。它的主要理论家有马里诺和泰绍罗。马里诺（1560—1627 年）是那不勒斯诗人。他的《神圣布道书》中论述音乐、诗和绘画的部分表明了他的美学观点。他的名言成为巴洛克的座右铭：“诗的目的是奇异和惊奇。不能使人惊讶的人让他去拿马刷子（到马厩里刷马）。”巴洛克对文艺复兴的和谐理想感到一种幻灭感，后来，浪漫主义对启蒙运动的和谐理想也同样感到一种幻灭感。

泰绍罗（1592—1675 年）生于都灵，写过三部悲剧。他在《亚里士多德的望远镜》和《道德哲学》中阐述了美学问题，这两部著作被译成多种欧洲文字。《亚里士多德的望远镜》在巴洛克理论中的地位，犹如布瓦罗的《论诗艺》在新古典主义理论中的地位。这本书的标题表明，泰绍罗遵循亚里士多德的学说。他接受了亚里士多德关于艺术模仿自然的观点，但是他对模仿的理解和文艺复兴美学家不同。他认为艺术真实不同于自然中的真实，艺术虚构不是真实的，却是对真实的模仿。他更重视想象和虚构的作用。“虚构”（conceptus）来源于意大利语 concetto，在 17 世纪被理解为两个对象，而且往往是相距遥远的对象之间的联系。在巴洛克艺术家眼中，世界成为比较和对比的复杂图案，成为解不开纠结的线团。装饰成为符号，标志成为寓意，寓意上升为象征隐喻。世界作为一种隐喻，不断向他的信徒开启新的内涵。泰绍罗指出，建筑师巧智的虚构超越自然，使自然“羡慕人”。虚构应该是巧智的，它以新奇使人惊讶。泰绍罗认为，即使古代最伟大的雄辩家也不能达到巧智的本质，虽然他们已经掌握了完善的语言技巧。他把巧智比作尼罗河，它的岸边是已知的，然而它的源泉是隐匿的。巧智是天才的一种属性，任何理论都无助于艺术家创作伟大的作品。不是理论，而是灵感产生了诗人的创作。

巴洛克诗学的基本原则对音乐和造型艺术产生了影响，泰绍罗把他的隐喻理论扩展到各种艺术中。巴洛克的复杂性、多义性和多主题性在这段时期的音乐中得到表现。音乐作品具有复杂的对位，在某些弥撒曲中有 48 种声部。这种音乐追求宏伟的音乐隐喻，把不可结合的对立面结合起来。

瑞士美学家和美术史家沃尔夫林在《文艺复兴和巴洛克》（1888 年）和《美术史的基本概念》（1915 年，中译本书名是《艺术风格学》，辽宁人民出版社 1987 年版）中，阐述了理解巴洛克造型艺术的若干基本原则。文艺复兴艺术向巴洛克艺术的发展是从线描方法到图绘方法的发展，也是从平面到纵深、从封闭的形式到开放的形式的发展。文艺复兴艺术把整个形式的各个部分归纳为连续的平面，而在巴洛克艺术中，人群不是在一个平面上展开，纵深的关系占了主导地位。封闭形式使绘画作品成为一个有限的整体，使它处处都引向自身。开放形式使绘画看上去更像从可视世界中任意切割下的一部分，使它处处引向自身之外，虽然隐蔽的限制仍然继续存在着。巴洛克艺术家眼中的世界已经不是托勒密的世界，而是布鲁诺的世界。希腊天文学家托勒密主张地心说，太阳和星座都围绕地球和人转动。哥白尼、布鲁诺和伽利略推翻了地心说，证明地球绕轴自转并绕太阳转动。这种理论打破了古典形式的直线性和终极性，对巴洛克艺术发生影响。

巴洛克戏剧使悲和喜的混合合法化。泰绍罗写道："俏皮怎么可以成为严肃，而严肃又怎么可以成为可笑？愉快怎么可以成为忧伤，而忧伤又怎么可以成为愉快？对此我回答说，没有如此严肃，或者如此忧伤，或者如此崇高的想象，以致它不能变成笑话。"这种观点与新古典主义相对立，布瓦罗严格禁止喜剧人物出现在悲剧舞台上。

（二）新古典主义

和巴洛克相对立的是新古典主义。意大利的新古典主义传统可以追溯到文艺复兴时期。16 世纪意大利的卡斯特尔维特罗是把三一律作为戏剧内在完整的规则提出来的第一人。在 17、18 世纪之交，笛卡儿和布瓦罗不仅在法国，而且在意大利具有重要影响。意大利新古典主义者否定巴洛克的各种表现，但是他们和法国新古典主义者有很大不同。布瓦罗否定文艺复兴艺术，意大利新古典主义者并不拒绝文艺复兴遗产。他们和法国人展开争论，这种争论延续到整个 18 世纪。17—18 世纪意大利新古典主义理论家有贝洛里、格拉维纳和缪越陀里。贝洛里（1613—1696 年）的著作有《绘画、雕塑和建筑的观念》《现代雕塑家、画家和建筑家的生平》。他崇拜古代艺术，对"新艺术"持激烈的批评态度。法国新古典主义代表人物普桑（1594—1665 年）是他的亲密朋友。他把模仿自然理解为模仿最完善的范本，而这些范本已经被古代和文艺复兴的大师所发现。除了希腊艺术外，贝洛里也崇拜拉斐尔。他叙述了拉斐尔在梵蒂冈的壁画。

格拉维纳（1664—1718年）是笛卡儿在意大利的首批信徒之一，也是意大利文学协会“阿卡迪亚”的创始者之一。阿卡迪亚是希腊的地名，古代人在这里牧羊。阿卡迪亚协会采用了希腊牧歌诗的名称，这派成员遵循笛卡儿的理性和贺拉斯的严格规则，旨在复兴被17世纪所谓野蛮人毁坏的意大利诗歌，根除坏的审美趣味。该协会1690年10月5日开始活动，迅速传遍整个意大利，并从18世纪初期开始在许多欧洲国家设有分支机构。格拉维纳为悲剧制定了严格的规则，可是他自己写的悲剧却不成功。他的《诗的理性》一书对18世纪意大利文化的发展产生重要影响。他从事学术活动的时候，新古典主义在法国已经取得完全的统治地位，并在布瓦罗的著作中得到清晰的理论阐述。格拉维纳像布瓦罗一样，主张改革诗歌语言，抑制艺术幻想，使表现力服从理性。他的文学理论和罗马法律史著作浸透了笛卡儿哲学的精神。格拉维纳是位道德学家。对于贺拉斯所说的诗使人娱乐又产生教益（寓教于乐）的观点，法国人倾向于娱乐，18世纪初期意大利美学家倾向于教益。把古代理想化和关注道德问题，是新古典主义的特点。格拉维纳不承认任何主观知觉，如果一座方形塔从远处看是圆的，艺术家也应该按照方形来描绘它。他和布瓦一样，认为审美趣味是绝对的、符合理性的东西，不允许对它进行争论。逼真、明晰、一贯和合适是新古典主义“良好的审美趣味”的标准。格拉维纳的著作为启蒙运动初期作为“意大利历史之父”的缪越陀里开辟了道路。

缪越陀里（1672—1750年）出身于贫寒家庭，为了获得教育的机会，他成为神甫。18世纪20年代他在意大利多次旅行，发现了大量重要的历史文献。他写了很多历史著作，同时又是新古典主义理论家。他的美学著作有《论完善的意大利诗歌》《对良好的审美趣味的思考》《历史和诗》和《论想象力》。他像卡斯特尔维特罗一样，主张三一律。他反对巴洛克的音乐和建筑，捍卫所谓“良好的审美趣味”，力图在意大利恢复古典的和谐。

缪越陀里强调艺术的教育功能，把诗当作道德哲学的女儿。不过，他的《论想象力》对诗歌创作的想像作用作了一些让步，不总是要求想象服从理性的规则。他和莱布尼茨、牛顿等人的通信对18世纪的欧洲文化史具有重要的意义。格拉维纳和缪越陀里与布瓦罗一起，于18世纪中叶在意大利失去了权威的地位，英国经验主义对意大利的影响明显加强。

新古典主义和巴洛克有根本区别。新古典主义在其本质上是规范性的，而巴洛克的审美理想使它不能认可具体的创作规则。

二、“新美学之父”

维柯被意大利人称作“新美学之父”，歌德赞同这种意见。维柯（1668—1744年）是意大利法学家、哲学家、语言学家和美学家，意大利最杰出的思想家之一。他出身于那不勒斯一个贫困的小书商家庭。关于他的生平的原始资料是他于1725年写的《维柯自传》[①]。他接受了法学和语言学教育。青年时代他在那不勒斯的大学和学术小组中参与了对哲学、数学和物理学的最新问题的讨论。他爱好柏拉图和培根的著作。1697年任那不勒斯大学修辞学讲师。他的主要著作是1725年出版的《新科学》，后经不断修订，1730年出版第2版，1744年出版第3版。

维柯既不属于巴洛克，又不属于新古典主义，他的美学与这两种流派的美学并存，只是在18世纪尚未被人理解。我国最早研究维柯美学思想的是朱光潜，20世纪20年代他赴欧洲留学，接触到意大利美学大师克罗齐的一些著作，并由克罗齐注意到他的老师维柯的《新科学》。虽然《新科学》读起来很艰涩，但是由于维柯思想的重要性，朱光潜在20世纪60年代撰写《西方美学史》时就在第1卷为维柯特辟一专章。由于维柯的美学思想未能引起我国美学界的重视，所以朱光潜认为“维柯专章实际上却等于石沉大海”[②]。为

① [意]维柯:《新科学》，朱光潜译，人民文学出版社1986年版，第609—669页。
② [意]维柯:《新科学》，朱光潜译，人民文学出版社1986年版，第607页。

了提高美学界对维柯的认识，朱光潜于垂暮之年毅然投入到《新科学》的翻译中去。该书的翻译难度远远超过他当年对黑格尔《美学》3 卷 4 册的翻译，该书译完时，他已经 87 岁。在翻译过程中，他写下了《维柯的〈新科学〉的评价》的长篇论文[①]。该论文是迄今为止我国美学界对维柯最深入的研究。

（一）《新科学》的基本内容

《新科学》的全名是《关于各民族共同性的新科学的原则》。维柯的“新科学”包括自然科学，更主要的是历史科学或生活科学。在研究方法上维柯受到培根的影响，采用归纳法，从感性经验的客观事实出发，进行分析综合。

“《新科学》所要解决的基本问题是：人类如何从原始野蛮时代的野兽般的生活状态逐渐发展成为过着社会生活的文明人？也就是说，法律制度是如何开始和发展的？”[②]《新科学》是人类思想史，人类习俗史，又是人类事迹史。那么，它和美学有什么关系呢？原来，维柯把人对世界的艺术把握看作人类意识的发展过程中的决定因素。在他看来，这种特殊的认识方式是文化史中的第一种认识方式，它形成了原始人的意识，维柯把它称为“诗性的”。这里所说的正是美学问题。

原始人的意识对以后形成的各种人类活动产生了影响，《新科学》5 卷中篇幅最长的第 2 卷论述了诗性的玄学、诗性的逻辑活动（发明出各种语言文字）、诗性的伦理活动（创造出一些英雄人物来）、诗性的经济活动（创造出家族来）、诗性的政治活动（创造出城邦来）、诗性历史、诗性的物理、诗性的宇宙、诗性天文、诗性时历、诗性地理。总之，人类创造出人类自己来。在维柯那里，美学问题是同历史、哲学、法律等问题联系在一起的。为了阐明维柯的美学思想，有必要理解他的理论的一般原理。

17—18 世纪社会科学家们受自然科学的影响，喜欢用几何学的方法和

---

① 该文载《朱光潜美学文集》第 3 卷，上海文艺出版社 1983 年版，第 554—586 页。
② 《朱光潜美学文集》第 3 卷，上海文艺出版社 1983 年版，第 559 页。

术语。维柯也是如此，他的论述从“要素”开始，“要素”这个术语立即使人想起欧几里得几何学。在这种意义上，维柯运用了严格的几何学方法。他写道：“这个民族世界确实是由人类创造出来的，所以它的面貌必然要在人类心智本身的种种变化中找出。如果谁创造历史也就由谁叙述历史，这种历史就最确凿可凭了。这种情形正像几何学的情形。几何学在用它的要素构成一种量的世界，或思索那个量的世界时，它就是在为它自己创造出那个量的世界。我们的新科学也是如此［它替自己创造出民族世界］，但是却比几何学更为真实，因为它涉及处理人类事务的各种制度，比起点、线、面和形体来更为真实。”① 几何学用要素构成它的世界，维柯用公理构成新科学的民族世界。

在第1卷的“要素”部分，维柯提出第一条、也是基本的公理：“由于人类心灵的不确定性，每逢堕在无知的场合，人就把他自己当作权衡一切事物的标准。”② 这条公理中还包含着另一条公理：“人们在认识不到产生事物的自然原因，而且也不能拿同类事物进行类比来说明这些原因时，人们就把自己的本性移加到那些事物上去，例如俗语说：‘磁石爱铁。’”③ 原始人不能认识事物的原因，他们就把自然人化，按照他们自己的某些自然本性以及由它们所引起的情欲和习俗来进行解释。他们的推理力薄弱，而想象力旺盛。原始人看到磁石对铁的巨大作用感到惊奇，就认为磁石对铁有一种秘奥的同情，它能感到情欲和恩爱。他们看到天空令人惊惧地翻转着巨雷，闪耀着疾电，就把天空想象为一种像自己一样有生气的巨大躯体，把爆发雷电的天空叫作约夫（天帝），即第一个天神。“诗的最崇高的工作就是赋予感觉和情欲于本无感觉的事物。”④ 诗不过是模仿，世界在它的幼年时代是由一些诗性的或能诗的民族所组成的，能凭想象来创造的人就是“诗人”，“在世界的童年时期，人们按本性就是些崇高的诗人。”⑤

① ［意］维柯：《新科学》，朱光潜译，人民文学出版社1986年版，第145—146页。
② ［意］维柯：《新科学》，朱光潜译，人民文学出版社1986年版，第82页。
③ ［意］维柯：《新科学》，朱光潜译，人民文学出版社1986年版，第97页。
④ ［意］维柯：《新科学》，朱光潜译，人民文学出版社1986年版，第98页。
⑤ ［意］维柯：《新科学》，朱光潜译，人民文学出版社1986年版，第98页。

《新科学》第 4 卷“诸民族所经历的历史过程”把历史划分为三个时代：神的时代、英雄时代和人的时代。第一个时代是诗性的，它把具体事物都显示为由诸神灌注生命的存在实体。第二个时代由英雄或贵族专政，他们自信是天帝约夫的子孙，是在天帝占卜典礼下生育出来的。第三个时代是人的自然本性的时代，它把良心、理性和责任感看成法律。在这三个时代中，人的主要认识形式相互更替。第一种认识形式是艺术思维，艺术思维创造了诗性人物性格。所谓诗性人物性格，就是原始人没有能力形成事物的可理解的类概念，而只形成想象的类概念，即制造出某些范例，把同类中的一切和这些范例相似的个别具体人物都归纳到这个范例上去。这是神话的基础。例如，把天神约夫、地神库伯勒、海神内普敦解释为天、地和海的实体。用花神来指一切花，用果神来指一切果木，以同样的方式用其他神来指明其他各类事物。想象的类概念是一个具体形象，同时是对某一类事物的概括。例如，“发明家”是一个抽象的类概念，古埃及人没有形成这种抽象的类概念，就把一切发明都归功于霍弥斯这个人，“霍弥斯”就是想象的类概念。同样，荷马史诗中的阿喀琉斯也是想象的类概念，他统摄了一切英雄的勇猛的特质。原始人把他们感觉到和对之惊奇的那些事物的原因都归为天神，从而创造出神话。在英雄时代向人的时代过渡的过程中，诉诸抽象概念的理性思维开始占据统治地位。诗性人物性格失去了真正的意义，产生了新艺术。

维柯的神话理论是他的美学观点的基础。他通过分析人类意识的发展过程，确定原始人的神话和近代艺术之间的联系。随着历史的发展，人类区分出两种掌握现实的方式：艺术方式和科学方式。由于人的智慧逐渐发达，能够进行抽象思维，诗性人物性格就没有存在的必要。与神话相比，近代艺术的领域变窄了，近代人没有原始人那样巨大的幻想力，再也想象不出像“具有同情心的自然”那样巨大的虚幻的形象了。“到后来这些广大的想象缩小了，抽象力成长起来了”，自然的“人格化也就化成一些小型的符号”。“天神约夫变得又小又轻，以至他可由一只鹰背起来到处飘荡。海神坐在一辆脆弱的车子里在波浪上游行，而地神却骑在一个狮子背上。”[①]这样，逐渐形成了近代艺术，产生了比喻（维柯屡次强调比喻并不是作家们的巧妙发明，其实都是一切原始的诗性民族所必用的表现方式）。

最常用的比喻是隐喻。“最初的诗人们就用这种隐喻，让一些物体成为具有生命实质的真事真物，并用以己度物的方式，使它们也有感觉和情欲，这样就用它们来造成一些神话故事。所以每一个这样形成的隐喻就是一个具体而微的神话故事。”[②]“值得注意的是在一切语种里大部分涉及无生命的事物的表达方式都是用人体及其各部分以及用人的感觉和情欲的隐喻来形成的。例如用‘首’（头）来表达顶或开始，用‘额’或‘肩’来表达一座山的部位，针和土豆可以有‘眼’，杯或壶都可以有‘嘴’，耙，锯或梳都可以有‘齿’，任何空隙或洞都可以叫做‘口’，麦穗的‘须’，鞋的‘舌’，河的‘咽喉’，地的‘颈’，海的‘手臂’，钟的‘指针’叫做‘手’，‘心’代表中央，船帆的‘腹部’，‘脚’代表终点或底，果实的‘肉’，岩石或矿的‘脉’，‘葡萄的血’代表酒，地的‘腹部’，天或海‘微笑’，风‘吹’，波浪‘呜咽’，物体在重压下‘呻吟’，拉丁地区农民们常说田地‘干渴’，‘生产果实’，‘让粮食胀肿’了，我们意大利乡下人说植物‘在讲恋爱’，葡萄长的‘欢’，流脂的树在‘哭泣’，从任何语种里都可以举出无数其它事例。”[③]这些事例都是我们前面所引的那条公理的结果：人在无知中就把他自己当做权衡世间一切事物的标准。维柯在这里所说的是移情作用。

《新科学》第 3 卷是“发现真正的荷马”。第 2 卷已经证明诗性智慧是希腊各民族的民俗智慧，第 3 卷则阐述荷马的智慧绝不是另外一种不同的

① [意]维柯:《新科学》，朱光潜译，人民文学出版社 1986 年版，第 179 页。
② [意]维柯:《新科学》，朱光潜译，人民文学出版社 1986 年版，第 180 页。原译“寓言故事”据原文改为“神话故事”，参见朱光潜:《西方美学史》上卷，人民文学出版社 1979 年版，第 341 页。
③ [意]维柯:《新科学》，朱光潜译，人民文学出版社 1986 年版，第 180—181 页。

智慧，以纠正哲学家们对荷马的误解，从而发现真正的荷马。维柯认为荷马的最高功绩有三点：他是希腊政体和文化的创始人，一切其他诗人的祖宗和一切流派的希腊哲学的源泉。《新科学》书首附载一幅图，画着玄学女神站在地球上仰望天空，胸部放射出两道光，一道光射向上方三角形中天神的眼睛，这道光代表诗性智慧和神学诗人。另一道光射向荷马，荷马是神学诗人的鼻祖。

维柯在《新科学》第 5 卷"各民族在复兴时所经历的各种人类制度的复归历程"中，说明历史是不断发展的而且是有规律可循的，理想的历史就是遵循永恒普遍规律向前发展的历史，研究这种历史才是新科学，从而点明全书的主旨。

（二）《新科学》的意义和影响

维柯的艺术理论具有独创性，它不是在当时占统治地位的美学思想的框架内形成的，而是维柯的哲学体系的有机组成部分，和具体的艺术学也没有联系，而只是间接地和法国理性主义和英国经验主义有联系。在同时代找不到类似《新科学》的著作。维柯的思维方法是以后被称作历史认识论的萌芽。他的思想超越了 18 世纪，在 19 世纪和 20 世纪人们重新发现了他的思想的重要价值。

历史主义方法使维柯阐述了一系列极其重要的艺术原理。他把艺术活动看作认识现实的一种特殊形式，揭示了掌握现实的艺术方式和科学方式、形象思维和抽象思维的特征。人最初只能有感受而无知觉，他们还不会抽象思维，认识世界只能凭形象思维，他们的全部文化都来自形象思维。后来，人们才用清晰的理智去思索，从个别具体事物上升到普遍性。从人类心理功能的发展过程看，形象思维早于抽象思维。并且，在人类历史发展过程中，占主导地位的认识方式是相互更替的。维柯把文明史理解为人的意识形成和发展的历史。诗人比哲学家预先显示真理。在人类童年时期，诗人的神话中隐匿着严酷的现实，古罗马史就是传说。艺术也处在历史的发展中。神的时代的艺术是神话，英雄时代的艺术是史诗，在人的时代人们从经验出发，创造了理性的哲学和科学，同时也产生了近代艺术。

除了历史主义观点外，维柯还论述了语言美学问题。他认为隐喻是最鲜明的因而是最必要和最常用的比喻。每一个隐喻都是一个小的神话故事。隐喻起源于村俗语言。在人类童年时代，村俗语言充满最古老的形象表现，是比喻的宝库。诗的语言先于散文语言，“最初各民族都用诗性文字来思想，用寓言故事来说话，用象形文字来书写”①。证明这一点的是荷马，他是英雄时代的伟大诗人，不是一位哲学家。维柯分析了关于荷马生平的资料后得出结论说：“荷马纯粹是一位仅存于理想中的诗人，并不曾作为具体的个人在自然界存在过。”②希腊各族人民自己就是荷马。在希腊各族人民的语言中存在着诗的源泉，初民的语言就是诗的语言。原始人以己度物，自己变成这些物。诗的直觉是认识世界的最初途径。在浪漫主义时代，维柯的这些观点得到复兴。

维柯的《新科学》对欧洲文化产生了广泛的影响。受到它的影响的有德国的赫尔德、歌德和黑格尔，法国的孟德斯鸠、卢梭和狄德罗，英国作家《尤利西斯》的作者乔伊斯。歌德这样评价维柯：“有位意大利友人在那卜勒斯让我认识到一位老作家的《新科学》。这些近代热心研究法学的学者们从他的深不可测的思想中获得了最大的鼓舞和提高，认为他比孟德斯鸠还高明。他的名字是杨巴蒂斯塔·维柯。我把他们当作神圣礼物赠给我的《新科学》浏览一过，认识到其中包含着女仙式的预言，预见到今后将会或应该实现的美好公正的世界，这些预言是以对生活和传统的深思熟虑为根据的。”③

① [意]维柯：《新科学》，朱光潜译，人民文学出版社1986年版，第193页。
② [意]维柯：《新科学》，朱光潜译，人民文学出版社1986年版，第442页。
③ 《朱光潜美学文集》第3卷，上海文艺出版社1983年版，第579页。

第十四讲
康德

德国古典美学指 18 世纪末到 19 世纪初在德国形成的以康德、费希特、谢林、歌德、席勒和黑格尔等人为代表的美学。它是德国古典哲学的一部分。德国古典哲学是哲学上的一场革命，它由康德开始，康德推翻了欧洲流行的莱布尼茨的形而上学体系。费希特和谢林开始了哲学的改造工作，黑格尔完成了新的体系。1790 年康德的《批判力批判》的出版揭开了德国古典美学的帷幕，1838 年黑格尔的 3 卷本《美学》全部出齐，则是德国古典美学达到高潮的标志。

德国古典美学是继希腊罗马美学、文艺复兴美学和启蒙运动美学后，西方美学史上的又一个高峰。美国学者韦勒克把德国古典美学的鼻祖康德称作“现代美学的奠基者”。他认为“康德以后的整个美学史可以被看作为讨论、批驳和发展康德思想的集合”①。因为康德阐述了美学的一系列根本问题，如艺术的特征，审美判断中客观和主观的关系，艺术和自然的关系，艺术中一般和个别的关系，审美和伦理的关系等。与以往的美学相比，德国古典美学提高了美学研究的方法论水平，具有更强的哲学思辨性。

康德（1724—1804 年）生于东普鲁士边境城市哥尼斯堡（今俄罗斯加里宁格勒），康德自认为祖先是苏格兰移民，实际上他的曾祖父是拉脱维亚境内的人。康德的全名伊曼努尔·康德。伊曼努尔是《圣经》中的名字，康德出生的日子，按照旧普鲁士历法，恰好是伊曼努尔节，“伊曼努尔”有“上帝保佑我们”的意思。在康德生活的岁月中，哥尼斯堡曾被俄罗斯占领，各个城门和官厅悬挂的普鲁士单头鹰换成俄罗斯双头鹰。叶卡捷琳娜

① [美] 韦勒克:《美学和批评》,《康德哲学和我们的现代世界》，纽约 1957 年版，第 77 页。

二世废除彼得三世自立后，把哥尼斯堡和所占领的其他东普鲁士领土归还给普鲁士人。叶卡捷琳娜二世是普鲁士将军之女。

康德于 1740 年中学毕业后进入哥尼斯堡大学神学系学习，1744 年毕业。1746 —1755 年当家庭教师。1755 年获得在母校任教的资格。1756 年通过两次论文答辩后，获得任教授的资格，不过，直到 1770 年他才被任命为教授。他曾两次当选为哥尼斯堡大学校长。在大学里，康德不仅讲授形而上学、道德哲学和逻辑学，而且讲授物理学、数学、地理学、人类学、甚至军事上的筑城学。

康德的一生单调平凡，波澜不惊，除了到 20 里外的地方做过一次旅行外，他从来没有离开过哥尼斯堡。海涅这样描写康德的生活："康德的生活史是难于叙述的。因为他既没有生活，又没有历史。他住在德国东北边境一个古老城市哥尼斯堡一条僻静的小巷里，过着一种机械般有秩序的，几乎是抽象的独身生活。我相信，就连城里教堂的大钟也不能像它的同乡伊曼努尔·康德那样无动于衷地、按部就班地完成它每日的表面工作。起床，喝咖啡，写作，讲学，吃饭，散步，一切都有规定的时间，邻居们清楚地知道，当伊曼努尔·康德穿着灰色外衣，拿着藤手杖，从家门口出来，漫步走向菩提树小林荫道的时候就是下午三点半钟，由于这种关系人们现在还把这条路叫作哲学家路。一年四季他每天总要在这条路上往返八次，每逢天气阴晦或乌云预示着一场暴风雨的时候，他的仆人，老兰培，便挟着一把长柄雨伞作为天意的象征忧心忡忡地跟在后面侍候他。"①

康德一辈子过的是独身生活。哲学家不结婚并不稀罕，柏拉图、笛卡尔、霍布斯、洛克、莱布尼茨、休谟都没有结婚。关于没有结婚的原因，康德说："当我需要女人的时候，我却无力供养她，而当我能够供养她的时候，她已经不能使我感到对她的需要了。""康德身材矮小（1.57 米）瘦弱。

① ［德］亨特希·海涅:《论德国宗教和哲学的历史》，海安译，商务印书馆 1974 年版，第 102 页。

裁缝和理发师运用他们的手艺帮助他掩盖了外表的欠缺。淡黄色的头发，灵活聪明的一双蓝色的眼睛，高高的前额，文雅的举止，使他成为一个十分引人注目的人。”[①] 与康德表面平静的生活形成鲜明对照的是，他的内心世界充满了对真理的探索和思考。他的学术活动以 1770 年为界分为前批判时期和批判时期。在前批判时期他已提出了著名的太阳系起源的假设。在批判时期他写下了三大《批判》:《纯粹理性批判》（1781 年）、《实践理性批判》（1788 年）和《判断力批判》（1790 年）。《判断力批判》的上卷“审美判断力批判”涉及美学问题。康德的哲学体系以《判断力批判》来完成，很多德国哲学家认为这部著作是康德的思想大厦的奠基石。

人们把康德比作哥白尼，以前人们以为太阳围绕地球转，哥白尼建立了日心说，人们才知道原来是地球围绕太阳转。在康德之前，人们认为理性像太阳一样围绕现象世界转，康德让理性像太阳一样停止不动，而是现象世界围绕理性转，并且只有转进了理性的光照范围内，才能受到照耀。

一、“全部哲学的入门”

康德把美学看作“全部哲学的入门”，系统地研究哲学应当从美的理论开始。康德的美学研究不是出于对艺术的兴趣，甚至也不是出于对美学理论本身的兴趣，而是出于构筑他的哲学体系的需要。

（一）三大《批判》之间的关系

康德对艺术不感兴趣。他终生居住的哥尼斯堡是东普鲁士沿海的商贸中心，但是艺术氛围薄弱，城市里没有博物馆，也没有著名的建筑、雕塑和绘画作品。哥尼斯堡不是艺术生活沸腾的德累斯顿，不是歌德和席勒居住过的魏玛，不是浪漫主义者聚居的耶拿，它是被占领的波罗的海土地上

① ［苏］阿尔森·古留加:《康德传》，贾泽林、侯鸿勋、王炳文译，商务印书馆 1981 年版，第 63 页。

的边疆城市，是商业中心和军事城堡，不是艺术殿堂。

康德不懂得造型艺术，也不懂音乐。虽然巴赫、莫扎特是他同时代的人，然而他认为音乐是“不甚礼貌的”艺术，音乐的喧嚣妨碍了严肃的理性思考。康德对文学的知识也很有限。对于美学著作康德倒是非常熟悉。他不仅知道从鲍姆加登到温克尔曼、莱辛的著作，而且认真研究过英国美学家如休谟和博克的理论，也了解法国新古典主义的学说。不过，康德的美学知识只是他解决哲学问题的一个条件。

与以往的传统不同，康德哲学体系的出发点是主体的心理能力，而不是客体的结构。他把心灵的全部能力分为知、情、意三个方面，知是认识能力，情是愉快和不愉快的能力，意是欲求能力。《纯粹理性批判》研究认识能力，是一部认识论著作。所谓纯粹理性批判，就是对不依赖任何经验的纯粹形式的理性本身的批判。康德认为大陆理性主义和欧洲经验主义各有偏颇，他想把双方的合理因素结合起来。在他看来，一切知识都从经验开始，但它并不局限于经验，它不是孤立的概念，而是概念和概念之间的判断。判断有分析判断和综合判断。分析判断如“一切物体都是广延的”，物体这个概念已经包含着广延这个属性，因为所谓物体就是有广延、占据空间的东西。综合判断如“昨天很冷”，昨天这个概念和天冷没有关系。分析判断不能增加新的知识，所有的知识都应当是综合判断。但是，“昨天很冷”这样的综合判断没有普遍必然性。为了使综合判断有普遍必然性，康德找出第三种判断，即先天综合判断。在数学、几何学和自然科学中存在着这种判断。例如，“两点间线段最短”这一命题，既是先天的，非经验的判断，它具有经验所无法提供的普遍必然性；又是综合的，因为“两点间线段”是质的概念，而“最短”是量的概念。那么，先天综合判断如何可能呢？康德认为先天综合判断以先天原理和感性经验相结合这种方式才成为可能。

在整个哲学史中，人们一直认为，认识只带有被动的直观的性质，而康德的《纯粹理性批判》摧毁了这个观点。“康德第一个注意到认识的‘能动’方面，马克思认为，对认识的‘能动’方面的研究，是德国古典唯心主义的基本贡献。按照辩证唯物主义观点，人是以自己的行动为分光镜来观察事物的，而意识不仅仅反映世界，而且还创造世界。这个见解来源于康德。”①

在《纯粹理性批判》中，认识能力是知性，先天原则是规律性，讨论的是人如何认识自然的必然（即规律性，如同一律、因果律等）。康德的《实践理性批判》是一部伦理学著作。实践指人的意志对于对象的行动。人的行动不能单凭欲望支配，必须以理性为依据，理性提供了道德行为的规律。道德律是一种无上的命令，必须绝对服从。人们的行动如果只从道德律出发，他们的意志就是自由的。把人和动物区分开来的道德从何而来的问题，对于康德来说像宇宙本身一样是一个不解之谜，他感叹地说：“有两种东西，我们对它们的思考愈是深沉和持久，它们所唤起的那种愈来愈大的惊奇和敬畏就愈充溢我们的心灵，这就是繁星密布的苍穹和我心中的道德律。”

康德把世界分为物自体和现象界两部分（“物自体”是康德哲学的一个基本概念，又译“自在之物”。指认识之外的，但又绝对不可认识的存在之物）。现象界指包括人在内的自然，这是《纯粹理性批判》探讨的范围，知性只能认识现象界，而不能认识物自体。在康德看来，物自体不能从理论上来证明，只能从实践上去信仰。《实践理性批判》就要求我们在道德上信仰物自体，从而给宗教留下了地盘。在康德的前两个批判中，现象界和物自体、自然的必然和道德的自由各自是封闭的系统，它们之间仿佛有一条不可逾越的鸿沟。为了在这两者之间架起桥梁，康德晚年写下了《判断力批判》。该书导论明确指出“判断力批判作为使哲学的两部分成为整体的结

① [苏联]阿尔森·古留加：《黑格尔传》，刘半九、伯幼等译，商务印书馆1978年版，第29页。

合手段”[1]。

美学怎样联合认识论和伦理学、现象界和道德界、感性和超感性呢？康德用语言中的例子对此作了浅显的说明，美的对象属于现象界，然而我们对它们的称谓往往含有道德评价。“我们称呼自然的或艺术的美的事物常常用些名称，这些名称好像是把道德的评判放在根基上的。我们称建筑物或树木为壮大豪华，或田野为欢笑愉快，甚至色彩为清洁，谦逊，温柔，因它们所引起的感觉和道德判断所引起的心情状况有类似之处。”[2]在这些情况下，审美趣味能够从感性的现象界过渡到超感性的道德界。

《纯粹理性批判》研究知性的立法，自然的概念以这种立法为依据，它包括一切理论认识的先验基础。《实践理性批判》研究理性的立法，自由的概念以这种立法为依据，它包括一切实践（伦理）命令的基础。《判断力批判》研究判断力，判断力是知性和理性之间的过渡环节。人的心理能力分为知、情、意三部分，《纯粹理性批判》阐述“知”即“真”的问题，《实践理性批判》阐述“意”即“善”的问题，《判断力批判》阐述“情”即“美”的问题。通过三大《批判》，知、情、意和真、善、美统一起来了。对于康德来说，美学不仅是他的哲学体系的组成部分，而且是他的哲学体系的完成部分。康德是哲学美学的代表，虽然在美学史上他不是哲学美学的第一位代表，然而在《判断力批判》问世后，哲学美学在德国获得了充分的发展。不仅哲学家如谢林、黑格尔对美学理论进行了深入的哲学论证，而且艺术家也对自己的创作经验进行哲学思考。

（二）审美判断力

除了《判断力批判》外，康德涉及美学问题的著作还有 1764 年出版的《对美感和崇高感的观察》，以及 1798 年出版的《实用观点的人类学》。后

① ［德］康德：《判断力批判》上卷，宗白华译，商务印务馆 1964 年版，第 14 页。
② ［德］康德：《判断力批判》上卷，宗白华译，商务印务馆 1964 年版，第 202—203 页。

者有一章讨论了快感和不快感，论述到美感和崇高感。但是这两部著作都不像《判断力批判》那样把美学作为哲学体系的结合点来看待。我们主要依据《判断力批判》来阐述康德的美学思想。

《判断力批判》除序言和导论外，分为两部分：审美判断力的批判和目的论判断力的批判。前者说明康德的美学观点，后者说明他的关于自然界的目的论观点。

《判断力批判》的任务是阐明判断力所依据的先验原则。康德把判断力分为两种：规定判断力和反省判断力（又译“反思判断”）。判断力理解一般（普遍规律）和个别（特殊事物）的联系。对这种联系的思考有两种方式。一是先有一般，然后找个别，这是规定判断，即用一般规则说明个别事物，规定它的性质。另一种是先有个别，为了个别找一般，这是反省判断。

反省判断包括审美判断和目的论判断，因为这两种判断都是对个别对象所产生的感觉。康德所理解的“目的”有两种意义：一种是事物的形式符合我们的认识功能，这是形式的或主观的合目的性。根据快感或不快感判断主观的合目的性的能力叫作审美判断力。例如，我们说“这朵花是美的”时，这里的“花”只涉及形式而不涉及内容，所以不涉及概念，这里的“美”不是逻辑判断，而是情感判断。

另一种是自然界有机物的结构符合自身的本质和功能，这是现实的或客观的合目的性。根据知性和理性判断客观的合目的性的能力是目的论判断力。例如，鸟的骨头是中间空的，鸟翼的位置便于飞行，鸟的尾巴便于转向，鸟的这种特点不是完全依赖于必然性，用因果关系的自然原理不能说明它，而从目的论，即事物的目的性来说，就可以解释了。

值得指出的是，只有弄清审美判断力的含义，才能懂得康德对美学的理解。康德在《判断力批判》中对美学的理解与《纯粹理性批判》中的不同。在《纯粹理性批判》中，康德把美学理解为认识论的一部分，即关于感性的先验形式——空间和时间的学说。在该书中，“先验美学”（亦译“先验感性论”）处在“先验要素论”的第一部分，第二部分则是“先验逻辑”。平行地考察美学和逻辑学的做法来自鲍姆加登。鲍姆加登把美学理解为感性认识，是对逻辑学的补充。在《判断力批判》中，美学获得完全不同的意义，它研究美、崇高、艺术活动和艺术分类。这样理解的美学已经不是认识论的一部分。它不与知性，而只与审美判断力相联系。审美判断力不以对象的概念为基础，也不产生任何概念。这样，美学研究我们特殊的判断力，这种判断力由快感或不快感所决定。美学不是关于特殊的对象领域的科学，不是关于客观上属于对象的那些特殊属性的科学。美学只研究我们对那些对象的主观反省的原则，这些对象的表象引起我们的快感或不快感。这种理解决定了康德美学的若干特点：康德否定审美属性的客观意义，把审美属性归结为我们对自然对象和艺术作品的反省领域；使审美判断独立于认识和概念，把审美判断看作由感情所决定的判断；强调对象的形式是审美快感的根源。康德认识论的基本原则是：不是客体决定人对它们的知觉的形式，而是人的认识能力的本质决定客体对人的作用的方式。因此，康德力图揭示主体能动性在认识客体的过程中的头等重要的意义。

二、美的分析

康德从质、量、关系和情状四个方面分析审美判断和美的特征。这四项和他在《纯粹理性批判》中对逻辑判断的分析完全相同。这种对称和相似不是偶然的，因为康德要求审美判断具有普遍和必然的意义。而这恰恰是知识的逻辑特征，虽然美学中的普遍必然性不同于逻辑学中的普遍必然性。

（一）从质的方面看审美判断

从质的方面看，审美判断的特征在于："为了判别某一对象是美或不美，我们不是把［它的］表象凭借知性连系于客体以求得知识，而是凭借想象力（或想象力和知性相结合）连系于主体和它的快感和不快感。"[①] 审美判断不是认识判断，审美的规定根据只能是主观的，而不能是客观的。

从上述前提出发，康德引申出审美判断不涉利害的观点。利害感和占有对象的欲望相联系，因此它必然关心对象的存在，而审美判断不关心对象的存在。"人只想知道：是否单纯事物的表象在我心里就夹杂着快感，尽管我对于这里所表象的事物的存在绝不感兴趣。人们容易看出：如果说一个对象是美的，以此来证明我有审美趣味，关键是系于我自己心里从这个表象看出什么来，而不是系于这事物的存在。每个人必须承认，一个关于美的判断，只要夹杂着极少的利害感在里面，就会有偏爱而不是纯粹的欣赏判断了。"[②] 对花的利害关系是要把花据为己有，当然必须要有花的存在。对花的审美判断不涉利害关系，花的实物是否存在并不重要，只要对花的表象的纯粹观照产生快感，就是欣赏判断了。审美判断对于对象的存在具有相对独立性。

为了说明审美快感不涉利害，康德把它与感官上的快适所引起的快感以及道德的善所引起的快感作了比较。后两种快感与审美快感的不同之处在于：第一，它们都联系于客体，而审美快感对于客体的存在"纯然淡漠"。"一种由于香料和其他作料而提高了口味的菜肴"引起人们感官上的快感，这自然与客体相联系。道德的善也是如此，"去发现某一对象的善，我必须时时知道，这个对象是怎样一个东西，这就是说，从它获得一个概

---

① ［德］康德：《判断力批判》上卷，宗白华译，商务印务馆 1964 年版，第 39 页。译文略有改动。
② ［德］康德：《判断力批判》上卷，宗白华译，商务印务馆 1964 年版，第 41 页。译文略有改动。

念。”[①] 第二，审美快感不涉功利，另外两种快感与功利相结合。感官上的快感“直接地能使官能享受”，善也是“意欲的对象”，道德的善“在自身里面带着最高的利害关系”。

在审美判断质的方面，康德得出如下结论：“审美趣味是凭借完全无利害观念的快感和不快感对某一对象或其表现方法的一种判断力。”[②] “美是无一切利害关系的愉快的对象。”[③] 这样，审美成为独立自在的领域，它不仅隔离于认识领域，而且隔离于道德领域。

康德关于审美无功利的观点对中国美学产生很大影响。蔡元培指出：“美感本有两种，一为优雅之美，一为崇高之美。优雅之美，从容恬淡，超利害之计较，泯人我的界限。例如游名胜者，初不作伐木制器之想；赏音乐者，恒以与众同乐为快；把这样的超越而普遍的心境涵养惯了，还有什么卑劣的诱惑，可以扰乱他么？”[④]

朱光潜在 1932 年出版、以后重印过几十次、现在仍然不断重印的《谈美》一书（《朱光潜全集》第 2 卷，安徽教育出版社 1987 年版）中阐述了对一棵古松的三种态度：第一种是实用的态度，心里盘算这棵古松是宜于架屋或是制器，思量怎样去买它，砍它，运它，它值多少钱。第二种是科学的态度，认为这棵古松是叶为针状、果为球状、四季常青的显花植物。第三种是审美的态度，不考虑古松的实际的用途，也不考虑它的植物特征，只是聚精会神地观赏它的苍翠的颜色，盘屈如龙蛇的线纹以及它的昂然高举、不受屈挠的气概。这种无所为而为的观照就是无功利、无利害的审美。

（二）从量的方面看审美判断

审美判断量的特点是具有普遍性。一切审美判断都是对具体事物的单

① [德]康德：《判断力批判》上卷，宗白华译，商务印务馆 1964 年版，第 43 页。
② [德]康德：《判断力批判》上卷，宗白华译，商务印务馆 1964 年版，第 47 页。译文略有改动。
③ [德]康德：《判断力批判》上卷，宗白华译，商务印务馆 1964 年版，第 48 页。
④ 蔡元培：《学养》，古吴轩出版社 2016 年版，第 56 页。

称判断。例如，我眼前看着这玫瑰，我通过审美判断称它为美。如果说玫瑰在香味上是快适的，这种官能的判断也是单称判断。这两种单称判断不同的地方在于，快适的判断只是个人的意见，它不具有量的普遍性。只能说玫瑰花香对于我是快适的，对于别人可能就不能这样说。审美判断虽然也是个人的意见，但它同时主张普遍的有效性。“许多事物可能使他觉得可爱和快适，这是没有别人管的事；但是如果他把某一事物称做美，这时他就假定别人也同样感到这种愉快：他不仅仅是为自己这样判断着，他也是为每个人这样判断着，并且他谈及美时，好象它（这美）是事物的一个属性。”①

审美判断的普遍性是它的不涉功利性的直接结果。审美对象使主体感到愉快，主体对审美对象没有任何利害关系，这种愉快也不是植根于主体的任何偏爱，主体感到愉快时是完全自由的。“于是他就不能找到私人的只和他的主体有关的条件作为这愉快的根据，因此必须认为这种愉快是根据他所设想人人共有的东西。结果他必须相信他有理由设想每个人都同感到此愉快。”②

对普遍性的追求在某种程度上使审美判断和逻辑判断相接近。不过，逻辑判断通过概念来确定，例如，通过比较对玫瑰花的许多单称判断产生出逻辑判断：玫瑰花一般是美的。在这种判断中，玫瑰花这单个表象转化为一个概念。逻辑判断具有客观的量，具有客观的普遍有效性。审美判断具有的是主观的量，即主观的普遍有效性。“当人称这对象为美时，他又相信他自己会获得普遍赞同并且对每个人提出同意的要求”③。

审美判断是个人的判断，它不凭借概念，为什么会有普遍有效性，或共同有效性呢？按照康德的解释，审美判断时的心意状态是人人相同的。那就是对象的形式符合人的两种认识功能（想象力和知性），引起它们自

① ［德］康德：《判断力批判》上卷，宗白华译，商务印务馆 1964 年版，第 49 页。
② ［德］康德：《判断力批判》上卷，宗白华译，商务印务馆 1964 年版，第 48 页。
③ ［德］康德：《判断力批判》上卷，宗白华译，商务印务馆 1964 年版，第 53 页。

由和谐的活动。我看美的对象时产生一种心意状态，可以假定别人在看同一个对象时也会产生同样的心意状态。这就是主观的普遍传达性。“和我们称之为美的对象的表象相结合着的愉快底普遍主观有效性，只是建筑在判定对象时的主观条件的普遍性上面。”[①] 审美判断的普遍传达性依据的不是对象的客观属性，不是关于对象的概念，而是人的认识能力的自由活动。心意状态成为审美判断的普遍意义的主观基础。

在这里康德提出一个理解审美判断的关键问题：在审美判断中是快感先于对对象的判断，还是判断先于快感？康德认为判断先于快感。如果快感先于判断，那就只能是感官的快适，只能是个人的主观感觉，而不能有普遍有效性。是否有普遍有效性，乃是美感和一般快感的区别之所在。

追求审美判断的普遍传达性是康德美学的重要特点。它表明康德使审美隔绝于逻辑的努力未能贯彻始终，他的美学仍然保持着同理性主义认识论和逻辑学的某种联系。不过，在康德看来，激起我们的认识能力自由活动的感情绝不是某种认识，这种感情先于认识，不超出认识的主观条件的范围。“因为美若没有着对于主体的情感的关系，它本身就一无所有。”[②] 从量的方面看，“美是那不凭借概念而普遍令人愉快的”[③]。

（三）从关系方面看审美判断

关系指对象和它的目的之间的关系。从关系方面看，审美判断是没有目的的合目的性。康德把合目的性分为两种：形式的或主观的合目的性和现实的或客观的合目的性。这里有两层意思：“客观的合目的性是或为外在的，即有用性，或为内在的，即对象的完满性。”[④] 美的对象没有外在目的，即不涉及有用性和功利性；也没有内在目的，即完全不系于完满性（完善）

① ［德］康德：《判断力批判》上卷，宗白华译，商务印务馆 1964 年版，第 55 页。
② ［德］康德：《判断力批判》上卷，宗白华译，商务印务馆 1964 年版，第 56 页。
③ ［德］康德：《判断力批判》上卷，宗白华译，商务印务馆 1964 年版，第 57 页。
④ ［德］康德：《判断力批判》上卷，宗白华译，商务印务馆 1964 年版，第 64 页。

的概念。一个对象的结构符合自身的功能，这就是完善。完善牵涉到概念，而美是和概念无关的。在这一点上，康德和鲍姆加登不同，鲍姆加登认为美是感性认识的完善，而真是理性认识的完善，于是美学和逻辑学相平行。康德指出这种观点是错误的，从而使自己的美学和这种在当时很有影响的美学理论区分开来。在没有目的性的同时，审美判断又有合目的性，这是指它具有形式的或主观的合目的性。“美，它的判定只以一单纯形式的合目的性，即一无目的的合目的性为根据的”[①]。

从关系方面看审美判断，康德提出了“自由美”（“纯粹美”）和“附庸美”（“依存美”）之间的区别。自由美是不涉概念和利害计较，没有目的的合目的性的纯然形式的美；附庸美是涉及概念、利害计较和目的之类内容意义的美。“有两种美，即：自由美（Pulchritudo vaga）和附庸美（Pulchritudo adhaerens）。第一种不以对象的概念为前提，说该对象应该是什么。第二种却以这样的一个概念并以按照这概念的对象底完满性为前提。第一种唤作此物或彼物的（为自身而在的）美；第二种是作为附属于一个概念的（有条件的美），而归于那些隶属一个特殊目的的概念之下的对象。”[②]

属于自由美的有“花，自由的素描，无任何意图地相互缠绕着的、被人称作簇叶饰的纹线”“一种单纯的颜色，譬如一块草地的绿色，一个单纯的音调（别于音响及噪音）”“无标题的幻想曲，以至缺歌词的一切音乐”等。

自由美的领域极其有限。音乐、文学和造型艺术都涉及内容意义，它们的美是附庸美。绝大部分自然美也是附庸美。“一个人的美（即男子或女子和孩儿的美），一匹马或一建筑物（教堂、宫殿、兵器厂、园亭）的美，是以一个目的的概念为前提的，这概念规定这物应该是什么，即它的完满

① ［德］康德：《判断力批判》上卷，宗白华译，商务印务馆 1964 年版，第 64 页。
② ［德］康德：《判断力批判》上卷，宗白华译，商务印务馆 1964 年版，第 67 页。

性的概念，因此仅是附庸的美。”[①] 人、马、建筑物首先要符合客观的目的，即完满的，才能是其所是。然后才谈得上对他（它）们的审美评价，所以这些对象是附庸美。

附庸美比自由美更能够表现美的理想，接着康德讨论了美的理想问题。他所说的美的理想，实际上是审美标准。美的理想有两方面的内容：审美的规范观念和理性观念。“理想本来意味着一个符合观念的个体的表象”[②]。理想和概念不同，概念是抽象的，理想则是抽象和具象的结合。就理想包含着观念而言，它是抽象的；就它作为个体的表象而言，它是具象的。康德所说的审美的规范观念，指“从同一种类的多数形象的契合获得一平均率标准”。例如，测量 1000 个男子，把他们的高和宽加起来，各把总数用千来除，就会得出身材平均的大小，平均的头，平均的鼻。康德的规范观念是一种典型观，但这是平均主义的类型观。

作为美的理想的另一内容的理性观念，就是道德观念。道德观念可以在美的理想中感性地表现出来。人的形体要表现“那心灵的温良，或纯洁或坚强或静穆等等”道德观念。而要判定和表现这些道德观念，“必须结合着理性的纯粹观念及想象力的巨大力量”[③]。总之，“不论一个理想是在何种评判的根据里，必须有一个理性的观念依照着一定的概念做根据”[④]。

我们可以看到，康德关于理想的观点打破了他的审美形式主义封闭的圆圈。只有在纯粹的分析研究中，美才能完全隔绝于善，审美判断才能彻底独立于利害和概念。在现实中，美要服从理性观念，表现道德理想。这是康德对自己观点的修正。以关系方面看，“美是一对象的合目的性的形式，在它不具有一个目的的表象而在对象身上被知觉时”[⑤]。

① ［德］康德：《判断力批判》上卷，宗白华译，商务印务馆 1964 年版，第 68 页。
② ［德］康德：《判断力批判》上卷，宗白华译，商务印务馆 1964 年版，第 70 页。
③ ［德］康德：《判断力批判》上卷，宗白华译，商务印务馆 1964 年版，第 74 页。
④ ［德］康德：《判断力批判》上卷，宗白华译，商务印务馆 1964 年版，第 71 页。
⑤ ［德］康德：《判断力批判》上卷，宗白华译，商务印务馆 1964 年版，第 74 页。

（四）从情状方面看审美判断

“情状”又译为“方式”。判断的方式带有可然性、实然性或必然性。审美判断具有必然性，即美的对象和快感之间有着必然的关系。“谁说某一事物为美时，他是要求每个人赞美这当前的对象并且应该说该物为美。”①

为了使审美判断具有必然性，必须有一个主观性的原理，“这原理只通过情感而不通过概念，但仍然普遍有效地规定着何物令人愉快，何物令人不愉快”②。康德把这个主观性原理称作“共通感”（共同的感觉力）。所谓共通感，就是美的形式引起我们的知性和想象力的自由活动，即主观的合目的性。审美判断能够普遍传达，就以共通感为前提。我说一朵花美，其他人也应该作出同样的判断。这种普遍赞同的必然性是一种主观的必然性。“在一切我们称某一事物为美的判断里，我们不容许任何人有异议，而我们并非把我们的判断放在概念之上，而只是根据情感：我们根据这种情感不是作为私人的情感，而是作为一种共同的情感。”③从情状方面看，“美是不依赖概念而被当作一种必然的愉快底对象”④。

（五）“美的分析”小结

康德从质、量、关系和情状四个方面分析了审美判断，揭示出其中的一系列二律背反：审美判断不涉及利害，它不是实践活动，然而却能像实践活动一样产生快感；审美判断是个人的意见和单称判断，然而却有普遍性；审美判断是没有目的的合目的性；审美判断不涉及概念，然而却有必然性。

从个别观点看，康德所阐述的审美判断的特点，大部分别人已经指出过。法国美学家尼维尔在《从鲍姆加登到康德的德国美学》一书（巴黎

① ［德］康德：《判断力批判》上卷，宗白华译，商务印务馆 1964 年版，第 75—76 页。
② ［德］康德：《判断力批判》上卷，宗白华译，商务印务馆 1964 年版，第 76 页。
③ ［德］康德：《判断力批判》上卷，宗白华译，商务印务馆 1964 年版，第 78 页。
④ ［德］康德：《判断力批判》上卷，宗白华译，商务印务馆 1964 年版，第 79 页。

1955 年版）中详细地分析了康德美学思想的来源。审美判断不涉利害的观点，英国的哈奇生和博克、德国的门德尔松和温克尔曼都涉及过。门德尔松指出，拥有和使用对象的欲求，完全不同于美所产生的快感。无论美的对象距离我们企图利用它的欲求有多远，它都为我们所喜欢。把美分为自由美和附庸美，康德也非始作俑者。德国美学家祖尔策对美也作过类似的划分。他提出“纯粹美”的概念，这种美以它的形式吸引我们，而与质料和合目的性没有关系，它相当于康德的“自由美”。另一种美则产生迷人的、可爱的印象，它部分地相当于康德的“附庸美”。审美理想的概念在康德以前的德国美学中已经得到研究。温克尔曼把审美理想看作个人的许多观察的总结，搜集和比较这些观察，从而产生了关于人的美的完善范型的表象。温克尔曼的这种理想类似于康德的“审美的规范观念”。

康德的功绩在于，他吸收了前人的观点，把它们纳入到一个完整的体系中。这个体系的特点是：审美判断是一种非常独特的判断，它不产生任何认识，认识只通过逻辑判断形成。相反，审美判断仅仅属于主体，它不表明对象中的任何属性，而仅仅指出对象的形式符合我们的某些心理能力的自由活动。这样，康德把审美判断的研究重点坚决地转移到主体和审美评价的主观条件上来。这对以后西方美学的发展具有里程碑式的意义。

三、崇高的分析

在西方美学史上，最早把崇高作为一种审美范畴提出来的是罗马美学家朗吉弩斯。18 世纪英国美学家博克力图把美同崇高区分开来，对崇高作了专门研究。康德研究过博克的《论崇高与美两种观念的根源》的德文译本（1773 年里加版）。他在考察崇高概念时，使他的美学同伦理学、想象力和知性同理性、关于艺术的学说同关于自然的学说、人类学同先验哲学相结合，因此，他的崇高论中的形式主义比美论中的要少，然而主观唯心主义色彩更浓。

（一）崇高和美的比较

崇高判断也是一种审美判断，因此，崇高和美具有一系列共同点。它们都是自身令人愉快的，崇高的判断和美的判断一样，都不是感官的，也不是逻辑规定着的，而是一种反省判断。知觉崇高时的快感不像快适的快感那样产生于感觉，也不像善的快感那样产生于概念。崇高的判断和美的判断都是单称判断，然而它们都要求普遍意义，即对于每个主体具有普遍有效性。这仅仅是对快感的要求，而不是对对象的知识的要求。"对于崇高和对于美的愉快都必须就量来说是普遍有效的，就质来说是无利害感的，就关系来说是主观合目的性的，就情状来说须表象为必然的。"[①]崇高判断的研究从量开始，美的判断的研究从质开始。因为崇高的对象是无形式的，所以从量开始；美的判断涉及对象的形式，所以从质开始。

同时，崇高和美也有明显的区别。美的对象有形式和限制，崇高的对象无形式和无限制。美所产生的快感是直接的、积极的快感，而崇高所产生的快感是间接的、消极的快感，由不快感转为快感，"它经历着一个瞬间的生命力的阻滞，而立刻继之以生命力的因而更加强烈的喷射，崇高的感觉产生了"[②]。崇高感是更多地包含着惊叹或崇敬的快感。

康德认为崇高和美最重要的区别是内在的区别。这特别表现在自然对象中。自然美在它的形式里带着一种合目的性，而真正的崇高不能包含在任何感性的形式里，而只涉及理性的观念。观照美时，它的形式符合我们的知性和想象力的自由活动。观照崇高时，想象力借助理性的帮助，抛开感觉，去体会更高的合目的性的观念。崇高概念根本不指出自然本身里的任何合目的性，而只是在我们的内心里激起完全不属于自然界的合目的性的感觉。"崇高不存在于自然的事物里，而只能在我们的观念里寻找。"[③]

---

① [德]康德：《判断力批判》上卷，宗白华译，商务印务馆1964年版，第86页。
② [德]康德：《判断力批判》上卷，宗白华译，商务印务馆1964年版，第84页。
③ [德]康德：《判断力批判》上卷，宗白华译，商务印务馆1964年版，第89页。

在观照美时，我们的心意是平静的；在观照崇高时，我们的心意是运动的。这种运动或者属于认识能力，或者属于意欲能力。在第一种情况下，说的是数学的崇高；在第二种情况下，说的是力学的崇高。

（二）数学的崇高和力学的崇高

数学的崇高指体积的大，但这不是逻辑判断的大，而是审美判断的大。逻辑判断的大是相对的，它通过比较而产生，在另一种关系中它可能降为小。审美判断的大是绝对的，是我们观念中的大。“假使我们对某物不仅称为大，而全部地，绝对地，在任何角度（超越一切比较）称为大，这就是崇高。”①然而，应该称作崇高的不是那感官的对象，而是对象在我们心中引起的无限大的观念。康德写道：“真正的崇高只能在评判者的心情里寻找，不是在自然对象里。对于自然对象的评判引起了对于它的情调。谁会把杂乱无章的山岳群，它们的冰峰相互乱叠着，或阴惨的狂野的海洋唤做崇高呢？但是心情感到在它的欣赏里自己被提高了，当他在观照这些对象时不顾及它们的形式，而让自己放任着想象力和一种——虽然没有连接着一个固定目的——单是扩张着它们的理性，然而同时却又发见想象力的全部势力仍然不能应合它的诸观念。”②

力学的崇高指威力的大。力学的崇高具有强大的威力，是恐惧的根源。但是它对我们没有支配力，我们敬畏它，而不害怕它。崇高对象的威力不可抗拒，在它们面前我们认识到自己的无力和局限，然而我们在内心发现了一种优越性，它超过自然界的威力。自然界不是因为引起我们的恐怖，而是因为在我们的内心里唤起我们的力量而被评价为崇高的。“高耸而下垂威胁着人的断岩，天边层层堆叠的乌云里面挟着闪电与雷鸣，火山在狂暴肆虐之中，飓风带着它摧毁了的荒墟，无边无界的海洋，怒涛狂啸着，一

---

① ［德］康德：《判断力批判》上卷，宗白华译，商务印务馆 1964 年版，第 89 页。
② ［德］康德：《判断力批判》上卷，宗白华译，商务印务馆 1964 年版，第 95—96 页。

个洪流的高瀑，诸如此类的景象，在和它们相较量里，我们对它们抵拒的能力显得太渺小了。但是假使发现我们自己却是在安全地带，那么，这景象越可怕，就越对我们有吸引力。我们称呼这些对象为崇高，因它们提高了我们的精神力量越过平常的尺度，而让我们在内心里发现另一种类的抵抗的能力，这付予我们勇气来和自然界的全能威力的假象较量一下。”①

在康德看来，自然威力本身不是崇高的，而只是在我们心中产生崇高感的动因，这种崇高感被移置到自然现象上，自然现象再激起这种感情。这当然是主观主义的，但是其中表现了康德对人的信念，对人比自然威力优越的信念，从而体现了一种深刻的人道主义。康德把崇高判断的能力和人的道德感联系在一起。“事实上，若是没有道德诸观念的演进发展，那么，我们受过文化陶冶的人所称为崇高的对象，对于粗陋的人只现得可怖。”② 不过，对大自然的崇高判断，虽然需要文化修养，却不是首先由文化产生出来的。道德情绪是人类天赋的。具有健康理性的人，有权设定每个人都具有这种禀赋。崇高判断和美的判断一样具有普遍性和必然性。通过必然性原则，康德把判断力置入“先验哲学”的领域。

康德不仅开创了德国古典美学，而且对他以前的德国美学作了总结。他的美学思想是在以往的美学传统中形成的。从 18 世纪中期开始，西方美学的发展经历了三个阶段：第一阶段出现了人的三种心理能力的划分；第二阶段把对美的知觉归结为感情，而不是理智；第三阶段则把美的本质说成是快感。这三个阶段都在康德美学中得到反映。

把人的心理能力分为知、情、意三种，这是康德美学的第一个基础。这个基础他是从心理学家和哲学家特滕斯那里借用的。在这个问题上康德不仅吸收了特滕斯的观点，还吸收了其他人的观点。莱布尼茨和鲍姆加登曾把心理能力划分为高级能力和低级能力，1750 年后不久“趣味”就被置

① ［德］康德：《判断力批判》上卷，宗白华译，商务印务馆 1964 年版，第 101 页。
② ［德］康德：《判断力批判》上卷，宗白华译，商务印务馆 1964 年版，第 105 页。

入高级心理能力的范围。1767 年里德尔划分出三种独立的心理能力：一般感觉、良知和趣味，它们分别归属真、善、美。和康德的心理划分最接近的是德国启蒙运动者门德尔松。他把审美快感归为感觉，并把这种快感与意志和理性区分开来，使它成为一种特殊的、独立的能力。

康德美学的第二个基础是把美归为情感领域。在这方面康德不仅依据了德国美学传统，而且依据了其他国家的美学思想。卢梭对康德产生过巨大影响，情感在卢梭的美学中具有重要的作用。门德尔松把对美的知觉和情感直接联系起来，排斥理性和意志的任何介入。温克尔曼也指出，美只可能为情感所知觉。

康德美学的第三个基础是把美归结为主观性。这种基础也来自德国美学传统。祖策尔把美和认识相区分，他认为观照对象时可以产生审美快感，尽管对象的概念和目的是未知的。门德尔松区分了物质认识和形式认识。物质认识是概念活动的结果，它可以是真或伪。形式认识只与感情相联系，它产生快感或不快感。美和丑的本质以形式认识为基础。门德尔松所使用的术语甚至和康德相接近。

不过，康德不是简单地重复或综合前人的观点，他精确地阐发了前人美学中隐含的内容，给美学带来了辩证思想。他指出了审美中的一系列二律背反，并力图在统一中理解它们。他的美学总的倾向是克服笛卡儿、莱布尼茨和伍尔夫学派给美学带来的理性主义。莱布尼茨把美等同于完善，认为它们之间的唯一区别是认识方式的区别。这是认识论的理性主义。德国启蒙运动者对此又补充了伦理的理性主义，把艺术仅仅看作道德的手段。康德美学区分了艺术知觉和科学认识，区分了美和善，揭示了审美对象的特征，开辟了西方美学发展的新方向。

第十五讲
歌德和席勒

歌德和席勒在18世纪末19世纪初的德国美学中占有特殊的地位。虽然席勒比歌德小10岁，又早逝27年，然而魏玛宫廷剧院门前他俩比肩而立的铜像，清楚地表明了这两位文化巨匠在德国文化史、文学史和美学史中双峰并峙的局面。他们所处的时代，是德国文化从启蒙运动，经由狂飙突进运动和古典主义时期向浪漫主义发展的阶段。歌德和席勒个性迥异，然而友谊亲密，他们都是狂飙突进运动的领袖。从1794年到1805年他们在魏玛相交、合作的10年，在德国文学史上被称为古典主义时期。他们的经历体现了德国文化发展的深层规律。与18世纪下半叶从鲍姆加登到康德的美学不同，歌德和席勒从来不脱离现实的艺术材料和生动的文学史过程来思考美学问题。

一、"在特殊中显出一般"

"在特殊中显出一般"是歌德在与席勒关于创作方法的争论中提出的重要的美学观点。歌德（1749—1832年）是德国著名的诗人、作家、思想家和美学家，被称为文艺领域里"真正的奥林匹斯神山上的宙斯"。歌德没有专门研究哲学美学问题。他涉及美学的著作主要有三类：第一类是篇幅不大的论文，如《〈雅典神殿入口〉发刊词》《论拉奥孔》《说不尽的莎士比亚》等；第二类是歌德手稿和散见在他的《浮士德》等著作中的格言和反思；第三类是爱克曼辑录的《歌德谈话录》。

（一）艺术和自然

艺术和自然的关系是歌德非常关注的一个问题。在这个问题的研究上，他表现出一系列辩证思想。歌德主张："真正的、创造法则的艺术家追求的是艺术真实，而听从盲目冲动不顾法则的艺术家则追求的是自然真实。通过前者艺术达到了顶峰，通过后者艺术降到了最低点。"①

那么，怎样才能从自然真实上升到艺术真实呢？第一，艺术模仿自然的创造性。"艺术并不能确切地摹拟眼睛所能看到的那些东西，它只不过是回复到自然所赖以构成并按其行动的那个理性因素上去罢了。"② 艺术模仿自然，最根本的是模仿自然那样去创造，而不仅仅是模仿自然事物的具体状貌，从而强调了艺术模仿的创造因素。这是亚里士多德的观点，歌德受到了他的影响。

第二，艺术真实产生于艺术概括。如果自然不完美，那么，艺术"还把它自身所拥有的美大量地加到自然身上。正是这样，菲狄亚斯虽然没有任何可由眼睛看到的东西供他摹仿，他却雕出了一尊神像，并且他还掌握住了宙斯神的外表，就是宙斯神亲自出现在我们面前，他也只能有这样的外表"③。希腊雕塑家菲狄亚斯不可能见过宙斯，他却创作出宙斯的神像，他是根据想象来进行创作的，而他的想象以艺术概括为基础。在《歌德谈话录》中，歌德盛赞荷兰画家鲁本斯（1577—1640年）的一幅风景画，整幅画安排得融贯，细节也画得惟妙惟肖。初看起来鲁本斯是完全临摹自然的，实际上"这样完美的一幅画在自然中是从来见不到的"，这是画家艺术概括的结果，鲁本斯"脑里装着整个自然，自然总是任他驱使"。有感于鲁本斯绘画的境界，歌德感叹地说："艺术家对于自然有着双重关系：他既是自然的主宰，又是自然的奴隶。他是自然的奴隶，因为他必须用人世间的材

① 高中甫编选：《歌德精选集》，山东文艺出版社1997年版，第451页。
② 《歌德的格言和感想集》，程代熙、张惠民译，中国社会科学出版社1982年版，第92页。
③ 《歌德的格言和感想集》，程代熙、张惠民译，中国社会科学出版社1982年版，第92页。

料来进行工作，才能使人理解；同时他又是自然的主宰，因为他使这种人世间的材料服从他的较高的意旨，并且为这较高的意旨服务。”①

第三，艺术真实包含了艺术家的主观精神。歌德强调高度真实的艺术作品应该表现人的精神和心灵世界。即使艺术描绘的对象是自然本身，他也认为在这里占第一位的仍然是艺术家对自然的理解。这种理解不是抽象的观念，而是对题材的艺术把握的直接结果。“一部完美的艺术作品是人的精神的作品”，在这个意义上，它超越了自然。歌德十分欣赏法国画家克劳德·劳冉（1600—1682年）的风景画，他的画在酷热的夏天给人一种清凉感。歌德说：“这些画都具有最高度的真实，但是没有一点实在的痕迹。克劳德·劳冉最熟悉现实世界，直到其中的最微小的细节，他用这些作为媒介，来表现他的优美的心灵世界。”② 这里所说的“最高度的真实”指的是艺术真实，而“实在的痕迹”指的是自然真实。克劳德·劳冉用自然真实作为媒介，来表现他的心灵世界，“既洞察到对象的深处也能洞察到他自己情感的深处”，做到外在世界和内在世界相统一，从而达到高度的艺术真实。歌德批评一些青年画家的画是“不能切割的刀、打不中靶子的箭”，因为他们缺乏“心胸和精神”。

歌德多次谈到他和席勒在创作方法上的区别，他说：“我主张诗应采取从客观世界出发的原则，认为只有这种创作方法才可取。但是席勒却用完全主观的方法去写作，认为只有他那种创作方法才是正确的。”③ 这两者的区别，就是“在特殊中显出一般”和“为一般而找特殊”的区别。

对于这两者的区别，歌德还有一个具体的说明：“诗人究竟是为一般而找特殊，还是在特殊中显出一般，这中间有一个很大的分别。由第一种程序产生出寓意诗，其中特殊只作为一个例证或典范才有价值。但是第二种程序才特别适宜于诗的本质，它表现出一种特殊，并不想到或明指到一般。

① [德]爱克曼辑录：《歌德谈话录》，朱光潜译，人民文学出版社1978年版，第137页。
② [德]爱克曼辑录：《歌德谈话录》，朱光潜译，人民文学出版社1978年版，第193页。
③ [德]爱克曼辑录：《歌德谈话录》，朱光潜译，人民文学出版社1978年版，第221页。

谁若是生动地把握住这特殊，谁就会同时获得一般而当时却意识不到，或只是到事后才意识到。”[①]

在特殊中表现一般，就是从个别、具体的客观事物出发，通过对它真实而完整的描绘，显现出普遍的、一般的规律性。这是典型化的创作方法，歌德认为这种创作方法符合艺术的本质。为一般而找特殊，就是从抽象的概念出发，为了图解某种概念，寻找可资印证的具体事例。这是类型化的创作方法，按照类型化方法创作的艺术作品只是一种寓意艺术。

歌德主张在特殊中显出一般，反对为一般而找特殊的观点，包含着丰富的、辩证的内容。第一，艺术创作要从个别的特殊事物出发。世界是那样广阔，生活是那样丰富，艺术家应该在现实生活中寻找创作的动因和材料。歌德谆谆告诫艺术家要从观念中解脱出来，描写具体的客观事物，“艺术的真正生命正在于对个别特殊事物的掌握和描述”。“到了描述个别特殊这个阶段，人们称为‘写作’（Komposition）的工作也就开始了。”[②] 在这种意义上，艺术唯一真正的对象是个别特殊的事物的具体形象。然而另一方面，歌德又要求艺术把握达到尽可能的广泛性、充分性和客观性，符合生活的一般规律。他如此青睐艺术表现的客观性，甚至认为造型艺术比诗优越，因为它“具有纯粹的客观性”。艺术内容的广泛客观性和艺术对象的个别特殊性，仿佛形成了一种矛盾。解决这个矛盾的基础是歌德关于特殊性和一般性关系的论述。

第二，艺术对象是显出特征的事物。歌德提出特征的概念，具有深刻的理论渊源。在西方美学史上，亚里士多德最早提出了典型论，典型是在个别事物中见出普遍性的事物。罗马美学家贺拉斯用类型代替典型，类型是同类事物在数量上的平均数和常态。新古典主义美学的立法人布瓦罗进一步倡导类型说，并由新古典主义艺术家付诸实践。启蒙运动时期类型说受到动

① 《歌德的格言和感想集》，程代熙、张惠民译，中国社会科学出版社 1982 年版，第 81 页。
② ［德］爱克曼辑录：《歌德谈话录》，朱光潜译，人民文学出版社 1978 年版，第 10 页。

摇，然而温克尔曼所推崇的古典艺术的理想仍然接近新古典主义的类型，为一般而牺牲特殊。德国艺术史家希尔特用“特征”的概念来反对温克尔曼的“理想”的概念，主张艺术典型的个性化。黑格尔在《美学》序论里叙述了希尔特和温克尔曼的争论。歌德就是在这种理论背景中提出特征的概念，希望在主客观的统一中综合前人的成果。他在最早的理论著作《论德国建筑》（1772 年）中已经指出：“这种显出特征的艺术才是唯一真实的艺术。”

那么，什么才是显出特征的事物呢？显出特征的事物就是显出本质和必然规律的事物。关于这一点歌德在《对自然的简单模仿、虚拟、独特风格》中说得最清楚。对自然的简单模仿“是那些冷静的、忠实的、狭窄的人在画那些所谓死的或静止不动的对象”时使用的方法，这种方法不可能达到艺术的高度完美。而能达到艺术的高度完美的是独特风格：“如果艺术通过模仿自然，通过努力为自己创造一种具有普遍性的语言，通过精确地、深刻地研究对象本身，终于达到这样的地步，它准确地，而且越来越准确地了解了事物的特性（即特征——引者注）以及它们生成的方式，它认识了许许多多的形态，它懂得把各种不同的具有典型意义的形式并列起来并模仿出来——如果艺术达到这样的地步，独特风格就成了艺术可能达到的最高水准，也就是说，它达到这样的水准，可以等同于人的最高努力。”“独特风格就是以最深刻的认识，以事物的本质为基础，因而我们就能在那些看得见、摸得着的形态中认识这种本质。”[①] 由此可见，准确、深刻地了解事物的特征，就是准确、深刻地认识事物的本质。把这种事物模仿出来，我们就能够通过看得见的形态理解事物的本质。这样的事物虽然是个别特殊的，然而却蕴涵了普遍和一般的规律。它是个别和一般相结合的具体对象。

以这种标准来衡量自己的创作，歌德满意地指出：“一个特殊具体的情境通过诗人的处理，就变成带有普遍性和诗意的东西。我的全部诗都是应

---

① 高中甫编选：《歌德精选集》，山东文艺出版社 1997 年版，第 427 页。

景即兴的诗，来自现实生活，从现实生活中获得坚实的基础。我一向瞧不起空中楼阁的诗。”① 歌德的创作正是依据客观现实，从个别特殊的事物出发，显出一般性和普遍性。

在歌德看来，一般只有存在于个别中，并只有通过个别才能显现出来；在艺术作品中表现一般的概念和观念，只能够作为把握个别特殊对象的结果。这种原则对于整个美学具有重要意义。从这种原则出发，歌德要求艺术家把描绘个别特殊作为达到一般的唯一可能的方法。思想意义和思想倾向不能被机械地纳入艺术作品的结构中。

第三，反对把艺术作品的内容、甚至最富于思想的艺术作品的内容归结为某些抽象观念。歌德认为真正有成就的诗人从来不在自己的作品中体现某种抽象观念。席勒对哲学的倾向就损害了他的诗，这种倾向使他把观念看得高于自然。当问到歌德在剧本《塔索》中企图表现什么观念时，他回答说，“观念？我似乎不知道什么是观念！我有塔索的生平，有我自己的生平，我把这两个奇特人物和他们的特性融会在一起，我心中就浮起塔索的形象”②，他继续说：“人们还来问我在《浮士德》里要体现的是什么观念，仿佛以为我自己懂得这是什么而且说得出来！从天上下来，通过世界，下到地狱，这当然不是空的，但这不是观念，而是动作情节的过程。”③ 歌德对自己的创作方法作了总结：“总之，作为诗人，我的方式并不是企图要体现某种抽象的东西。我把一些印象接受到内心里，而这些印象是感性的、生动的、可喜爱的、丰富多彩的，正如我的活跃的想象力所提供给我的那样。作为诗人，我所要做的事不过是用艺术方式把这些观照和印象融会贯通起来，加以润色，然后用生动的描绘把它们提供给听众或观众，使他们接受的印象和我自己原先所接受的相同。”④

① ［德］爱克曼辑录：《歌德谈话录》，朱光潜译，人民文学出版社 1978 年版，第 6 页。
② ［德］爱克曼辑录：《歌德谈话录》，朱光潜译，人民文学出版社 1978 年版，第 146 页。
③ ［德］爱克曼辑录：《歌德谈话录》，朱光潜译，人民文学出版社 1978 年版，第 147 页。
④ ［德］爱克曼辑录：《歌德谈话录》，朱光潜译，人民文学出版社 1978 年版，第 147 页。

（二）浪漫的和古典的

这里的“古典的”既指古希腊的艺术作品，又指与狂飙突进运动和浪漫主义相互交叉、衔接和承续的古典主义。歌德是由浪漫主义转向古典主义的，古典主义实质上接近现实主义。浪漫主义者十分推崇歌德的创作，他的《浮士德》被称为浪漫主义的福音书，他的《威廉·迈斯特》被称为浪漫主义的来源之一。浪漫主义者认为歌德的创作有利于克服浪漫主义偏重主观的倾向，从而达到主观与客观的统一。然而，歌德却对浪漫主义作了严厉的批评。

歌德在晚年的 1829 年指出：“我把‘古典的’叫做‘健康的’，把‘浪漫的’叫做‘病态的’。这样看，《尼伯龙根之歌》就和荷马史诗一样是古典的，因为这两部诗都是健康的、有生命力的。最近一些作品之所以是浪漫的，并不是因为新，而是因为病态、软弱；古代作品之所以是古典的，也并不是因为古老，而是因为强壮、新鲜、愉快、健康。如果我们按照这些品质来区分古典的和浪漫的，就会知所适从了。”[①] 和浪漫主义者不同，歌德不是按照艺术作品产生的时代，而是按照它们的品质来划分古典的和浪漫的。浪漫的是病态的、软弱的，古典的是健康的、强壮的。在这里，歌德并不是完全否定浪漫主义，在此前 3 年的《说不尽的莎士比亚》（1826 年）中，他主张“我们既不该责备也不该抛弃我们的浪漫派”。他是批评浪漫主义的消极性和片面性，即完全不顾客观现实，只从主观出发，凭兴之所至从事创作。某些浪漫主义创作之所以是病态的，因为其中有太多的感伤和忧郁。“一切倒退和衰亡的时代都是主观的，与此相反，一切前进上升的时代都有一种客观的倾向。”[②] 歌德认为他晚年所处的时代是一个倒退的、主观的时代，他对这个时代的艺术创作提出了尖锐的批评。

施莱格尔兄弟对倡导浪漫主义起了很大作用，不过，浪漫主义概念的

① ［德］爱克曼辑录：《歌德谈话录》，朱光潜译，人民文学出版社 1978 年版，第 188 页。
② ［德］爱克曼辑录：《歌德谈话录》，朱光潜译，人民文学出版社 1978 年版，第 97 页。

起源在于歌德和席勒。在与歌德的争论中，席勒写了一篇论文《论素朴的诗与感伤的诗》。席勒所说的“素朴的诗”就是古典诗，“感伤的诗”就是浪漫诗。歌德说：“古典诗和浪漫诗的概念现已传遍全世界，引起许多争执和分歧。这个概念起源于席勒和我两人。我主张诗应采取从客观世界出发的原则，认为只有这种创作方法才可取。但是席勒却用完全主观的方法去写作，认为只有他那种创作方法才是正确的。为了针对我来为自己辩护，席勒写了一篇论文，题为《论素朴的诗和感伤的诗》。他想向我证明：我违反了自己的意志，实在是浪漫的，说我的《伊菲姬尼亚》由于情感占优势，并不是古典的或符合古代精神的，如某些人所相信的那样。史雷格尔弟兄抓住这个看法把它加以发挥，因此它就在世界传遍了，目前人人都在谈古典主义和浪漫主义，这是五十年前没有人想得到的区别。”[①] 应该指出的是，席勒“用完全主观的方法去写作”和浪漫主义者不同，席勒从一般观念出发，浪漫主义者则从内心世界出发。莎士比亚的创作竭力把这两者统一起来，把古代世界和近代世界衔接起来。歌德主张艺术家应该以莎士比亚为榜样，“把那个巨大的、似乎不能统一的对立在我们胸中统一起来”。

歌德对美学的最大贡献是对艺术和自然的关系的辩证阐述。他的理论既避免了以前的模仿论拘泥事实的片面性，又避免了浪漫主义摆脱自然的任意性；既反对理性主义观点，又反对非理性主义观点。歌德渴望艺术、人和生活的完整性，他的理论的特点直接产生于他的思维的具体性和丰富的创作经验。

二、提出“美育”术语的第一人

席勒的《美育书简》是美学史第一部美育宣言书，而席勒是第一个使用“美育”术语的人。席勒（1759—1805年）是德国诗人、剧作家和美

① ［德］爱克曼辑录：《歌德谈话录》，朱光潜译，人民文学出版社1978年版，第221页。

学家。青年时代就创作了剧本《强盗》《阴谋与爱情》《唐·卡洛斯》和诗歌《欢乐颂》。席勒基本的美学著作是在1792—1796年，即康德的《判断力批判》（1790年）出版后写成的。在接触到康德的这部美学著作之前，席勒在某种程度上就已是康德主义者。他在《美育书简》的第一封信中承认，“下述命题绝大部分是基于康德的各项原则”①。虽然在许多方面席勒从康德理论出发，然而他独立发展了康德理论，并对它有所修正和批判。席勒的美学著作可以分为两组，一组以《美育书简》为代表，它们研究美学问题，具有纯理论性；另一组以《论素朴的诗与感伤的诗》为代表，它们依据文学史和艺术史材料，研究艺术学问题。第一组著作受到康德的影响，第二组著作则受到莱辛和赫尔德的影响。

（一）《美育书简》

《美育书简》是席勒于1793—1794年写给丹麦亲王奥克斯登堡的克里斯谦公爵的信，1795年陆续发表于他主编的《季节女神》上。《美育书简》的主旨如它的第二封信所说的那样：“我们为了在经验中解决政治问题，就必须通过审美教育的途径，因为正是通过美，人们才可以达到自由。”②席勒企图通过审美教育，而不是通过政治和经济变革，来达到精神自由和人性的完整。

与康德抽象的哲学体系不同，席勒的《美育书简》是对德国社会现实的思考。他敏锐地看到资本主义的劳动分工所产生的弊病，并把这种弊病和深刻的文化危机联系起来，指出在现代社会条件下不可能形成和谐与完整的人性。

席勒批评现代社会造成人性分裂的一段名言常常被援引：“现在，国家与教会、法律与习俗都分裂开来，享受与劳动脱节、手段与目的脱节、努

① ［德］席勒：《美育书简》，徐恒醇译，中国文联出版公司1984年版，第35页。
② ［德］席勒：《美育书简》，徐恒醇译，中国文联出版公司1984年版，第39页。

力和报酬脱节。永远束缚在整体中一个孤零零的断片上，人也就把自己变成一个断片了。耳朵里所听到的永远是由他推动的机器轮盘的那种单调乏味的嘈杂声，人就无法发展他生存的和谐，他不是把人性印刻到他的自然（本性）中去，而是把自己仅仅变成他的职业和科学知识的一种标志。”① 人性之所以分裂（“变成一个断片”），乃因为失去了自由（“永远束缚在整体中一个孤零零的断片上”）。人性的完整是和自由相联系的，这种情况在古希腊表现得特别明显。在《美育书简》第 6 封信中，席勒对希腊社会表现出无限的憧憬。希腊人具有完美的人性，因为希腊人是自由的。他们既有丰满的形式，又有丰富的内容；既能从事哲学思考，又能创作艺术；既温柔又充满力量。他们单纯质朴，把艺术的一切魅力和智慧的全部尊严结合在一起。早在 1785 年的《曼海姆的古代艺术博物馆》一文中，席勒就追随温克尔曼，不同于“狂飙突进”派把古希腊看作审美和谐的范例。1787 年席勒迁居魏玛，魏玛的文化氛围，特别是与歌德的交往和友谊使年轻的诗人席勒把目光再一次投向古希腊。

现代社会的劳动分工是另一种形式的专制，它剥夺了人的自由，使人成为一种工具，成为“钟表机械上受支配的部件”。在席勒的美学中，自由是一个十分重要的概念。在这方面可以看到康德的影响。康德把美与人的心理能力的自由活动联系起来，把美感说成是自由活动的结果。强调自由是席勒的文化哲学和美学的一贯思想。1790 年夏季他在耶拿大学讲授美学时，就把美的本质说成是“行动的自由”。在 1796 年的《论崇高Ⅱ》一文中，他又强调“美是自由的表现”，“我们在崇高那儿感到自己是自由的”。他还写道：“有道德修养的人，也就仅仅是那种完全自由的人。”② “自由却使人成为更高体系的公民和公共统治者，在这更高的体系中占据最低的位置，

① [德] 席勒：《美育书简》，徐恒醇译，中国文联出版公司 1984 年版，第 51 页。
② [德] 席勒：《秀美与尊严——席勒艺术和美学文集》，张玉能译，文化艺术出版社 1996 年版，第 202 页。

也比在自然的秩序中指挥千军万马有更加无穷的荣誉。”①

既然劳动分工产生了这种弊病，那么，是不是要取消劳动分工呢？席勒断然否定要返回到古代社会的企图，他认为劳动分工是社会发展的必然。如果希腊人要达到更高的教养，他们也必须放弃他们生存的完整性。“要发展人的多种素质，除了使它们相互对立之外，别无他法。”② 个体能力的片面发展对个体固然有害，然而能够使社会整体获得好处。例如，个别精神能力的紧张活动可以培养特殊人才。

依靠国家的力量能不能清除劳动分工所带来的弊病呢？《美育书简》第7封信开头就提到这个问题：“或许应该期待国家起到这种作用？”席勒立即指出，“这是不可能的”，因为“现时代远没有为我们提供作为国家道德改善必要条件的那种人性形式”。18世纪末期欧洲社会中最重要的事件是法国资产阶级革命。席勒目睹了这场革命的发生，他热烈欢呼这场革命，把它看作促使人全面和谐发展的现实条件。然而，随着革命的发展，席勒的态度发生了变化。当雅各宾党人以暴力反对封建势力的时候，席勒疏远了革命。他认为革命不仅不能恢复完整的人性，反而践踏、威胁了人性。在一个野蛮的国家制度支配下，人的性格是无法高尚化的。席勒的结论是，政治领域的一切改善都应该来自性格的高尚化，而性格的高尚化要通过艺术和审美教育来实现。席勒试图通过美育不仅消除社会对立，而且消除感性和理性、自然和精神、自由和必然之间的矛盾，从而达到人性的完整。

席勒在美学史上第一个宣称要用审美教育，而不是宗教教育，也不是道德教育，来替代社会的革命变革。许多浪漫主义者和唯美主义者都沿着这条途径行进，不断重复席勒的观点：“应该通过美把人……引上正路。”③ 席勒把审美教育看作社会自由的前提，这只是一种幻想。然而，他的美育

① [德]席勒:《秀美与尊严——席勒艺术和美学文集》，张玉能译，文化艺术出版社1996年版，第210页。
② [德]席勒:《美育书简》，徐恒醇译，中国文联出版公司1984年版，第54页。
③ [德]席勒:《美育书简》，徐恒醇译，中国文联出版公司1984年版，第66页。

理论却发生了重要影响。当后人研究前人的美育理论时，几乎都把目光首先投向席勒。这表明他的美育理论含有合理的因素。要理解这些合理因素，有必要分析席勒把作为美的象征的艺术看作恢复人的完整性的理由。

在早期研究戏剧的论文《论当代德国戏剧》（1782 年）和《好的常设剧院究竟能够起什么作用？》（1784 年）中，席勒就指出戏剧能够培养人的“和谐心境”。他像莱辛和狄德罗一样，主张戏剧既有改造社会、又有培养个性的作用。

《美育书简》第 11 —27 封信论述了艺术的本质和美育的途径。席勒认为，人不只是物质，也不只是精神，他同时具有感性力量和精神力量。人的完整性在于他的感性力量和精神力量的能力和谐。人丧失完整性只可能发生在下述两种情况中：或者感性力量和精神力量缺乏和谐；或者感性力量和精神力量的能力松弛。如果感性力量或精神力量的片面活动破坏了人的本质的和谐，那么就产生紧张状态。如果人的本性的统一是靠感性力量和精神力量同样的松弛来维系的，那么，就产生松弛状态。人之所以处在这两种对立的局限中，是由于遍布社会各个领域的劳动分工造成的。这两种对立的局限将通过美而被排除。美，只有美才能够“在紧张的人身上恢复和谐，在松弛的人身上恢复能力，并以此方式按照人的本性使局限状态返回到绝对状态，使人成为自身完美的整体”[①]。美既对感性的人、又对精神的人起融合作用，“通过美把感性的人引向形式和思维，通过美使精神的人回到素材和感性世界”[②]。

席勒把人的发展分为有一定顺序的三个阶段：自然状态（感性的人）、审美状态（审美的人）、道德状态（理性的人）。“人在他的自然状态中只能承受自然的力量，在审美状态中他摆脱了这种力量，而在道德的状态中他支配着这种力量。”[③] 美不仅是使人上升到理性的必要的、而且是唯一的条

① ［德］席勒：《美育书简》，徐恒醇译，中国文联出版公司 1984 年版，第 95 —96 页。
② ［德］席勒：《美育书简》，徐恒醇译，中国文联出版公司 1984 年版，第 97 页。
③ ［德］席勒：《美育书简》，徐恒醇译，中国文联出版公司 1984 年版，第 121 页。

件:“要使感性的人成为理性的人，除了首先使他成为审美的人，没有其他途径。”[①] 人只有像艺术家、像艺术作品的创作者那样行动，才能成为完整的人。因为艺术作为美的体现，其本质是游戏和自由活动。“只有当人在充分意义上是人的时候，他才游戏；只有当人游戏的时候，他才是完整的人。”[②]

席勒的游戏概念来自康德。康德认为艺术的精髓是自由，在这一点上，艺术和游戏是相通的。对此，席勒又加进去了剩余精力的概念。他写道:“当狮子不受饥饿所迫，无须和其它野兽搏斗时，它的剩余精力就为本身开辟了一个对象，它使雄壮的吼声响彻荒野，它的旺盛的精力就在这无目的的使用中得到了享受。昆虫享受生活的乐趣，在太阳光下飞来飞去。当然，在鸟儿的悦耳的鸣啭中我们是听不到欲望的呼声的。毫无疑义，在这种运动中是有自由的，但这不是摆脱了一般需要的自由，而只是摆脱了某种外在需求的自由。当缺乏是动物活动的推动力时，动物是在工作。当精力的充沛是它活动的推动力，盈余的生命力在刺激它活动时，动物就是在游戏。”[③] 这一理论后来经过英国哲学家斯宾塞的进一步发挥，获得了“席勒—斯宾塞说”的称号。

不过，席勒的游戏概念不是说明艺术的起源，而是说明艺术在人类各种活动中的特殊地位，揭示艺术的特征。“游戏这个名词通常说明凡是在主观和客观方面都不是偶然而同时又不受外在和内在强迫的事物。”[④] 席勒所理解的游戏不是人的功利行为，也不是脱离一切现实的幻想活动，而是人的创造能力的自由活动。在他看来，人是感性的和理性的。人有两种冲动（行为的推动力）：感性冲动和形式冲动。前者使人的潜能变成现实，变成物质存在；后者使一切外在的东西获得理性形式，在变化中见出和谐。这两种冲动都有片面性，为了达到理想的人性，需要由游戏冲动来统一它们。

---

① ［德］席勒:《美育书简》，徐恒醇译，中国文联出版公司 1984 年版，第 116 页。
② ［德］席勒:《美育书简》，徐恒醇译，中国文联出版公司 1984 年版，第 90 页。
③ ［德］席勒:《美育书简》，徐恒醇译，中国文联出版公司 1984 年版，第 140 页。
④ ［德］席勒:《美育书简》，徐恒醇译，中国文联出版公司 1984 年版，第 88 页。

“游戏冲动的对象用一个普通的概念来说明，可以叫做活的形象。这个概念指现象的一切审美性质，总之是指最广义的美。”[①] 美就是活的形象，活的形象是生命与它的形象显现的统一体，是内容和形式的统一体。按照这种理解，美“就既不扩大到整个生物界，也不只限于生物界。一块大理石，尽管是而且永远是无生命的，却能由建筑师和雕塑家把它变为活的形象。一个人尽管有生命和形象，却不因此就是活的形象。要成为活的形象，那就需要他的形象就是生命，而他的生命就是形象”[②]。在这里，活的形象和艺术中的形象（建筑师和雕塑家创作中的形象）联系在一起。

这样，席勒关于人性的完整、游戏冲动和美（游戏冲动的对象）之间关系的论述，旨在阐述审美对象和艺术形象的特征。艺术形象既同观念、又同感性相联系；它既不等同于感性，又不等同于思维。艺术是游戏，美和艺术形象是形式和生命的统一。“美是形式，我们可以观照它，同时美又是生命，因为我们可以感知它。”[③] 审美游戏是能动的活动，只有自由的创造活动能够产生艺术形象。艺术唤醒人身上沉睡的创造力。在艺术中，人不仅是现实的感受者，而且是生产者。席勒强调：“事物的实在是事物的作品，事物的显现是人的作品。一个以显现为快乐的人，不再以他感受的事物为快乐，而是以他所产生的事物为快乐。”[④]

（二）素朴的诗与感伤的诗

18 世纪末 19 世纪初，西方美学界、特别是德国美学界对古典的诗和浪漫的诗的问题进行着广泛的讨论。1828 年 10 月 17 日歌德和爱克曼的谈话中说有人“在古典的和浪漫的这个问题上大叫大嚷”，足见各方争论的激烈。古典的诗和浪漫的诗的概念来源于歌德和席勒。席勒在《论素朴的诗

① ［德］席勒：《美育书简》，徐恒醇译，中国文联出版公司 1984 年版，第 86 页。
② ［德］席勒：《美育书简》，徐恒醇译，中国文联出版公司 1984 年版，第 86—87 页。
③ ［德］席勒：《美育书简》，徐恒醇译，中国文联出版公司 1984 年版，第 130 页。
④ ［德］席勒：《美育书简》，徐恒醇译，中国文联出版公司 1984 年版，第 133—134 页。原译中的“外观”改为“显现”。

与感伤的诗》一文（1794—1796年）中提到的素朴的诗就是古典的诗（实际上是现实主义的诗），感伤的诗就是浪漫的诗。席勒认为，在艺术发展史中，素朴的诗和浪漫的诗是仅有的两种文学类型，所有的诗人不是素朴的，就是感伤的。

席勒运用了历史发展的、社会心理学的和类型分析的方法研究了素朴诗和感伤诗的问题。从艺术发展的观点看，素朴诗产生于古希腊，感伤诗产生于近代。虽然古代也有感伤诗，例如，罗马诗人贺拉斯在他的牧歌中赞美安宁的内心幸福，可以把他称为感伤诗的真正创始人；近代也有素朴诗，例如莎士比亚和歌德的创作；然而，从总体上讲，“素朴诗人在现代世界中不合时宜”，同理，感伤诗人在古代世界中也不合时宜。素朴诗人在近代、感伤诗人在古代都不可能作为群体产生。

为了说明素朴诗和感伤诗的区别，席勒比较了荷马史诗和文艺复兴意大利诗人阿里奥斯托的叙事诗。荷马在《伊利亚特》第6卷中描写格劳库斯和狄奥麦德在战斗中相遇，之后他们结为异乡朋友，相互赠送礼物，即使在战斗中也款待和保护对方。阿里奥斯托在《疯狂的罗兰》中描写了两个骑士和情敌——基督教徒费尔劳和伊斯兰教徒里纳德在一场激战后遍体鳞伤，当他们听到他们所爱的安杰丽嘉逃难而去，于是和平产生了，两人骑上同一匹马去追赶她。席勒指出：“两个例子在其余方面可能那样不同，而对我们心灵的影响却是相等的，因为两者都描绘了道德对激情的美妙胜利，并且借助信念的素朴感动我们。”[①]

然而，两位诗人对这同一类行为的描写却截然不同。荷马始终冷静地、客观地、仿佛置身事外地描写客体，描写中“没有荷马的痕迹”，“好像他要报告某种平常的事情”。而阿里奥斯托“在主体中观察客体”，在描写中不能“掩饰他自己的惊诧、他的感触”，以至“他突然放弃描写而亲自出

① ［德］席勒：《秀美与尊严——席勒艺术和美学文集》，张玉能译，文化艺术出版社1996年版，第281页。

场”，发出由衷的赞叹：“啊，古代骑士风度的侠义慷慨！你使势不两立的敌人也相互信赖，从敌方的疯狂暴烈的征战中，你忍受了浑身的辛酸苦痛，他们却任意猜疑，在相处中放纵感情，骑着这样的疯马，驰过黑暗的曲径。骏马，抽了四鞭，更加疯狂，直奔那两街对垒的地方。”①

在艺术发展史的不同阶段，出现了素朴的诗和感伤的诗，并且，感伤的诗替代了素朴的诗。之所以会出现这种情况，因为在不同的历史时期中存在着不同的社会心理因素。正是它们决定了素朴的诗和感伤的诗的区别。席勒自己说过，他在从事这方面的研究时，与其说在从事美学研究，不如说是在从事伦理学研究。

从社会心理学的观点看，古希腊人和近代人的区别体现在人和自然的关系上。这里的自然，既指外在的自然，又指内在的自然，即人的本性。古希腊人和自然处在和谐统一中。美丽的自然环绕他们，在幸福的天空下他们与自然生活在一起。他们的想象方式、感受方式和习惯极其接近单纯的自然。他们亲切地依恋自然，热烈地拥抱自然。古希腊人的内在自然也是和谐的，感性和理性没有分裂。古希腊人是人类的童年，自然完整地保留在古希腊人的人性中，所以他们并不迫切需要在人性之外去寻找自然。近代人和古希腊人不同，他们和自然的关系是主体和客体的关系，自然不再是和人浑为一体的现实，而成为一种观念。由于劳动分工，人自身也发生了感性和理性的分裂。他们既丧失了外在的自然，又丧失了内在的自然。他们的环境、状态和习惯具有反自然性。他们追寻失掉的自然，“依恋自然所怀有的感情”与“悲叹消逝的童年时代和儿童般天真无邪所怀有的感情”是一样的，那是一种感伤的心情。“因此，他们或者是自然，或者寻求失去的自然。由此就产生两种完全不同的作诗方法”②。前者是古希腊人，他们产

① [德]席勒：《秀美与尊严——席勒艺术和美学文集》，张玉能译，文化艺术出版社1996年版，第281—282页。
② [德]席勒：《秀美与尊严——席勒艺术和美学文集》，张玉能译，文化艺术出版社1996年版，第279—280页。

生素朴的诗人；后者是近代人，他们产生感伤的诗人。

素朴的诗和感伤的诗的区别也是创作类型的区别。席勒用简约的语言对这两者的区别，也就是现实主义艺术和浪漫主义艺术的区别作了经典表述：前者“模仿现实”，后者“表现理想”。用现代术语来说，前者是客观的、再现的、认识的，后者是主观的、表现的、评价的。古代的诗人之所以模仿现实，因为他们的全部本性都表现在现实中。对于近代人来说，人的本性的和谐仅仅是一种理想，因此，近代诗人要把现实提高到理想。

在阐述两种不同的创作类型时，席勒涉及后来黑格尔所提出的艺术发展不平衡的规律。在每个时代中，不同的艺术会获得特殊发展的可能性。席勒谈到在素朴的创作类型的古代，造型艺术特别是雕塑具有显著的优越性，因为那是“仅仅为了眼睛创造的作品，只有在有限中找到自己的完美”。在感伤的创作类型的近代，诗歌占了上风，因为那是“为了想象创造的作品”，诗歌具有充分地揭示精神领域的能力。

模仿现实和表现理想都可能走向片面性和绝对化。前者是自然主义的特征，后者则是消极浪漫主义的特征。席勒指出，现实主义艺术模仿的是真正的自然，真正的自然具有“存在的内在必然性”。自然主义艺术“任凭自然无限制地支配着自己”，“过分地注重外在的必然性或一时的偶然需要而牺牲内在的必然性”。浪漫主义表现理想，而消极浪漫主义则“沉溺于幻想”，其毛病在于感受的夸张，脱离现实，片面地从思想世界吸取素材。素朴的诗和感伤的诗都有许多优秀作品，然而，席勒的理想是把这两者结合起来。因为不论素朴的性格还是感伤的性格，单独来看，都不能详尽地阐明美的人性的理想，这种理想只有在两者的紧密结合中才能出现。

黑格尔在《美学》序论第三部分评述德国古典美学时称席勒是一位“心灵深湛而同时又爱作哲理思考的人”，“席勒的大功劳就在于克服了康德所了解的思想的主观性与抽象性，敢于设法超越这些局限，在思想上把统一与和解作为真实来了解，并且在艺术里实现这种统一与和解。”黑格尔还称赞席勒在《美育书简》中把美说成是“理性与感性的统一”[①]。席勒的美育思想在现今仍然具有鲜活的现实意义。20 世纪以来，科学技术和工业文明的发展在获得巨大成就的同时，也带来了一系列问题。在高度自动化的环境中，人的工作越来越单调、机械，人成为工具的一部分，人性被分裂，人的本质受到摧残。这比席勒 200 多年前所批评的社会现象有过之而无不及。在这种意义上，德国当代哲学家哈贝马斯把席勒的《美育书简》说成是历史上第一部系统地、对现代性进行审美批判的纲领性著作，称席勒是把握到现代性的第一人。

① ［德］黑格尔:《美学》第 1 卷，朱光潜译，商务印书馆 1979 年版，第 78 页。

第十六讲
黑格尔

黑格尔（1770—1831年）是德国著名的哲学家和美学家，德国古典哲学和古典美学的集大成者。1818年被聘为当时德国最著名的柏林大学的教授。他的学生霍托（1802—1873年）根据他的讲课提纲和学生们的听课笔记，整理出《美学》于1835—1838年分3卷出版。中译本为3卷4册（第三卷分为上、下册）。译者朱光潜简要地概括了《美学》的基本内容："《美学》是从概念或基本原则出发，来推演出艺术发展具体情况的。第一卷讲的便是艺术美的基本原理。第二卷从艺术类型观点追溯象征型、古典型和浪漫型三种艺术的特征及其历史发展。第三卷从三种类型中代表艺术门类出发，讨论建筑、雕刻、绘画、音乐和诗（包括戏剧）这些门类艺术的特征及其历史发展。"①

一、美学作为绝对精神学说的一部分

关于黑格尔哲学，海涅讲过一则笑话。黑格尔在弥留之际说："只有一个人理解我。"当然，他指的是他自己。接着，他挥了一下手补充说："连那个人也不理解我。"当代德国哲学家阿多尔诺发现，黑格尔写了一些有时候根本不可能有含义的反本文，就给他起了一个名字叫"Scoteinos"，希腊语的意思是"艰晦的"。只有理解黑格尔的客观唯心主义体系和辩证方法，才能对黑格尔哲学的巨大贡献及其局限性作出正确评价。

从1801年起黑格尔在耶拿大学哲学系当教员和编外讲师时，还谈不上

① ［德］黑格尔：《美学》第3卷下册，朱光潜译，商务印书馆1981年版，第346页。

什么卓越的成绩。“他呆在讲台上，就象坐在家里书桌跟前一样：翻翻自己的笔记本，找找正要讲的段落，吸吸鼻烟，又打喷嚏，又咳嗽。他低沉地讲着，费劲地斟酌字眼，特别是涉及简单明了的事物更是如此，这就给人一种印象，仿佛这些事物正因其浅显易懂反而使他烦恼。”一旦讲到问题的本质时，“他便变得从容不迫，嗓门也大了，双目炯炯发光。但是，即使在这种时候，他的发音、手势和表情，也常常同他讲话的内容不相称。”①

（一）体系和方法的矛盾

黑格尔把唯心主义和辩证法结合起来，以解决近代哲学的中心问题：思维和存在、主体和客体的统一问题。他认为哲学的唯一出发点是主体和客体的“绝对同一”，并把这种“绝对同一”理解为自然和人类意识的精神本原，它被称为“绝对理念”。黑格尔的绝对理念先于自然界和人类意识而存在，是世界的本原，一切自然的、社会的和人类意识的东西都是绝对理念的体现。这是彻底的客观唯心主义。

绝对理念在自己的发展过程中经历了三个阶段：在自然界之前，它是自在的，即一种潜能；它外化、外现为自然界，它是自为的，即变成自己的认识对象；从外在向自身复归，即回复到自身，它是自在而又自为的，即自由的、无限的，达到了自我认识的目的。上述三个阶段分别由黑格尔哲学的三个主要部分——逻辑学、自然哲学和精神哲学加以研究。逻辑学研究处于自在阶段的绝对理念，研究它的逻辑概念的发展。自然哲学研究体现为自然界的绝对理念。精神哲学研究向自身复归的绝对理念。精神哲学包括主观精神、客观精神和绝对精神三个发展阶段。主观精神指个人的意识和思想情感，它在个人内心中发展；客观精神指主观精神外化于社会、伦理、政治、法律、国家及其历史形态。绝对精神指主观精神和客观精神

---

① ［苏联］阿尔森·古留加：《黑格尔传》，刘半九、伯幼等译，商务印书馆 1978 年版，第 42 页。

由对立而达到统一。只有在这一阶段，才达到精神的自我认识。绝对精神的学说是黑格尔的精神哲学和整个哲学体系的终结部分。绝对精神又辩证地发展。它从外在的感性直观，到内心的表象，再到概念思维。以感性形象来表现绝对精神的是艺术，以象征的图像思维来表现绝对精神的是宗教（例如，以父子的图像表现上帝和基督一体），以概念来表现绝对精神的是哲学。这样，黑格尔绝对精神的学说由艺术哲学（美学）、宗教哲学和哲学史三部分组成。

黑格尔哲学研究绝对精神的发展和运动，这种发展和运动有其内在必然性。这是辩证的。辩证法是黑格尔哲学区别于前此一切哲学的主要标志。对此，恩格斯说过一段广为援引的名言："黑格尔第一次——这是他的伟大功绩——把整个自然的、历史的和精神的世界描写为一个过程，即把它描写为处在不断的运动、变化、转变和发展中，并企图揭示这种运动和发展的内在联系。"[①] 辩证法的根本原则是发展，然而，黑格尔的哲学体系是一个封闭的圆圈，随着他的体系的建立，绝对理念的发展就停止了。这是黑格尔哲学的唯心主义体系和辩证法之间的矛盾。

（二）美学的对象和研究方式

自从鲍姆加登用"埃斯特惕克"（Ästhetik）命名美学以来，人们对美学的态度发生了许多变化。"埃斯特惕克"比较精确的意义是研究感觉和情感的科学，黑格尔认为对于美学来说这个名称不恰当，美学的正当名称是"艺术哲学"，它并非研究一般的美，而只是研究艺术美。

黑格尔分析了美学史上两种主要倾向的片面性：一种倾向是经验派，代表人物有亚里士多德、贺拉斯、朗吉弩斯等。他们从经验出发，围绕实际艺术作品进行研究，或者对现存作品提出一些见解或理论，重视个别感性现象而忽视普遍概念。另一种倾向是理性派，代表人物是柏拉图。他从

① 《马克思恩格斯选集》第3卷，人民出版社2012年版，第398页。

概念分析出发，着重普遍概念而忽视个别感性现象。

柏拉图美学从理念（理式）出发，黑格尔美学也从理念出发，但是，他们对理念的理解不同。柏拉图的理念虽然是客观的，然而是抽象的，它与现象相对立，是空洞无内容的。而在黑格尔那里，“理念不是别的，就是概念，概念所代表的实在，以及这二者的统一”①。这里有“正”“反”“合”三项。“正”是概念，例如“人之所以为人”的概念，它是抽象的。这个概念否定了自己的抽象性和普遍性，转化为具体的、个别的人，这是“反”。个别的人再否定他的片面性和个别性，与人的普遍概念相结合，达到普遍性和特殊性的统一、本质和现象的统一，例如人的某些普遍性体现于浮士德，这就是“合”，经过否定之否定，达到概念与实在的统一②。

经验派美学和理性派美学都没有做到普遍性和特殊性的统一。黑格尔认为，只有把这两派的研究方式结合起来，“才能导向实体性的必然的和统摄整体的原则”。温克尔曼、康德、席勒都力图克服经验派和理性派的片面性，但是他们做得还不够。黑格尔不追随艺术现象，不对它们作经验分析，也不像柏拉图对话那样作抽象的议论，而是通过特殊性揭示普遍性，把特殊性看作普遍性的表现形式。这样，美学是通过哲学概括来研究艺术材料的科学，它不同于艺术学，而是旨在结合艺术学和哲学的经验，是一门哲学学科。黑格尔把美学同相邻的学科区分开来，这是美学走向成熟的标志。

在绝对精神自我认识的三种形式——艺术、宗教和哲学中，艺术的任务在于用感性形象来表现理念，这样，艺术表现的价值和意义在于理念和形象两方面的协调和统一。根据理念和形象相互融合而成为统一体的程度，黑格尔对艺术进行研究。美学分为三个部分：第一部分是一般的部分，研究艺术美的普遍概念；第二部分是艺术美的历史演化，即象征型、古典型和浪漫型三种艺术类型的更替；第三部分研究各门艺术的系统以及其中的

① ［德］黑格尔：《美学》第 1 卷，朱光潜译，商务印书馆 1979 年版，第 135 页。
② 参见［德］黑格尔：《美学》第 1 卷，朱光潜译，商务印书馆 1979 年版，第 28 页译者注①和第 86 页译者注①。

类与种。只有解决这三项任务，才能确定艺术的本质，表明艺术的完整性。黑格尔的美学对象没有包括自然美，因为在他看来，“只有心灵才是真实的，只有心灵才涵盖一切，所以一切美只有在涉及这较高境界而且由这较高境界产生出来时，才真正是美的。就这个意义来说，自然美只是属于心灵的那种美的反映，它所反映的只是一种不完全不完善的形态，而按照它的实体，这种形态原已包涵在心灵里”[①]。黑格尔尽管贬低自然美，然而他还是设专章讨论了自然美。在讨论自然美时，他提出了一个重要观点：自然不因自身而美，只是为主体而美。他写道：“自然美只是为其它对象而美，这就是说，为我们，为审美的意识而美。”[②]寂静的月夜、雄伟的海洋之所以美，因为它们“感发心情和契合心情”，它们的美“不属于对象本身，而是在于所唤醒的心情”。

二、美是理念的感性显现

“美是理念的感性显现”是黑格尔美学的中心思想。他写道：“真，就它是真来说，也存在着。当真在它的这种外在存在中是直接呈现于意识，而且它的概念是直接和它的外在现象处于统一体时，理念就不仅是真的，而且是美的了。美因此可以下这样的定义：美是理念的感性显现。”[③]这里的“显现”是康德和席勒曾经使用过的概念，显现就是取事物的感性形象，而不把事物当作实际存在来看待。

黑格尔关于美的定义有两点值得注意：第一，美是理念，即概念和体现概念的实在二者的直接统一；第二，这种统一必须直接在感性的显现中存在着。如果这种统一存在于图像化的象征中，那就是宗教；如果这种统一存在于抽象思维中，那就是哲学。以这种定义来衡量自然美，必然得出

① ［德］黑格尔：《美学》第1卷，朱光潜译，商务印书馆1979年版，第5页。
② ［德］黑格尔：《美学》第1卷，朱光潜译，商务印书馆1979年版，第160页。
③ ［德］黑格尔：《美学》第1卷，朱光潜译，商务印书馆1979年版，第142页。

它大大低于艺术美的结论。因为美作为理念的感性显现，它是自由的、无限的，而自然却局限在有限的空间和时间中。美的定义也把艺术与宗教、哲学区分开来，艺术与宗教、哲学具有共同的内容，其区别在于表现方式。

“美是理念的感性显现”这个定义的最大价值在于强调了美是理性和感性的统一、普遍和特殊的统一、内容和形式的统一。在论述作为美的体现的艺术时，黑格尔对此作了进一步的阐述。首先，艺术作品是理性和感性的统一，艺术的感性因素是为了满足更高的心灵旨趣。黑格尔写道：“在艺术里，这些感性的形状和声音之所以呈现出来，并不只是为着它们本身或是它们直接现于感官的那种模样、形状，而是为着要用那种模样去满足更高的心灵的旨趣，因为它们有力量从人的心灵深处唤起反应和回响。这样，在艺术里，感性的东西是经过心灵化了，而心灵的东西也借感性化而显现出来了。”① “感性的东西心灵化”“心灵的东西感性化”是对感性和理性的统一的最精确的说明。

其次，艺术作品是普遍和特殊的统一。理念具有普遍性，它是作为普遍性的东西来思考的。然而，“艺术作品所提供观照的内容，不应该只以它的普遍性出现，这普遍性须经过明晰的个性化，化成个别的感性的东西”②。黑格尔以荷马作品里的人物为例，指出他们都是普遍和特殊的统一。阿喀琉斯是个最年轻的英雄，他具有年轻人的普遍特征，然而荷马也揭示了他的多方面性格。“这是一个人！高贵的人格的多方面性在这个人身上显出了它的全部丰富性。”“每个人都是一个整体，本身就是一个世界，每个人都是一个完满的有生气的人，而不是某种孤立的性格特征的寓言式的抽象品。”③

最后，艺术作品是内容和形式的统一。歌德说：“古人的最高原则是意蕴，而成功的艺术处理的最高成就就是美。”黑格尔认为这句话有两个方

---

① ［德］黑格尔：《美学》第 1 卷，朱光潜译，商务印书馆 1979 年版，第 49 页。
② ［德］黑格尔：《美学》第 1 卷，朱光潜译，商务印书馆 1979 年版，第 63 页。
③ ［德］黑格尔：《美学》第 1 卷，朱光潜译，商务印书馆 1979 年版，第 303 页。

面，即内容和表现方式（形式）。“遇到一件艺术作品，我们首先见到的是它直接呈现给我们的东西，然后再追究它的意蕴或内容。前一个因素——即外在的因素——对于我们之所以有价值，并非由于它所直接呈现的；我们假定它里面还有一种内在的东西，即一种意蕴，一种灌注生气于外在形状的意蕴。那外在形状的用处就在指引到这意蕴。”① 艺术作品的外在形状是形式，意蕴是内容，意蕴要灌注生气于外在形状，这就是内容和形式的统一。在这种统一中，内容起主导作用，“形式的缺陷总是起于内容的缺陷”②。

对黑格尔美的定义容易产生一种肤浅的理解：艺术仿佛是科学廉价的附属品，艺术家只要为自己正确的理念包装上诱人的形式，就能把科学、政治或道德的枯燥内容奉献给读者。这种理解正是黑格尔所批评的。他强调理念和感性显现必须统一起来。拿诗的创作来说，不能把所要表现的材料先按散文的方式想好，然后在上面附加一些意象和韵脚，这种办法只能产生很坏的诗，因为本来统一的活动被拆散为两种分裂的活动了。艺术作品的感性形象变成一种附赘悬瘤，被当作单纯的外壳和外形。真正的创作活动是艺术想象活动。艺术想象“用图画般的明确的感性表象去了解和创造观念和形象，显示出人类的最深刻最普遍的旨趣”。艺术创作“是运用智力的自觉的活动，但是这种智力却必须含有天生的善于创造画境和形象的本领”。

黑格尔认为艺术是从理念到形象的，它和哲学具有共同的内容，所不同的是艺术用感性形象、哲学用概念来表现理念。这种观点对别林斯基产生重要影响。别林斯基也指出，诗和哲学都以绝对真理为内容，所不同的是，哲学用概念和逻辑规律来思维，而诗人用形象来思维，他不是论证真理而是显示真理。这种观点的缺点主要有二：第一，艺术没有不同于科学

① ［德］黑格尔：《美学》第 1 卷，朱光潜译，商务印书馆 1979 年版，第 24 页。
② ［德］黑格尔：《美学》第 1 卷，朱光潜译，商务印书馆 1979 年版，第 93 页。

的特殊对象，它的特征只能在形式上去寻找；第二，相同的内容可以表现为不同的形式，内容和形式就可以割裂开来。然而如我在前面所引，黑格尔又强调内容和形式的统一以及形式对内容的依赖。这是一种自我矛盾。

三、象征型、古典型和浪漫型

黑格尔在时间和空间两种维度中研究人类的艺术意识。在时间上，他考察了从古代东方到现代的艺术。在空间上，他考察了各种艺术样式（即《美学》中译本中所说的各门艺术）的分布，它们的相互作用和相互联系，显示出艺术世界的完整性。

艺术的这种研究方法在黑格尔以前的美学中业已存在。但是，在黑格尔以前的美学中，对艺术的历史研究和形态研究是分开进行的，两者没有结合起来。黑格尔美学恰恰实现了这种结合。他在对艺术作历史研究时，阐述了艺术作为整体的进化过程，即由象征型经过古典型然后达到浪漫型的发展过程，在每种类型的艺术中都有占主导地位的艺术样式。另外，各种艺术样式也有不依存于那些艺术类型的独立的变化或发展过程。它们都有在艺术上达到了完满发展的繁荣期，前此有一个准备期，后此有一个衰落期，像自然界产品那样，要经过开始、进展、完成和终结。这样，在黑格尔美学中历史研究和形态研究处在不可分割的联系中。

黑格尔《美学》第 2 卷研究了艺术的历史发展，这种发展经过了三个阶段：象征型（古代东方艺术）、古典型（古希腊艺术）和浪漫型（基督教世界的艺术）。这三个阶段的划分和谢林的划分相类似，然而由于黑格尔和谢林对艺术的本质和逻辑发展的理解不同，他们对这三个阶段的解释也不同。

黑格尔以“理念的感性显现”为原则划分出艺术发展的三种类型，三种类型的区别在于艺术理念（内容）和感性显现（形式）的不同关系。艺术的初始阶段，即古代东方（波斯、印度、埃及）艺术是象征型的。这里的理念本身还是抽象的、未定性的，它不能由自身产生出一种合适的表现方式，于是抓住自然界和精神界现成的具体的客观存在，用幻想把它们造成形象，再用这些形象表示普遍意义。这些具体形象，无论是自然现象还是人的形象，都要由本身指引到本身以外的东西，这就是象征。例如，埃及建筑中的七级台阶和七座石柱都是象征性的，因为七是日月行星的数目，它被看作是神圣的。埃及的金字塔是国王或神牛、神猫之类神物的坟墓的外围，在庞大的躯体下隐含着一种精神的东西，它们用一种由艺术创造的外在形象把这种精神的东西包围，使人得到这样一种印象：它们立在那里，是为标志出一种已摆脱单纯物质性的内在的东西。金字塔的象征意义在于，它们是隐藏一种内在精神的外围。

象征艺术的特点是暧昧性、谜语性和神秘性，它们以巨大的物质体积和重量、怪异的形状、坚固的结构压抑、禁锢和限制精神的自由。这一点在埃及艺术作品狮身人首兽中表现得特别明显。黑格尔写道："我们可以把狮身人首兽看作埃及精神所特有的意义的象征，它就是象征方式本身的象征。在埃及，这些狮身人首像多至无数，往往千百成行地排在一起，用最坚硬的石头雕成，琢磨得很光滑，身上刻着象形文字，在开罗附近，这种石像大到狮爪就有一人长，兽身的部分躺在地上，上面人身的部分却昂首立起，头偶尔也有牡羊头，但是绝大多数是女人头。人的精神仿佛在努力从动物体的沉闷的气力中冲出，但是没有能完全表达出精神自己的自由和活动的形象，因为精神还和跟它不同质的东西牵连在一起。"[①] 类似的艺术作品还有庞大的门楼、大得惊人的石柱、时宽时窄的方尖形石坊、刻满了象形文字和大幅石刻画的墙壁、错综复杂的迷径等。在象征艺术中，内容和形式、精神和物质、理念和形象的结合是机械的、直接的（即未经艺术调解的，不自觉的），因而是不适合的，"不能使内容和形式在一种较静穆的统一中得到表现"。为了克服这种不协调，在象征艺术内部逐渐产生出古典

① ［德］黑格尔：《美学》第2卷，朱光潜译，商务印书馆1979年版，第77页。

型艺术，这种艺术类型在古希腊得到最充分的表现。

在古典型艺术中，内容和完全适合内容的形式达到独立完整的统一，因而形成一种自由的整体，形象符合个性的自由的精神性。黑格尔把艺术解释为外部世界的人化，人在外部对象中的“自我产生”。他有一段名言常被援引：“例如一个小男孩把石头抛在河水里，以惊奇的神色去看水中所现的圆圈，觉得这是一个作品，在这作品中他看出他自己活动的结果。这种需要贯串在各种各样的现象里，一直到艺术作品里的那种样式的在外在事物中进行自我创造（或创造自己）。”[①] 黑格尔把艺术类型的发展理解为力图在世界中确证自身的人的精神发展过程。人在艺术中具有特殊的意义，“形成真正的美和艺术的中心和内容的是有关人类的东西”[②]，因为人的形象是艺术家揭示人的精神体验中所隐匿的普遍意义最合适的形象。黑格尔认为希腊雕刻最完美地体现了这种可能性。

希腊雕刻作为古典型艺术的最高峰，“一方面在于把意义的普遍性完全纳入形象的个性里，另一方面在于把感性的形式提到精神意义的正确表现的高度”[③]。无论在单纯的精神内容方面，还是在感性形式方面，普遍性和个性都结成统一体。在这方面，希腊雕刻和埃及雕刻完全不同，埃及雕刻缺乏内心方面的创造的自由，而是一种一成不变的类型。这是精神奴役状态在艺术中的反映。黑格尔写道：“一般地说，埃及雕刻中形象整体及其形式都缺乏由线条的真正有机的动荡所产生的那种秀美和生动。轮廓是由僵直的很少曲折的线条所构成的；姿势显得勉强和生硬，两条腿挤在一起，如果在站立的姿势中虽然一条腿在前，一条腿在后，却都朝着一个方向，而不是分成八字形；在男像上两只胳膊也笔直地垂下，紧贴在身旁。”[④]

艺术的第三种类型是浪漫型。浪漫型艺术是精神进一步发展的必然结

① ［德］黑格尔：《美学》第 1 卷，朱光潜译，商务印书馆 1979 年版，第 39 页。
② ［德］黑格尔：《美学》第 2 卷，朱光潜译，商务印书馆 1979 年版，第 163 页。
③ ［德］黑格尔：《美学》第 3 卷上册，朱光潜译，商务印书馆 1979 年版，第 207 页。
④ ［德］黑格尔：《美学》第 3 卷上册，朱光潜译，商务印书馆 1979 年版，第 200—201 页。

果，在浪漫型艺术中精神和物质的关系重新显得不协调。如果在象征型艺术中物质溢出精神，那么，在浪漫型艺术中精神溢出物质。但是，就精神的无限发展来说，浪漫型艺术处在艺术发展的最高阶段。由于自身的丰富性，精神不能找到合适的感性体现。黑格尔所说的浪漫型艺术指中世纪基督教艺术，也包括莎士比亚、塞万提斯、17—18世纪的作家和艺术家以及德国浪漫主义者的作品。在古典型艺术中，精神从外在的感性事物中寻找它的对象；在浪漫型艺术中，精神返回到它自身，从它自身获得对象，即把个人的内心世界作为对象。浪漫型艺术的真正内容是绝对的内心生活，而形式是"精神的主体性"，即听命于艺术家的创作能力和技巧。

浪漫型艺术的主要样式有绘画、音乐和诗。从绘画到音乐再到诗，其中的精神性越来越强，而物质性越来越弱。虽然绘画的内容表现于外在的人体和一般的自然事物的形式，但是已不停留在雕刻的那种感性和抽象性里。它不像雕刻那样以精神与肉体的完全融成一体为它的基本特征，而是表现凝聚在本身上面的内心世界。音乐在内容和形式上，都和造型艺术相对立，它紧紧地把握着内心生活的无形象性。诗不像绘画那样运用外界事物的感性形象，而只用代表观念的语言。语言、文字本身无意义，只是意义的符号，所以诗是各种艺术中观念性最强的，因而也是精神性最强的。

精神的进一步发展导致浪漫型艺术的终结，这也是整个艺术的终结。因为艺术本身还是一种局限，精神要越过这局限而达到更高的认识形式，艺术要让位给宗教和哲学。黑格尔写道："不管是荷马和梭福克勒斯之类诗人，都已不可能出现在我们的时代里了，从前唱得那么美妙的和说得那么自由自在的东西都已唱过说过了。这些材料以及观照和理解这些材料的方式都已过时了。"① 这是否意味着艺术的灭亡呢？当然不是。与艺术终结的论点一起，黑格尔也谈到艺术的逐步发展和完善的可能性。"我们尽管可以希望艺术还会蒸蒸日上，日趋于完善，但是艺术的形式已不复是心灵的最高

① ［德］黑格尔：《美学》第2卷，朱光潜译，商务印书馆1979年版，第381页。

需要了。我们尽管觉得希腊神像还很优美，天父、基督和玛利亚在艺术里也表现得很庄严完善，但是这都是徒然的，我们不再屈膝膜拜了。”[①] 黑格尔认为现代的社会情况使得艺术“不复是心灵的最高需要”，他指出资本主义社会对艺术发展的敌对性。艺术的终结是社会发展和艺术发展之间的矛盾的结果。另外，艺术不会灭亡。从浪漫型艺术的解体中产生出所谓“自由艺术”，歌德和席勒等人的创作就是这种艺术的范例。

黑格尔以历史主义方法研究了人类艺术史，把艺术看作辩证发展的过程。艺术类型的更替是由一般的世界情况决定的。所谓“一般的世界情况”就是社会时代背景。黑格尔区分了两种世界情况：英雄时代和散文气息的时代。前者指古希腊社会，后者指近代资产阶级社会。在古希腊社会中，个人与社会还没有分裂对立，个人可以代表社会的普遍理想，“普遍的东西应该作为个体所特有的最本质的东西而在个体中实现”。正义和秩序、法律和道德都是由希腊英雄们自己制定出来的，“作为和他们分不开的个人工作而完成的”。在近代资产阶级社会中，个体丧失了独立自在的完整性，成为社会中一个受局限的成员，“不管他向哪一方转动，他都隶属于一种固定的社会秩序”。个人和社会分裂，退缩到自私自利的狭小的圈子里，不能代表崇高的普遍理想。这样，古希腊社会最有利于艺术的发展，而现代社会则不利于艺术的发展。

黑格尔对艺术类型的研究始终坚持了历史主义原则，包含了对许多艺术现象，如古埃及建筑、古希腊雕刻、浪漫主义艺术、现代意大利绘画和荷兰绘画的精细观察和深刻理解。他对许多艺术创作流派特征的说明，迄今仍然具有现实意义。黑格尔对艺术史研究的缺点在于，他根据精神发展的逻辑构拟的三种艺术类型，无法包容艺术史的全部丰富性。

---

① ［德］黑格尔：《美学》第 1 卷，朱光潜译，商务印书馆 1979 年版，第 132 页。

四、艺术世界的构成

《美学》第2卷研究了艺术发展史，第3卷（上、下册）则研究了艺术形态学、即艺术分类问题，也就是研究具体的、实在的艺术世界，“这种实际存在的艺术世界就是各门艺术的体系”①。

艺术史的运动形成“象征型—古典型—浪漫型”的系列，艺术形态学的运动形成“建筑—雕刻—绘画—音乐—诗”的系列。前者是艺术史，后者是艺术体系，这两者的形成具有共同的原因。艺术体系结构的一般原则使我们重新返回到黑格尔美学的基本原理。黑格尔要求艺术是具体的理想与它的外在实在的协调一致：“理想如果要得到更进一步的定性，那就要靠它的心灵性的具体的个性结合到外在因素上去，借这种外在因素来表现自己。所以这种外在因素必须通体贯串着它所要表现的内在生活和整体性。”②这是黑格尔考察艺术的内容和形式的辩证法的出发点，他把这条原则不仅运用于艺术史的研究中，而且运用于艺术样式和具体的艺术作品的研究中。这样，黑格尔美学不仅是一般艺术理论，而且是各种艺术样式（各门艺术）的理论。

艺术体系的逻辑是从抽象到具体、从必然到自由、从物质到精神不断上升的逻辑。正因为如此，黑格尔把建筑排在形态学系列的最低等级。“建筑是一门最不完善的艺术，因为我们发现它只掌握住有重量的物质，作为它的感性因素，而且要按照重力规律去处理它，所以不能把精神性的东西表现于适合它的可以目睹的形象，只能局限于从精神出发，替有生命的实际存在的精神准备一种艺术性的外在的围绕物。”③随着艺术形态学的运动，建筑从艺术的中心退居到次要地位，取代它的是雕刻。雕刻使精神和肉体作为一个不可分割的整体而呈现于观照者的眼前，不像建筑那样仅仅以单

① ［德］黑格尔：《美学》第3卷上册，朱光潜译，商务印书馆1979年版，第4页。
② ［德］黑格尔：《美学》第1卷，朱光潜译，商务印书馆1979年版，第321页。
③ ［德］黑格尔：《美学》第3卷上册，朱光潜译，商务印书馆1979年版，第328页。

纯的外在自然服务于精神。不过，初期的雕刻，比如埃及的雕刻受到象征型艺术的影响。埃及的雕刻不仅在整体上缺乏自由和生动，而且特别在头部缺乏精神的表现，因为动物性的东西占上风，不容许精神独立地表现出来。只有在古希腊，雕刻达到繁荣，臻至古典理想的完善。

雕刻虽然表现了人的外貌和内心的统一，然而体现形象的物质材料仍然束缚了艺术家的想象和意志。形态学运动的下一个梯级是绘画。绘画综合了建筑和雕刻的特点。“绘画就是把前此属于两门不同的艺术的东西统一在同一作品里：一方面是由建筑加以艺术处理的外在环境，另一方面是由雕刻去表现的精神的内容意蕴。”[①] 造型艺术在黑格尔《美学》中占有重要地位，虽然他对造型艺术不如对诗那样精通，然而他所援引的专门著作表明，他站在当时造型艺术理论的学术前沿上。他依据了温克尔曼的《古代艺术史》、希尔特的《古代建筑艺术史》、迈约的《造型艺术史》、吕慕尔的《意大利研究》以及莱辛和歌德的有关著作。

绘画的媒介始终是在空间并列的，因而是持久存在的。艺术中的精神进一步发展要求媒介完全消除空间性，并且在获得客观存在的那一顷刻就消失，这就是声音，它是音乐的材料。绘画提供了明确的外在形象，但是不能充分表现人的内心世界，于是出现了音乐。与绘画相比，音乐处在较高的梯级中，因为它既抛弃了绘画所依据的感性空间，又否定了绘画静止地独立存在着的物质性。由于音乐以声音为媒介，所以它最适宜表现的只有完全无对象的内心生活，不像绘画可以用颜料把事物实际存在的状况描绘出来。这番道理也适用于音乐的效果，通过音乐打动的就是最深刻的主体内心生活。

然而，音乐也有片面性，因为音调本身无内容意义，不能完善地表现内心生活的特殊具体方面，于是才有诗。诗把绘画和音乐这两个极端在一个更高的阶段上统一起来，它是形态学系列的最高等级。“一方面诗和音乐

---

① [德]黑格尔：《美学》第3卷上册，朱光潜译，商务印书馆1979年版，第222页。

一样，也根据把内心生活作为内心生活来领会的原则，而这个原则却是建筑、雕刻和绘画都无须遵守的。另一方面从内心的观照和情感领域伸展到一种客观世界，既不完全丧失雕刻和绘画的明确性，而又能比任何其它艺术都更完满地展示一个事件的全貌，一系列事件的先后承续，心情活动，情绪和思想的转变以及一种动作情节的完整过程。”①

对艺术史系列“象征型一古典型一浪漫型”和艺术形态学系列“建筑—雕刻—绘画—音乐—诗”进行比较，可以发现，它们不是彼此分开的，而是互相结合的。建筑是象征型艺术的代表，雕刻是古典型艺术的代表，绘画、音乐和诗是浪漫型艺术的代表。艺术发展的历史研究和艺术体系的结构研究相统一，历史方法和逻辑方法相统一。黑格尔在艺术体系内部通过一种艺术样式确定另一种艺术样式，阐述了各种艺术样式的相互联系、相互过渡和相互制约，在探索体系形成的原则方面达到逻辑的顶点。

黑格尔对艺术形态学研究的最大贡献，是在西方美学史上第一次实现了历史方法和逻辑方法的辩证结合。他关于艺术本质的理论概念、对艺术样式相互关系的理解是从艺术史研究中产生出来的，是对艺术史的概括。也就是说，他的艺术分类理论同时是对艺术发展史的总结。从历史的观点看，艺术体系是历史地形成的；从逻辑的观点看，艺术体系是艺术理念的具体实现。正如卡冈所指出的那样：“黑格尔的形态学观念的独特性和最大价值取决于另一个方面，即艺术世界的结构分析首次同历史的分析融合到了一起，并且是有机地融合！勃朗、赫尔德、席勒、A. 施莱格尔撒播到美学土壤上的历史主义种子，已经长出了繁茂的幼芽，虽然黑格尔世界观的唯心主义歪曲了用这种途径所获得的理论结论。”②

① ［德］黑格尔：《美学》第 3 卷下册，朱光潜译，商务印书馆 1981 年版，第 4—5 页。
② ［俄］卡冈：《艺术形态学》，凌继尧、金亚娜译，学林出版社 2008 年版，第 62 页。

五、对《安提戈涅》的阐释

黑格尔的《美学》在阐述美的基本概念、艺术发展的类型和艺术体系的时候，也涉及一系列重要的美学问题，如悲剧理论。

《美学》第1卷第3章和第3卷下册“戏剧体诗”一节讨论了悲剧问题。在西方美学史上，亚里士多德最早阐述了悲剧理论。他抛弃了命运说，以“过失说”来说明悲剧的根源。“过失说”不在命运这种外在的力量中、而在人自身内部寻求悲剧的原因。黑格尔提出的悲剧理论可以和亚里士多德的悲剧理论相媲美。如果亚里士多德的“过失说”以索福克勒斯的《俄狄浦斯王》为主要依据，那么，黑格尔的悲剧理论则建立在索福克勒斯的另一代表作《安提戈涅》的基础上。

俄狄浦斯在误会和不知情的情况下弑父娶母，生有两个儿子和两个女儿。两个儿子是安提戈涅的大哥埃忒奥克勒斯和二哥波吕涅克斯，两个女儿是安提戈涅和她的姐姐伊斯梅涅。《安提戈涅》的背景是安提戈涅的二哥借用外国军队攻打自己的国家忒拜，同安提戈涅的大哥争夺父亲留下的王位，结果两兄弟自相残杀身亡。新国王克瑞翁下令禁止埋葬波吕涅克斯的尸体，违令者要被处死，因为波吕涅克斯焚烧祖先的神殿，吸吮族人的血。安提戈涅和遵从国法的姐姐不同，她不顾国王的禁令，为哥哥波吕涅克斯收了尸。她因此被国王克瑞翁囚禁在墓室里，最后自杀身亡。安提戈涅还是国王儿子希蒙的未婚妻，希蒙因为未婚妻的死而自杀，王后又为儿子的死而自杀。希腊人仍然以命运解释这部悲剧。按照希腊人的宗教信仰，死者如果得不到安葬，他的阴魂就不能进入冥土，因此亲人有埋葬死者的义务。然而，安提戈涅如果为哥哥收尸，就违反了国家的法律，这样就形成了无法解决的矛盾，这就是不可挽救的命运。

黑格尔以他的悲剧理论对《安提戈涅》作了新的解释，他认识到一切事物的发展都是对立面的统一与斗争的结果，矛盾是一切事物运动的根源。

根据这条原则，黑格尔提出了他的著名的悲剧理论：悲剧是两种对立的理想的冲突和调解。冲突所揭露的矛盾中的每一对立面必须带有理想的烙印，因此不能没有理性，不能没有辩护的道理。也就是说，矛盾的双方都代表普遍力量，这种普遍力量是艺术的伟大动力，是永恒的宗教的和伦理的关系。拿《安提戈涅》来说，安提戈涅和克瑞翁的冲突就是两种理想的冲突。克瑞翁代表维护国家安全的王法，他作为国家的首领，下令严禁成了祖国敌人的波吕涅克斯受到安葬的典礼。这个禁令在本质上是有道理的，它要照顾到全国的幸福。但是安提戈涅也同样受到一种伦理力量的鼓舞，她代表了亲属爱。她对弟兄的爱也是神圣的，她不能让他裸尸不葬，任鸷鸟去吞食。她如果不完成安葬他的职责，那就违反了骨肉至亲的情谊，所以她毅然抗拒克瑞翁的禁令。

安提戈涅和克瑞翁所代表的理想，就各自的立场看，都是正确的、正义的，具有普遍意义，他俩都有理由来实现这种理想。然而在具体的情境中，某一方理想的实现就要和对立的理想发生冲突，并且损害它。安提戈涅为了实现亲属爱必然要破坏王法，克瑞翁为了维护王法必然要剥夺死者应得的葬礼。并且，“安蒂贡生活在克里安政权之下，自己就是一个公主，而且是克里安的儿子希蒙的未婚妻，所以她本应服从国王的命令。另一方面克里安也是父亲和丈夫，他也本应尊重家庭骨肉关系的神圣性，不应下违反骨肉恩情的命令”①。因此，这两种理想又都是片面的、不正义的。每一方都把自己的理想推演到极端，结果相互否定，两败俱伤。安提戈涅还没有欢庆自己的婚礼就遭遇死亡，克瑞翁则失去了自己的儿子和妻子，家破人亡，孤零零地守着王位。悲剧的解决就是使代表片面理想的人物遭受痛苦或毁灭。个人虽遭毁灭，然而他所代表的理想却不因此而毁灭。在《安提戈涅》中，安提戈涅和克瑞翁遭到牺牲和灾难，然而，他们所代表的理想——亲属爱和王法以后仍然有效。

---

① ［德］黑格尔：《美学》第3卷下册，朱光潜译，商务印书馆1981年版，第312页。

黑格尔对悲剧理论作出的最大贡献，是从矛盾冲突出发来研究悲剧。悲剧的结局虽是一种痛苦，然而也是矛盾的调和与理想的胜利。因此，悲剧所产生的心理效果不只是亚里士多德所说的“恐惧和怜悯”，而是愉快和振奋。黑格尔认为，悲剧不是个人的偶然原因造成的，而是两种具有普遍意义的力量的冲突，这是一种进步。但是，在黑格尔的悲剧理论中抹杀了真是真非、正义和非正义的区别，看不到悲剧冲突是新旧两种势力的冲突。此外，黑格尔认为悲剧冲突不是通过斗争，而是通过调和来解决，这也体现了黑格尔哲学的妥协性。

19 世纪中期，各种哲学流派——从黑格尔派到基督教神学学派都力图解释黑格尔哲学。对于黑格尔美学，情况也是如此。黑格尔的《美学》一经问世，立即产生巨大的影响。它在欧洲许多大学广为传播，黑格尔美学形成一个完整的学派。黑格尔美学不仅是绝对精神的抽象演绎，而且是与现实的密切结合。黑格尔和康德的区别还表现为，他对艺术有广泛的兴趣和精深的理解。他对埃斯库罗斯和索福克勒斯的悲剧、希腊雕刻、哥特式教堂和荷兰绘画的分析甚至被认为是未被超越的。

黑格尔承认艺术是最重要的人类活动之一，反对把艺术看作“一种仅供娱乐的单纯的游戏，或是一种单纯的教训手段”。他认为“艺术的使命在于用感性的艺术形象的形式去显现真实”。在黑格尔以前的西方美学史上，没有一个人像他那样详尽地研究了各种艺术样式的特征、发展过程、应用范围、感性形式的物质材料的性质。总之，黑格尔美学总结和概括了从亚里士多德到康德和席勒的西方美学的优秀传统，它的巨大成就在于历史发展的辩证方法。

第十七讲
叔本华和尼采

黑格尔去世后，德国哲学美学沿着黑格尔、费尔巴哈和康德的传统渐次展开。就个人而论，与黑格尔较晚近的同时代人叔本华和叔本华的学生尼采是 19 世纪德国美学中最重要的代表人物。

一、“独特的哲学诗篇”

叔本华（1788—1860 年）是德国哲学家和美学家，他把哲学思维和艺术思维结合起来，他的美学是他的哲学的一部分，而他的哲学被称作“神话化的美学”，他的《作为意志和表象的世界》一书被称作“独特的哲学诗篇”。

1820 年初，哲学博士叔本华走访柏林大学哲学系，声称有意从事教学活动。这位申请者几乎没有一个人认识，虽然他的主要著作《作为意志和表象的世界》一年前就已经出版。叔本华以令人难以置信的狂怒扑向他的哲学对手们。他骂费希特和谢林是吹牛大王，骂黑格尔是江湖骗子，说黑格尔的哲学有 3/4 是胡说八道，有 1/4 是陈词滥调。不过，柏林大学哲学系还是接纳了他。

1820 年 3 月 23 日叔本华开始任教，黑格尔当天同他会面。据说，他和黑格尔之间有一场舌战，谈话是关于动物行为的有意识和无意识方面。黑格尔提出问题：如果一匹马躺在街上，那么动机是什么呢？叔本华回答：马身下的土地，加上马的疲劳，马的一种心情。假如马站在悬崖旁边，它就不会躺下去。黑格尔反驳道：您是把动物性官能也算作动机吗？那么，心脏的跳动、血液的循环等，也是由于动机而产生的吗？叔本华回答说：

人们并不把动物器官的无意识动作，而是把动物身体的有意识运动称作动物性官能。

叔本华在柏林大学任教，他向院长提出一个条件：他要在黑格尔开课的同一时间开课。院长答应了他的要求，结果令人失望：往往只有一个、两个、最多三个学生来听叔本华的课。

（一）意志和表象

像柏拉图和康德一样，叔本华把世界分成两部分：真实的、本原的世界和非真实的、现象的世界。他称前者为意志世界，后者为表象世界。

《作为意志和表象的世界》一书开宗明义的第一句话是“世界是我的表象”。在叔本华看来，人不认识什么太阳、什么地球，只是因为眼睛看见太阳、手感触着地球，太阳和地球才会存在。因此，人周围的世界只是作为人的表象而存在着。这是贝克莱的“存在就是被感知”和印度吠檀多哲学主张“物质没有独立于心的知觉以外的本质”的观点的翻版。

然而，仅仅从表象一面来考察世界是片面的，人不满足于表象，力求认识表象后面的本质。叔本华的“世界是我的表象”的命题，由他的第二个命题，即他的哲学的核心“世界是我的意志”来补充。“这世界的一面自始至终是表象，正如另一面自始至终是意志。”[①] 就人而言，他一方面是表象，是客体中的一个客体；另一方面是意志，人的意志的任何活动都立即体现为他的身体的活动，“牙齿、食道、肠的输送就是客体化了的饥饿”。意志是“一切表象，一切客体和现象，可见性，客体性之所以出。它是个别 [事物] 的，同样也是整体 [大全] 的最内在的东西，内核”[②]。

叔本华所说的意志无所不在，无论人类和动物，还是植物和无机物都有意志。不过，意志的客体化有无穷级别，在植物里的高于在石头里的，

---

① [德] 叔本华：《作为意志和表象的世界》，石冲白译，商务印书馆 1982 年版，第 28 页。
② [德] 叔本华：《作为意志和表象的世界》，石冲白译，商务印书馆 1982 年版，第 165 页。

在动物里的又高于植物里的。意志客体化的不同级别表现在无数个体中，然而它们本身在时间空间之外、常驻不变，而这些个体则有生有灭、永不常驻。“这些级别对个别事物的关系就等于级别是事物的永恒形式或标准模式。”叔本华写道：“我说‘意志客体化’的这些级别不是别的，而就是柏拉图的那些理念。”[①] 在叔本华的哲学体系中，理念位于意志和表象之间，理念是意志的直接客体化，表象（现象和事物）则是意志的间接客体化。

叔本华的意志哲学具有反理性主义和悲观主义倾向。他的意志是生命意志，“意志自身在本质上是没有一切目的，一切止境的，它是一个无尽的追求”[②]。意志是无止境的欲求，所欲求的是生命，一是维持自己的生存，二是繁衍后代。而生命意志的本质是痛苦，欲求是由于需要和缺陷，也就是由于痛苦。一旦一种欲求得到满足，另一种欲求就会产生。“人，彻底是具体的欲求和需要，是千百种需要的凝聚体。”所以，人从来就是痛苦的。如果人易于满足而缺少欲求，那么，空虚和无聊就会袭击他。“人生是在痛苦和无聊之间像钟摆一样的来回摆动着”[③]，充满了悲观主义色彩。叔本华把认识和理性说成是意志客体化发展到一定级别后的产物，是由意志产生出来的，是为意志服务的一种工具。这种观点是反理性主义的表现。

要摆脱人生的痛苦，只有两条途径：一条是自觉地否定生命意志，舍弃欲求，通过禁欲来达到永远的解脱；另一条是通过艺术。这样，对现实的艺术把握作为人的认识能力之一，有机地纳入到叔本华的形而上学结构中。

（二）艺术的救赎作用

叔本华赋予艺术以救赎作用，通过艺术的这种作用，他自觉或不自觉地把艺术家、诗人、特别是音乐家提高到人类导师的地位，他们能够帮助

---

① ［德］叔本华：《作为意志和表象的世界》，石冲白译，商务印书馆 1982 年版，第 190 页。
② ［德］叔本华：《作为意志和表象的世界》，石冲白译，商务印书馆 1982 年版，第 235 页。
③ ［德］叔本华：《作为意志和表象的世界》，石冲白译，商务印书馆 1982 年版，第 427 页。

人们摆脱一切世俗的痛苦。为什么艺术能够承担如此崇高的使命呢？叔本华确认哲学表现生活的全部智慧，哲学不是比艺术更有权承担这样的使命吗？原来，哲学诉诸概念，哲学著作无论在撰写方面，还是在接受方面都要难得多。因此，哲学的崇拜者要比艺术的崇拜者少。艺术和哲学追求同样的目的，然而艺术采用不同的认识方法，即观照。由于艺术，世界的本质特征更容易为人所理解。

在某种程度上大家都能进行审美观照，然而充分的审美观照只为创作艺术的天才所具有。叔本华认为，艺术以声音和形象表现艺术家所知觉的理念，它考察世界唯一真正本质的东西、世界各种现象的真正内蕴。“艺术复制着由纯粹观审而掌握的永恒理念，复制着世界一切现象中本质的和常住的东西”；“艺术的唯一源泉就是对理念的认识，它唯一的目标就是传达这一认识。”[①]艺术中的理念与自然和现实中的理念是同样的，它们使人产生本质上同样的愉悦。我们之所以从艺术中更容易看到理念，因为艺术家把理念从现实中剥离出来，排除了一切起干扰作用的偶然性。我们通过艺术家的眼睛看世界，认识到事物的本质。

审美观照能够使人暂时摆脱痛苦，这是审美观照的特征所决定的。所谓审美观照，有两个基本条件：一是把审美对象不是作为个别事物而是当作柏拉图的理念来认识；二是把审美主体不是当作个体而是当作认识的纯粹而无意志的主体。这两者的结合就能产生审美愉悦。由此，审美观照有两个根本特征：首先，审美观照不涉利害。叔本华明确表明：“在外来因素或内在情调突然把我们从欲求的无尽之流中托出来，在认识甩掉了为意志服务的枷锁时，在注意力不再集中于欲求的动机，而是离开事物对意志的关系而把握事物时，所以也即是不关利害，没有主观性，纯粹客观地观察事物，只就它们是赤裸裸的表象而不是就它们是动机来看而完全委心于它们时；那么，在欲求的那第一条道路上永远寻求而又永远不可得的安宁就

---

① ［德］叔本华:《作为意志和表象的世界》，石冲白译，商务印书馆 1982 年版，第 258 页。

会在转眼之间自动的光临而我们也就得到十足的怡悦了。”[①] 其次，审美观照达到物我两忘，主客交融。在审美观照中，主体上升为认识的纯粹主体，客体上升为理念，这时，作为表象的世界才圆满地实现了意志的客体性。这种客体性以同样的方式把客体和主体都包括在它自身之内，在客体性之内主客体双方完全保持着平衡：一方面，客体仅仅是主体的表象；另一方面，主体完全沉浸于被直观的对象时，就成为这对象的自身了。主体“栖息于，浸沉于眼前对象的亲切观审中，超然于该对象和任何其他对象的关系之外”[②]。

叔本华指出，各种艺术样式符合意志客体化的不同级别，即理念。建筑处于最低等级。叔本华把建筑的审美内容看作“重力和固体性之间的斗争”。固体性力图维系赋予材料的形式，而重力力图破坏这些形式。重力和固体性都是意志的客体性，它们处在矛盾之中。重力的趋向是不停地向地面挤压，而固体性则顽强地抵抗着。建筑艺术不许直接地，而只许间接地、迂回曲折地满足重力的这种趋向。例如，横梁借助圆柱才间接地落到地面，圆顶则自己负载自己，并借助一些桩子满足它指向地球的冲动。由于这种阻碍，隐藏于顽石中的那些自然力才得以明晰地、多样化地显露出来。在对建筑的审美欣赏中，材料具有重要意义，重量和固体性与材料直接相关。如果听说建筑材料是浮石，那就会立即降低我们对于这座建筑物的欣赏。

从建筑开始，叔本华依次考察了雕塑、绘画、长篇小说、史诗和悲剧。悲剧作为文艺的最高峰，在我们面前演出人类难以形容的痛苦、悲伤，它暗示着宇宙和人生的本来性质。悲剧中人们显现着同一个意志，但是这意志的各个现象却自相斗争，自相屠杀。如果建筑在最低级别上显露了意志的自我分裂和斗争，即重力和固体性之间的斗争，那么，“悲剧，也正是在意志客体化的最高级别上使我们在可怕的规模和明确性中看到意志和它自

① ［德］叔本华：《作为意志和表象的世界》，石冲白译，商务印书馆 1982 年版，第 274 页。
② ［德］叔本华：《作为意志和表象的世界》，石冲白译，商务印书馆 1982 年版，第 249 页。

己的分裂。”[①]

在叔本华的美学中，音乐占有特别重要的地位。他把音乐独立于其他一切艺术之外。首先，音乐和其他艺术的客体和目的不同。其他艺术用个别事物的表现引起人们对理念的认识，所以这一切艺术都只是间接地、凭借理念来把意志客体化了的。而音乐表现生活的本质，表现意志本身。它“跳过了理念，也完全是不依赖现象世界的，简直是无视现象世界；在某种意义上说即令这世界全不存在，音乐却还是存在；然而对于其他艺术却不能这样说。音乐乃是全部意志的直接客体化和写照，犹如世界自身，犹如理念之为这种客体化和写照一样；而理念分化为杂多之后的现象便构成个别事物的世界。所以音乐不同于其他艺术，决不是理念的写照，而是意志自身的写照，[尽管] 这理念也是意志的客体性”[②]。

其次，音乐的效果比其他艺术要强烈得多、深入得多。因为其他艺术所说的只是影子、只是现象，而音乐说的是本质。其他艺术“表示这个或那个个别的、一定的欢乐，这个或那个抑郁、痛苦、惊怖、快乐、高兴，或心神的宁静”[③]，而音乐“表示欢愉、抑郁、痛苦、惊怖、快乐、高兴、心神宁静等自身”[④]。欣赏造型艺术时，造型艺术必须激起我们的想象，使我们进入纯粹观照的状态，这是认识理念的必要条件。然而，这种状态可能不会产生。而音乐以不可言说的感人至深，“把我们最内在的本质所有一切的动态都反映出来了”。如果艺术家仅仅是审美知觉和对世界的认识之间的中介，那么，音乐家就是世界的创造者。叔本华还强调，哲学的任务在于用一些很普遍的概念全面而正确地复述和表明世界的本质，而音乐做到了这一点，所以音乐是“真正的哲学”。

在叔本华的艺术等级排列中，越能揭示意志的艺术，它的等级就越高。

---

① [德] 叔本华:《作为意志和表象的世界》，石冲白译，商务印书馆 1982 年版，第 354 页。
② [德] 叔本华:《作为意志和表象的世界》，石冲白译，商务印书馆 1982 年版，第 356—357 页。
③ [德] 叔本华:《作为意志和表象的世界》，石冲白译，商务印书馆 1982 年版，第 361—362 页。
④ [德] 叔本华:《作为意志和表象的世界》，石冲白译，商务印书馆 1982 年版，第 361、362 页。

艺术作为生活的花朵，能够带来享受，提供安慰，使人忘怀人生痛苦。然而，这种安慰只是一时的安慰，因为生存自身是不息的痛苦。

关于叔本华美学的影响，罗素说过这样一句话："他的感召力向来总是少在专门哲学家方面，而是在那些寻求一种自己信得过的哲学的艺术家与文人方面。"① 确实，叔本华对西方的作家和艺术家产生了重要的影响②，其中有德国音乐家瓦格纳、作家托马斯·曼，英国作家哈代，法国作家左拉、莫泊桑、普鲁斯特，俄国作家托尔斯泰、屠格涅夫、费特等。此外，深受叔本华哲学和美学影响的还有尼采和王国维。叔本华对瓦格纳整个生活有着根本影响。瓦格纳晚年时经常一边创作，一边阅读叔本华，叔本华在他的音乐理论和创作中留下明显痕迹。托马斯·曼的长篇小说《布登勃洛克一家》和《魔山》体现了叔本华的观点。哈代的长篇小说《德伯家的苔丝》充塞着叔本华式的语汇。屠格涅夫从 19 世纪 60 年代直到暮年都非常钟爱叔本华，他在创作《父与子》时一直在阅读《作为意志和表象的世界》。费特几乎完全接受了叔本华对世界的表述，他的抒情诗集《黄昏之火》中的很多篇章可以被看作对叔本华哲学的诗化注释。

二、日神精神和酒神精神

尼采主要的美学思想是运用日神精神和酒神精神的二元对立来阐述艺术的本质、艺术的分类和艺术的审美效果等问题。尼采（1844—1900 年）是德国哲学家、美学家和诗人。1869—1879 年任瑞士巴塞尔大学教授。1880 年 36 岁时患精神分裂症，1889 年全疯，一直到死都没有恢复理智。雅斯贝尔斯说："尼采一生的主要特色是他的脱出常规的生存。他没有现实生计，没有职业，没有生活圈子。他不结婚，不招门徒和弟子，在人世间

① [英]罗素：《西方哲学史》下卷，马元德译，商务印书馆 2017 年版，第 332 页。
② 参见金惠敏：《意志与超越：叔本华美学思想研究》，中国社会科学出版社 1999 年版，第 238—253 页。

不营建自己的事务领域。他离乡背井，到处流浪，似乎在寻找他一直未曾找到的什么。然而，这种脱出常规的生存本身就是本质的东西，是尼采全部哲学活动的方式。”[①]

尼采的主要美学著作是《悲剧的诞生》和《强力意志》（其中一章为《作为艺术的强力意志》）。尼采用深刻、精练的格言、警句进行写作，这种文体是对源于希腊罗马、后来由德国浪漫主义者加以运用的“片断”的继承和发展。尼采的著作融哲理与诗意于一体，他被称为诗人哲学家。

（一）尼采哲学的若干重要概念

尼采哲学中有三个非常重要的概念：强力意志、永恒的轮回和重估一切价值。按照海德格尔的看法，强力意志和永恒的轮回有着最为密切的联系，而这两个概念的整体就是重新评价迄今为止的一切价值。

“强力意志”的德文直译是“追求强大力量的意志”“强化力量的意志”[②]。这是在尼采创作的第三阶段即查拉图斯特拉阶段（1881—1885年）成熟为他的三个重要哲学概念之一。尼采把“强力意志”看作一切存在者的根本性质。把强力与意志联系在一起，表明强力的本质是超越已经达到的强力阶段而不断上升的。这是涵盖一切可能、突破一切障碍、由非理性的本能驱使的内在生命力。生命所要求的不是“生存竞争”，而是“强力竞争”；不是平庸的生存，而是生命力的极度张扬。尼采用强力意志来说明无机界、有机界和人类社会的一切现象，把真、善、美的评价都看作强力意志的产物。

永恒的轮回这一概念的思想踪迹发端于《悲剧的诞生》（1871年），而在《查拉图斯特拉如是说》（1885年）和《强力意志》中得到反复表述。尼采写道：“‘永恒轮回’学说，即万物的绝对和无限重复循环——查拉图斯

① 转引自周国平：《尼采：在世纪的转折点上》，上海人民出版社1986年版，第8页。
② 周国平：《尼采：在世纪的转折点上》，上海人民出版社1986年版，第71页。

特拉这一学说，最终也可以说是赫拉克利特所主张的学说。”[①] 这表明尼采的轮回学说与古希腊赫拉克利特有关。赫拉克利特主张火使万物生与灭，但是万物的轮回不是同一事物的轮回。同样，尼采的轮回也不是简单地重复自身。要理解永恒的轮回，不能脱离它与强力意志的相互关系。强力意志体现事物稳定、固定的一面，而永恒的轮回则表现事物生成的一面。生成的过程就是永恒的轮回的过程。这一永恒的过程之所以能持续下去，不是因为有什么绝对的外在的动力，而是强力意志在生命过程中不断返回自身，这一不断返回自身的运动造成永恒的轮回[②]。

尼采哲学第三个重要概念“重估一切价值”是他赋予强力意志这一思路的子标题。在尼采看来，价值是对生命的肯定，就是强力意志。以往的一切价值扼死了人的生命力，对于它们必须以强力意志为标志进行重估。重估的范围包括宗教、道德、哲学、科学、文化各个方面。现在重估的条件已经成熟，因为“上帝死了”。尼采在《快乐的知识》第 126 节“疯子”中宣称“上帝死了”，在《查拉图斯特拉如是说》中再次重申了这一命题。这一命题形象地说明了欧洲信仰的危机，把批判的矛头指向基督教，因为基督教的核心是反对生命。“上帝死了”宣告了旧秩序的衰亡，而新的秩序是人的强力意志无条件地统治地球。重估一切价值的重任将由“超人”担任，“超人是最纯粹的强力意志的最高形态”。由此可见，尼采哲学中三个最重要的概念是相互联系的，它们也体现在他的悲剧美学中。

（二）悲剧美学

尼采的悲剧美学思想主要体现在他的早期著作《悲剧的诞生》中。这部著作被称作尼采哲学的起源，尼采在与日神阿波罗的对比中对酒神狄俄尼索斯的阐述，就蕴含了他后期的强力意志理论。

---

① [德]弗里德·尼采:《权力意志——重估一切价值的尝试》，张念东、凌素心译，商务印书馆 1991 年版，第 53 页。
② 参见杜丽燕:《尼采传》，河北人民出版社 1998 年版，第 260—262 页。

阿波罗和狄俄尼索斯分别是希腊神话中的日神和酒神。希腊悲剧最早起源于对狄俄尼索斯的祭祀活动中的合唱，即《酒神颂》。《酒神颂》悲叹狄俄尼索斯在尘世遭受的痛苦，并赞美他的再生。他向人们传授了种植葡萄和酿酒的知识。人们祭祀他时，头戴常春藤冠，身穿羊皮，手拿神杖，还有人扮作森林之神西勒尼、萨梯里。这种祭祀活动逐渐变成无节制的狂欢暴饮。祭祀的中心是酒神，最初人们只是假想他在场，后来就由人来扮演他，使他的形象展现在狂欢者面前。这就是后来希腊悲剧主角的雏形。狄俄尼索斯精神是一种纵情欢乐、类似酩酊大醉的状态，阿波罗精神则是在对世界的静观默想中追求强烈而平静的乐趣。从生理心理现象上看，狄俄尼索斯精神类似于“醉”，阿波罗精神类似于“梦”。

希腊人在阿波罗身上表达了体验梦境的令人愉快的必然性。他是光明之神，一切造型力量之神，掌管着内心幻想世界的优美表象。在阿波罗的形象中不可缺少的，“这就是适度的克制，避免过分狂暴的冲动，雕塑家之神的大智大慧的静穆。他的眼睛按其来源必须是‘明如太阳’，即使他发火怒视，眼神仍是庄严的，让人觉得外表优美”①。醉的特征是激情的苏醒和高涨，“主体逐渐进入浑然忘我之境”，体验到“筋化骨酥”的狂喜。“请诸位将贝多芬的《欢乐颂》化作一幅油画，让想象力继续高扬，设想数百万人惊恐万分、浑身发抖地倒在尘土里，这样你们就能把握狄俄尼索斯的本质特征了。”②

尼采运用阿波罗和狄俄尼索斯的二元对立来阐述艺术的本质等问题。艺术的本质是对生命冲动的模仿。自然界的艺术冲动转化为艺术家的创作冲动，这种冲动是本能的、非理性的。艺术家都是模仿者，但是他们模仿的不是大自然的现象，而是“大自然的这些直接的艺术状态”③。叔本华说过，音乐不像其他艺术那样是现象的映象，而是意志本身的直接映象。尼

① ［德］尼采：《悲剧的诞生》，赵登荣等译，漓江出版社 2000 年版，第 22 页。
② ［德］尼采：《悲剧的诞生》，赵登荣等译，漓江出版社 2000 年版，第 23 页。
③ ［德］尼采：《悲剧的诞生》，赵登荣等译，漓江出版社 2000 年版，第 25 页。

采对这句话极为赞赏，认为“有了这个全部美学中的最重要的见解，美学才开始”[①]。因为这句话深刻地说明了艺术的本质。所谓意志，就是生命冲动，它通过物质的中介把自己客体化，表现为个别的事物（表象）。和探究艺术本质的其他研究者不同，尼采“把目光投射到阿波罗和狄俄尼索斯这两个希腊人的艺术神祇身上，把他们看作两个至深本质和最高目的互不相同的艺术世界的生动而形象的代表”[②]。对于日神冲动和酒神冲动，尼采并不是等量齐观的，他更看重酒神冲动。因为它“通向存在之母、万物核心”，“表明自己是永恒的、本原的艺术力量”。“尼采的二元冲动说的直接渊源是叔本华哲学，酒神冲动脱胎于作为意志的世界，日神冲动脱胎于作为表象的世界，而酒神冲动对于日神冲动的本原关系，也一如意志对于表象的本原关系。”[③]

在艺术分类方面，阿波罗艺术是造型艺术，史诗和它相接近；狄俄尼索斯艺术是非造型的音乐艺术，抒情诗和它相接近。这两种艺术的根本区别在于，造型艺术模仿自然的现象，而音乐艺术模仿自然的本原。由于模仿自然的现象，所以，“梦境的美丽表象是一切造型艺术的前提”[④]，阿波罗是“一切造型力量之神”[⑤]。对造型艺术，我们“直接领悟艺术的形象”，“种种形式本身在跟我们说话”。希腊人的眼睛“具有令人难以置信的准确可靠的立体感受能力”，对色彩有执着而真诚的爱好，理解线条、轮廓、色彩、布局的逻辑因果关系。由于音乐模仿自然的本原，所以，音乐家“完全与‘太一’、与他的痛苦和矛盾融合为一体，用音乐制作太一的临摹画，倘若音乐极其正当地被称为世界的再现、世界的重铸”[⑥]。“雕塑家及其近亲史诗诗人沉浸在对形象的纯粹观察之中。狄俄尼索斯音乐家则无任何

① ［德］尼采：《悲剧的诞生》，赵登荣等译，漓江出版社 2000 年版，第 95 页。
② ［德］尼采：《悲剧的诞生》，赵登荣等译，漓江出版社 2000 年版，第 95 页。
③ 周国平：《从酒神冲动到权力意志——尼采艺术哲学初探》，载郜元宝编：《尼采在中国》，上海三联书店 2001 年版，第 651 页。
④ ［德］尼采：《悲剧的诞生》，赵登荣等译，漓江出版社 2000 年版，第 20 页。
⑤ ［德］尼采：《悲剧的诞生》，赵登荣等译，漓江出版社 2000 年版，第 21 页。
⑥ ［德］尼采：《悲剧的诞生》，赵登荣等译，漓江出版社 2000 年版，第 38 页。

形象，他本身只是原始痛苦及其原始回响。”[1]

至于悲剧，它是阿波罗艺术和狄俄尼索斯艺术的结合。悲剧中合唱队的抒情诗是狄俄尼索斯精神的，舞台上的戏剧动作作为幻象和梦境，是阿波罗精神的。不过，“悲剧的本质只能解释为狄俄尼索斯状态的形象化显示，是音乐的可视象征，是狄俄尼索斯陶醉的梦幻世界”[2]。

在审美效果上，阿波罗艺术产生美，它激起人们对美的形式的快感，它通过对现象永恒性的赞颂克服了个体的痛苦。狄俄尼索斯艺术产生悲，它使人们体验到个体毁灭时的快乐，因为个体虽然毁灭了，意志的永恒生命并未由于它的毁灭有丝毫触动。阿波罗艺术遵守种种界限，恪守节制原则，只是“吟诵赞美诗、拨弄竖琴发出幽灵般乐声”，体现出平静、适度的特点。狄俄尼索斯艺术过度、野蛮、狂喜，“变成了能穿透一切的狂呼大叫”，具有动人心弦的震撼力。

《悲剧的诞生》不仅讨论了悲剧的诞生，而且以很大的篇幅讨论了悲剧的衰亡。导致悲剧衰亡的是希腊悲剧家欧里庇得斯的意向，那就是“剔除悲剧中原始的、万能的狄俄尼索斯因素，在非狄俄尼索斯艺术、习俗和世界观的基础上重新建立悲剧”[3]。不过，欧里庇得斯也只是一具面具，借他之口说话的是“完全新生的魔鬼”苏格拉底。尼采把希腊悲剧衰亡的原因归咎为狄俄尼索斯精神和苏格拉底精神的对立。

狄俄尼索斯精神的消失导致悲剧的衰亡，然而尼采认为，狄俄尼索斯精神会逐渐觉醒，他的时代正经历着悲剧的再生。“悲剧的诞生——衰亡——再生”符合他的永恒的轮回的原理。悲剧的再生会发生在德国，因为德意志民族具有狄俄尼索斯能力。这首先表现在从巴赫到贝多芬、从贝多芬到瓦格纳的德国音乐中。其次，德国哲学批判了苏格拉底“认为可借助因果律探究事物本质的观点”。尼采写道：“德国精神依然健康、深沉，

---

① [德]尼采:《悲剧的诞生》，赵登荣等译，漓江出版社 2000 年版，第 39 页。
② [德]尼采:《悲剧的诞生》，赵登荣等译，漓江出版社 2000 年版，第 88 页。
③ [德]尼采:《悲剧的诞生》，赵登荣等译，漓江出版社 2000 年版，第 74 页。

具有狄俄尼索斯力量，坚不可摧，犹如一位沉睡的骑士，在深不可及的深谷里酣睡。从这深谷里向我们飘来狄俄尼索斯歌声，它要让我们明白，即使现在，这位德国骑士也还以种种甜美而又严肃的幻觉做着古老的狄俄尼索斯神话之梦。”[①]

《悲剧的诞生》的主旨是把生命本能的健旺看作生活的真正意义和目的，反对理性和科学对生命冲动的压抑。尼采对理性的批判与西方的社会危机和精神危机有关。人们在科学所带来的物质文明中不能找到幸福，于是希望从内心世界中寻找生活的意义。“由理性至上一变而为贬低理性，崇尚非理性，这本身是病态社会所造成的病态发展。”不过，非理性主义美学的主要特色是对深层心理的分析或描述。“敏锐地感受到现代西方社会的精神危机，以探求人生意义为哲学使命的尼采，向人的心理生活的领域深入开掘，成为现代非理性主义哲学的鼻祖”[②]。这就是尼采美学在西方美学史上的意义。

尼采美学在西方产生了广泛的影响。他是公认的存在主义的直接先驱，存在主义美学家雅斯贝尔斯、海德格尔、萨特、加缪等都十分推崇尼采。精神分析美学的创始人弗洛伊德称尼采的一些猜测和直觉与精神分析的许多发现相同。受尼采影响的文学艺术家有茨威格、托马斯·曼、里尔克、黑塞、霍夫曼等。

尼采美学在中国的影响历程是一个意味深长的现象。1900 年尼采去世，1902 年梁启超、1904 年王国维就发表文章介绍尼采。1907 年鲁迅在《文化偏至论》中称尼采“深思遐瞩，见近世文明之伪与偏”“尊个性而张精神”，以反对“惟客观之物质世界是趋”的弊病。这段时期介绍尼采的还有陈独秀、李大钊、胡适、蔡元培、傅斯年等人。在中国现代文学家中，鲁迅和郭沫若都曾受到尼采的影响。尼采对鲁迅创作的影响主要见诸 20 世

① [德]尼采：《悲剧的诞生》，赵登荣等译，漓江出版社 2000 年版，第 140 页。
② 周国平：《尼采：在世纪的转折点上》，上海人民出版社 1986 年版，第 134—135 页。

纪 20 年代鲁迅的“彷徨”时期，瞿秋白研究过尼采对鲁迅的影响，刘半农曾以“托尼学说，魏晋文章”为鲁迅赞语。尼采对郭沫若创作的影响主要见诸《女神》[①]，在 1919 年的《匪徒颂》中郭沫若也歌颂了“倡导超人哲学的疯癫，欺神灭像的尼采”，称尼采为“学说革命的匪徒”。郭沫若翻译尼采的《查拉图司屈拉钞》（即《查拉图斯特拉如是说》）于 1928 年出版。20 世纪三四十年代我国翻译、出版了尼采的大量著作。

1949 —1979 年，我国对尼采的介绍和研究几乎完全中止。20 世纪 80 年代以后，尼采本人的著作、国外研究尼采的著作（包括得到尼采本人首肯的丹麦文学评论家勃兰兑斯的《尼采》）相继在我国或重印，或新版。在我国翻译出版的国外研究尼采的著作中，也有批判和否定尼采的著作。我国学者研究尼采的著作同样不断涌现。

① 参见闵抗生：《尼采，及其在中国的旅行》，当代中国出版社 2000 年版，第 161 —172 页。

第十八讲
俄国革命民主主义者

18 世纪 80 年代，俄国开始形成“美学作为一门独立科学”的概念。俄国读者最早从翻译著作中知道美学的存在及其特征。在 19 世纪，最重要的俄国美学家有别林斯基和车尔尼雪夫斯基。

一、“寓于形象的思维”

1838 年，别林斯基首次提出“诗是寓于形象的思维”这个定义。后来，“寓于形象的思维”被人们简称为“形象思维”。“形象思维论作为对艺术形象特征的传统解释，是与当代中国文学以及与之关系密切的苏俄文艺学基础论中争论持续最久、规模最大的论域，也是中国当代文艺学不同于西方文艺学的独特现象之一。”①

1977 年 12 月 31 日《人民日报》发表了《毛主席给陈毅同志谈诗的一封信》。这封信也刊登在《诗刊》杂志 1978 年第 1 期上。信是 1965 年写的，信中几次提到“形象思维”。信中说：“诗要用形象思维，不能如散文那样直说，所以比、兴两法是不能不用的。”“宋人多数不懂诗是要用形象思维的，一反唐人规律，所以味同嚼蜡。”

别林斯基（1811—1848 年）是 19 世纪俄国最著名的美学家和文学批评家。1834 年他发表了著名的第一篇论文《文学的幻想》。早期曾受谢林、黑格尔的影响，后来逐渐摆脱他们的影响，转向唯物主义和革命民主主义，成为俄国现实主义美学和文艺批评的奠基人。他毕生以文艺批评活动反对沙皇农奴制度，积劳成疾，病逝时仅 37 岁。他的重要美学论著除了《文

① 尤西林：《形象思维论及其 20 世纪争论》，《文学评论》1995 年第 6 期。

学的幻想》外，还有《论俄国的中篇小说和果戈理君的中篇小说》(1835年)、《智慧的痛苦》(1840年)、《1846年俄国文学一瞥》(1847年)。

(一)“运动的美学”

“运动的美学”是别林斯基在19世纪30年代中期提出的重要概念，它指“把理论运用到实践上去”的艺术批评，又指艺术批评是不断发展和前进的，“为科学收集新的素材，新的资料。这是一种不断运动的美学”①。提出这个概念的时候，别林斯基还是谢林和黑格尔的信徒。然而，他与先验哲学相矛盾，主张美学理论不应先验地构建，而应建立在艺术创作本质所产生的规律的基础上。

19世纪40年代初期，别林斯基认识到黑格尔方法论的进步性，同时认识到他的哲学的唯心主义局限性，以及解决某些美学问题的抽象思辨性。别林斯基认为，以黑格尔的方法为依据，可以推翻从他的哲学中产生出来的错误结论。别林斯基主张哲学应该告别学者的象牙之塔，“回到生活中去”。而左翼黑格尔派已经开始把理论知识和生活实践结合起来。别林斯基指出，美学不应该把艺术看作“某种假定的东西”，“某种只能在它的理论中实现的东西”。相反，美学对于自己的对象是第二性的，美学的存在多亏自己的对象。艺术作为美学的对象，不是像谢林和黑格尔所阐述的那样从先验哲学体系中推导出来的。这种观点别林斯基在19世纪30年代就提出过：“并非科学创造艺术，而是艺术创造了特殊的科学——美学理论；因此，艺术只有当它忠实于自己，不是忠实于科学，即使忠实于科学，也是忠实于它自己所创造的科学的时候，才是真实的，典雅的。”② 美学应该研究艺术现实，不仅如此，它还要研究艺术与其他意识形式，包括哲学、政治、意识形态的深刻联系，不仅研究艺术作品“内在生活的规律”，而且研究它的社会存在的规律。也就

① ［俄］《别林斯基选集》第1卷，满涛译，上海译文出版社1963年版，第323—324页。
② ［俄］《别林斯基选集》第1卷，满涛译，上海译文出版社1963年版，第347—348页。

是说，美学要研究艺术创作的社会决定性和社会功用。美学的价值由它对生活的关系来检验，理论问题的重要性取决于它们对现实的关系。

艺术的生活决定性促使别林斯基思考艺术与现实的关系问题。这个问题包括两个方面：第一是艺术和生活的关系，这是本体论方面；第二是艺术作品与形成它的内容的那种现实的关系，这是认识论方面。从本体论层面看，生活永远高于艺术，因为艺术只是无数的生活现象之一。从认识论层面看，艺术对生活的关系是第二性的，艺术形象地再现无限深刻、无限丰富的生活。但是，艺术对生活的再现不是简单的复制，它摒弃了偶然因素，显示了必然性。同时，艺术家加工、分析他所选择的素材，按照自己的理想评价作品中的人物、事件。这样，艺术所反映的现实更加真实、审美上更加丰富，现实高于艺术的原则绝不贬低艺术的价值。

运动的美学是艺术观和哲学观的结合，它在分析艺术发展所提供的事实的基础上构建理论，这种理论导致“新知识的发现、知识范围的扩展或者知识的完全改变”。研究艺术现实的途径和方式的多样性是运动的美学的特点，这种特点促使别林斯基一次次地转向最现实的问题。运动的美学不同于思辨的美学，它形成了别林斯基著作的风格。

（二）“熟悉的陌生人”

“熟悉的陌生人”是别林斯基提出的关于典型的著名命题。他在《论俄国中篇小说和果戈理君的中篇小说》中写道：“创作独创性的，或者更确切点说，创作本身的显著标志之一，就是这典型性——如果可以这样说的话，——这就是作者的纹章印记。在一位具有真正才能的人写来，每一个人物都是典型，每一个典型对于读者都是熟悉的陌生人。”[1]“熟悉的”是共性，“陌生人”是个性，“熟悉的陌生人”是共性和个性的辩证统一。关

① ［俄］《别林斯基选集》第1卷，满涛译，上海译文出版社1963年版，第191页。原译中的“似曾相识的不相识者”改译为“熟悉的陌生人”。

于这一点，别林斯基在以后的著作中说得更明确。“什么叫做作品中的典型？——个人，同时又是许多人，一个人物，同时又是许多人物，也就是说，把一个人描写成这样，使他在自身中包括着表达同一概念的许多人，整类的人。”“典型性是创作的基本法则之一，没有典型性，就没有创作。”“在创作中，还有一个法则：必须使人物一方面是整个特殊的人物世界的表现，同时又是一个人物，完整的、个别的人物。只有在这条件下，只有通过这些对立物的调和，他才能够是一个典型人物……”例如，“奥瑟罗是一个典型，是这些忌妒的人的整个范畴、整个类、整个部分的代表”。他作为典型，又是一个个性。“奥瑟罗们无论何时何地都曾经有过，而且现在也还会有，不过以别种形式出现罢了”①。

在上述引文中，别林斯基谈到典型是共性和个性两种“对立物的调和”，这不应理解为两者的折中共处，而应理解为它们融为一体，成为“感性显现中的概念”。别林斯基写道：“每一部艺术作品都是某种单独的、特殊的东西，但却渗透着普遍内容——概念。在艺术作品中，概念和形式必须有机地融合为一，像灵魂和肉体融合为一一样，以致消灭形式也就等于消灭概念，反之亦然。艺术的本质是普遍事物和特殊事物的平衡，概念和形式的平衡。在艺术中，形式占第一位，因此，一切都包含在形式中；它不应该是表达概念的外部手段，却必须是感性显现中的概念本身。”②“在典型中，包含着两个极端——普遍事物和特殊事物——的有机融合的胜利。”③

在艺术作品中，不仅人物应该是典型的，而且事件和环境也应该是典型的。比如，长篇小说作为我们时代的长篇史诗，要把日常的、平淡无奇的生活现象加以理想化，归结成为普遍的典型。“作为艺术作品来看，长篇小说的任务，就是要从日常生活和历史事件中剔除一切偶然的东西，渗透到它们的隐秘的核心——那生气蓬勃的概念中去，使表面的和分散的东西

---

① ［俄］《别林斯基选集》第2卷，满涛译，上海译文出版社1979年版，第25页。
② ［俄］《别林斯基选集》第3卷，满涛译，上海译文出版社1980年版，第200—201页。
③ ［俄］《别林斯基选集》第3卷，满涛译，上海译文出版社1980年版，第204页。

成为精神和智慧的容器。”[①] 典型中的共性不是抽象的教条，而是“生气蓬勃的概念”和“永久的实质力量”。长篇小说价值的高低在于它以个别形象显现这种基本概念的深浅，以及表现力的强弱。

在现实主义美学中，典型性是和真实性紧密地联系在一起的。既然艺术是对生活的再现，那么，“忠实于现实生活”就是衡量艺术作品价值高低的主要标准。艺术真实既包括艺术素材的真实，又包括艺术家的思想和感情的真实。在西方美学史上，别林斯基第一次系统地阐述了现实主义美学的理论。他在《文学的幻想》中论述了俄国文学从 18 世纪的古典主义、感伤主义到 19 世纪初期的浪漫主义和现实主义的发展历程，强调文学的“民族独创性”在于“对俄国生活场景的忠实描绘”，从而表明了文学的民族性和现实主义的内在联系。在《论俄国中篇小说和果戈理君的中篇小说》中，别林斯基初步提出了现实主义理论。在他看来，诗可以分为联想的诗和现实的诗，彼此不分轩轾。然而，现实的诗更符合俄国时代的精神和需要。现实的诗要求“十足的生活真实”，比如果戈理的创作把生活当作“一幅真正的肖像画，十分逼真地抓住一切，从人物的表情直到他脸上的雀斑”。

1837—1838 年，别林斯基接受了黑格尔“一切现实的都是合理的，一切合理的都是现实的”的命题，认为俄国农奴制是现实的，也就是合理的，因而一度与现实妥协。后来他转到否定农奴制的革命民主主义立场上来，强调现实主义小说对社会生活的批判性。

现实主义美学确认“哪里有生活，哪里就有美”。生活表现是无限丰富的，艺术素材也就取之不竭。然而，艺术家应该发现日常生活中具有审美意义的东西，洞察生活的本质，形象地再现典型现象。同时，现实主义不是对生活作无动于衷的展示，而是“对生活的判断、分析，因而是对社会的批判”。现实主义者不仅描写个别人物，而且描写社会环境。丑化人的个性的恶“不存在于人中间，而存在于社会中间”，因此必须以一切手段

---

① [俄]《别林斯基选集》第 3 卷，满涛译，上海译文出版社 1980 年版，第 25 页。

谴责使人畸形的社会基础。现实主义小说的目的是“对现代社会作艺术分析”，它多半带有社会性。

在《1846年俄国文学一瞥》和《1847年俄国文学一瞥》中，别林斯基论述了以果戈理为代表的“自然派”的形成过程和特征，发展和深化了批判现实主义理论。他指出“自然派”作家的主要任务是“使个别人和整个集团产生新的和自觉的信念”，而实现这个目的的最有效的手段，是全面地分析和无情地批判农奴制现实，揭示其中或显或隐的丑恶和矛盾。

（三）形象思维概念的来源

别林斯基是西方美学史上最早阐述形象思维的美学家，虽然他没有直接使用“形象思维”的术语，他通常的用法是“寓于形象的思维”，然而后来流行的“形象思维”的见解大都依据别林斯基。黑格尔《美学》中译本第1卷第6页提到的“形象思维”在原文中只是“形成”“完形”或“构成形体”的意思[①]。

别林斯基在《〈冯维辛全集〉和札果斯金的〈犹里·米洛斯拉夫斯基〉》（1838年）一文中首先提出“诗是寓于形象的思维”的定义。后来，他多次阐述过这个观点。在《智慧的痛苦》（1840年）中他写道：“诗人用形象思索；他不证明真理，却显示真理。”[②] 在《艺术的概念》（1841年）中他写道：“艺术是对于真理的直感的观察，或者说用形象来思维。”[③] 并认为这个定义包含着全部艺术理论：艺术的本质，它的分类，以及每一类的条件和本质。在《1841年的俄国文学》（1842年）中别林斯基重申：“诗人忍受不了抽象概念：他在创作的时候，是用形象来思维的，而任何形象，只有当它明确而且完全被人所认识时，才是美丽的。”[④]

---

① 参见中国社会科学院外国文学研究所外国文学研究资料丛刊编辑委员会编：《外国理论家作家论形象思维》，中国社会科学出版社1979年版，第4页。

② ［俄］《别林斯基选集》第2卷，满涛译，上海译文出版社1979年版，第96页。

③ ［俄］《别林斯基选集》第3卷，满涛译，上海译文出版社1980年版，第93页。

④ ［俄］《别林斯基选集》第3卷，满涛译，上海译文出版社1980年版，第279页。

在运用形象思维概念时，别林斯基有时是给艺术下定义，有时则是谈艺术创作过程。在谈艺术创作过程时，他生动地描述了形象思维的运作特点。他把创作过程分为三个阶段：在第一个阶段中，艺术家感到创作的要求。这种要求的来临是突然的、出乎意料的。创作的要求引来一种概念，它隐藏在艺术家的灵魂里，占据它，压迫它。对于这种概念，"艺术家不是有所抉择地、而是不由自主地摄取它，不是作为思辩（辨）理智的对象摄取它，而是对它那深刻神秘的意义充满着战栗的预感"[①]。为了使这一概念变得可被触知，艺术家感到十分痛苦。在第二个阶段，艺术家把概念保持在自己感情的幽秘殿堂里，像母亲肚子怀着胎儿一样。这个概念逐渐显现在他眼前，化为生动的形象，它们挨次地怀胎、成熟、显现，艺术家"已经可以数清他们衣服上的褶襞，他们额上的犁刻着热情和痛苦的皱纹"。艺术家所抓取的特征不是像某些美学家所设想的那样，"是散处自然界、为了按照预定的尺度构成特定的典型才收集在一起的"[②]。在第三个阶段，艺术家把能看见并了解的形式赋予创作。

由此可见，形象思维是和想象、情感密切地联系在一起的。"创作的主要的显著的标志，就是神秘的灼见，诗的梦游病。"[③]艺术家的创作行为是无目的而又有目的，不自觉而又自觉。"当诗人创作的时候，他想在诗的象征中表现某种概念，因而他是有目的，并且自觉地行动着的。可是，不管是概念的抉择或是它的发展，都不依存于他那被理智所支配的意志，因而他的行动是无目的的和不自觉的。"[④]

在运用形象思维的概念给艺术下定义时，别林斯基旨在比较艺术和科学的区别。他在生前最后一篇论文《1847年俄国文学一瞥》中的一段话常被援引："人们看到，艺术和科学不是同一件东西，却没有看到，它们之间

① [俄]《别林斯基选集》第1卷，满涛译，上海译文出版社1963年版，第178页。
② [俄]《别林斯基选集》第1卷，满涛译，上海译文出版社1963年版，第179页。
③ [俄]《别林斯基选集》第1卷，满涛译，上海译文出版社1963年版，第178—179页。
④ [俄]《别林斯基选集》第1卷，满涛译，上海译文出版社1963年版，第180页。

的差别根本不在内容，而在处理特定内容时所用的方法。哲学家以三段论法说话，诗人则以形象和图画说话，然而他们说的都是同一件事。”[①] 在相当长的时期内，这种观点发生了重要影响。美学家们把艺术的内容和整个现实的内容相等同，从而把艺术的内容和科学、政治、道德等的内容相等同，主要从艺术和其他社会意识形式的相同方面去研究艺术。这种观点的局限性在于，仅仅满足于艺术应该怎样去反映、用什么方法去反映现实生活这个问题，而忽视艺术中可能反映现实生活的什么东西的问题。也就是说，仅仅把艺术形式的美看作艺术的特征，而无视艺术内容的特征，无视艺术对象的特征。实际上，艺术的特性不仅取决于反映的形式，而且也取决于所反映的客体本身的特点。不但如此，对象还决定着反映的形式。

二、“美是生活”

“美是生活”是车尔尼雪夫斯基在《艺术对现实的审美关系》中提出的著名定义。车尔尼雪夫斯基（1828—1889年）是俄国革命民主主义者、哲学家、美学家和作家。1855年发表学位论文《艺术对现实的审美关系》。1856年主持《现代人》杂志，该杂志成为传播革命思想的讲坛。1862年被沙皇政府逮捕，关入彼得—保罗要塞。在两年拘留期间，写出了长篇小说《怎么办？》，后被判处14年苦役并被流放西伯利亚直到1887年，实际上他从被捕开始到流放结束长达25年。他的主要美学著作有《艺术对现实的审美关系》《俄国文学中的果戈理时期概论》《莱辛，及其时代、生平和活动》。《艺术对现实的审美关系》由周扬根据英译本译成中文于1942年在延安出版（译名从英译本为《生活与美学》），1947年和1949年又在香港和上海重印，曾在我国产生广泛影响，并对20世纪50—60年代我国文艺政策的制定产生重要作用。

---

① 中国社会科学院外国文学研究所外国文学研究资料丛刊编辑委员会编：《外国理论家 作家论形象思维》，中国社会科学出版社1979年版，第79页。

（一）美学观点

车尔尼雪夫斯基的著作《艺术对现实的审美关系》具有强烈的争论性，作者把批判的矛头直指在俄国流行的黑格尔美学观点。由于书报检查的原因，书中不便提及黑格尔的名字，于是用黑格尔派美学家费舍尔作为靶子。车尔尼雪夫斯基摒弃了黑格尔的唯心主义观点，却对他的辩证方法作出高度评价。不过，车尔尼雪夫斯基在这部著作中的主要目的不是批判唯心主义美学，而是建立新的美学体系。他认为一切美学问题是从一个根本问题，即艺术对现实的审美关系中产生出来的。他把“尊重现实生活，不信先验的假设”看作“现在科学中的主导倾向”，并认为“假如美学还有谈论的价值的话”，也应该符合这种倾向。

车尔尼雪夫斯基美学建立在唯物主义哲学和民主主义理想的基础上。他的美学思想与他的社会政治思想有机地结合在一起。在社会政治思想方面，车尔尼雪夫斯基坚决反对沙皇专制制度，鼓吹农民革命，主张建立共和国。在法国革命和乌托邦著作的影响下，他产生了乌托邦社会主义的理想，这在长篇小说《怎么办？》中得到明显的反映。在哲学思想方面，他是费尔巴哈人类学唯物主义的信徒，写有《哲学中的人类学原理》一书。他自称写作《艺术对现实的审美关系》的目的，“就是一个应用费尔巴哈的思想来解决美学的基本问题的尝试”[①]。不过，正如车尔尼雪夫斯基美学的研究者指出的那样，他的美学已不是简单地转述费尔巴哈的观点，而超出了人类学原则，包含着生活发展的若干规律；并且，他还依据了本国特别是别林斯基的哲学和美学遗产。

对于“美是生活”的定义，车尔尼雪夫斯基作出具体说明，“任何事物，凡是我们在那里面看得见依照我们的理解应当如此的生活，那就是美

---

① ［俄］车尔尼雪夫斯基：《艺术与现实的审美关系》（即《艺术对现实的审美关系》），周扬译，人民文学出版社 1979 年版，第 3 版序言第 4 页。

的；任何东西，凡是显示出生活或使我们想起生活的，那就是美的”[①]。这则定义的最大价值是以人类学原则为基础，力图寻求自然界和社会生活各个领域中美的现象的统一的客观本质，那就是对象的人的、社会的意义。“人是最高级的生物，人的个性是世界中最高的美”，其他等级的美之所以具有意义，因为它们“暗示了人或使我们想起人”。

我们先看自然界中的美。如果我们把美理解为“生活的丰满”，我们就必须承认，充满整个自然界的那种对于生活的意向也就是产生美的意向。“既然我们在自然界一般地只能看出结果而不能看出目的，因而不能说美是自然的一个目的，那末我们就不能不承认美是自然所奋力以求的一个重要的结果。这种倾向的无意图性（das Nichtgewolltsein）、无意识性，毫不妨碍它的现实性，正如蜜蜂之毫无几何倾向的意识性，植物生命之毫无对称倾向的意识性，毫不妨碍蜂房的正六角形的建筑和叶片的两半对称型一样。”[②] 自然事物对称、比例、和谐的美是由自然界对于生活的意向产生的。我们喜欢新鲜、茂盛和形状多样的植物，因为这些植物显示着力量横溢的蓬勃的生命。植物的响声、树枝的摇荡、树叶的经常摆动，都使我们想起人类生活来。动物界的美也都表现着人类关于清新刚健的生活概念。总之，“自然界的美的事物，只有作为人的一种暗示才有美的意义”[③]。

我们再看社会生活中的美。按照车尔尼雪夫斯基的观点，在社会生活中，人们的审美概念与他们的经济和生活方式具有紧密的因果联系。在劳动人民看来，面色鲜嫩红润、体格均衡、身体健康的少女是美的，因为这些属性“永远是生活富足而又经常地、认真地、但并不过度地劳动的结果”，人们的“生活”概念总是包括劳动概念在内。而上流社会的美女就

① ［俄］车尔尼雪夫斯基：《艺术与现实的审美关系》，周扬译，人民文学出版社 1979 年版，第 6 页。
② ［俄］车尔尼雪夫斯基：《艺术与现实的审美关系》，周扬译，人民文学出版社 1979 年版，第 43 页。
③ ［俄］车尔尼雪夫斯基：《艺术与现实的审美关系》，周扬译，人民文学出版社 1979 年版，第 10 页。

完全不同，手足纤细被认为是美的，因为这是上流社会觉得唯一值得过的生活，即没有体力劳动的生活的标志。红润的脸色和饱满的精神对于上流社会的人仍然是有魅力的，但是病态、委顿、慵倦在他们心目中也有美的价值，那是奢侈的无所事事的生活的结果。上流社会美女的慵倦和苍白是她们“生活了很多”的标志。另外，每个真正有教养的人都会感觉到真正的生活是思想和心灵的生活。这样的生活在面部表情特别在眼睛上打下烙印，往往一个人只因为有一双美丽的、富于表情的眼睛就是美的。

同时，车尔尼雪夫斯基肯定了美的历史相对性。人们说：“生活向前突进，在它的奔流中把现实的美卷走了。”对于这种说法车尔尼雪夫斯基作出解释：“但是我们的愿望也在随着生活一同向前突进，即是说，改变内容；因此，由于美的现象要消失而觉得惋惜，是荒唐的。——它完成了它的工作之后，就要消失，今天能有多少美的享受，今天就给多少；明天是新的一天，有新的要求，只有新的美才能满足它们。”[①]

“美是生活”的定义在很大程度上由俄国革命民主主义者的任务所决定，车尔尼雪夫斯基利用美学概念阐述了这种任务，并以人类学原理证明实行变革的必要性。从广义上讲，生活是美好的（“活着到底比不活好”，“但凡活的东西在本性上就恐惧死亡，惧怕不活，而爱活”），然而，社会现实却不符合我们关于生活的概念，因此，应该为建立我们“所喜欢的那种社会”而斗争。

除了美以外，车尔尼雪夫斯基还研究了崇高、悲、喜等审美范畴。他批判了“崇高是观念压倒形式”和“崇高的本质在于能唤起‘无限’的观念”两条关于崇高的定义，指出“更大得多，更强得多”是崇高的显著特点：“一件事物较之与它相比的一切事物要巨大得多，那便是崇高”。“一件东西在量上大大超过我们拿来和它相比的东西，那便是崇高的东西；一种现象较之我们拿来和它相比的其他现象都强有力得多，那便是崇高的现

① ［俄］车尔尼雪夫斯基：《艺术与现实的审美关系》，周扬译，人民文学出版社 1979 年版，第 46 页。

象。”[①] 这则定义仅仅从数量上来确定崇高的特征，忽视了崇高的社会内容。

在对黑格尔悲剧观念的批判中，车尔尼雪夫斯基没有理解黑格尔悲剧冲突的深刻含义，而把悲剧定义为“人生中可怕的事物”，“人的苦难或死亡”，“无论人的苦难和死亡的原因是偶然还是必然，苦难和死亡反正总是可怕的。”它们“使我们充满恐怖和同情”[②]。这是以抽象的人类学原理来理解人和人的斗争的结果。对于喜，车尔尼雪夫斯基论述得很简略，他采用了传统的解释，喜是“形象压倒观念”。“换句话说，即是：内在的空虚和无意义以假装有内容和现实意义的外表来掩盖自己”[③]。

（二）艺术是对现实的再现

“艺术是对现实的再现”是车尔尼雪夫斯基全部艺术理论的出发点。他明确地指出，“艺术的第一个目的就是再现现实”。“艺术的第一个作用，一切艺术作品毫无例外的一个作用，就是再现自然和生活。”[④]

车尔尼雪夫斯基所说的“再现”与德谟克利特、柏拉图和亚里士多德所说的“mimēsis”相类似，他认为这个词后来被不恰当地译为“模仿”。“模仿”“限制了这个概念的范围，使人误认为这是外形的仿造，而不是内容的表达”。再现和新古典主义的模仿的区别在于，前者传达原物的主要特征，后者则把一切细枝末节都描绘得清清楚楚，却没有传达出主要的、最富于表现力的特征。

在阐述艺术再现现实时，车尔尼雪夫斯基强调艺术再现的广泛性：“艺术的范围并不限于美和所谓美的因素，而是包括现实（自然和生活）中一切

① ［俄］车尔尼雪夫斯基：《艺术与现实的审美关系》，周扬译，人民文学出版社 1979 年版，第 17 页。
② ［俄］车尔尼雪夫斯基：《艺术与现实的审美关系》，周扬译，人民文学出版社 1979 年版，第 30 页。
③ ［俄］车尔尼雪夫斯基：《艺术与现实的审美关系》，周扬译，人民文学出版社 1979 年版，第 31 页。
④ ［俄］车尔尼雪夫斯基：《艺术与现实的审美关系》，周扬译，人民文学出版社 1979 年版，第 86 页。

能使人——不是作为科学家，而只是作为一个人——发生兴趣的事物；生活中普遍引人兴趣的事物就是艺术的内容。”① 艺术家不能囿于个人感情的小圈子，应该描写“普遍引人兴趣的事物”。艺术的范围包括人对客观世界中对象和事物的关系、人的内心生活以及人的幻想生活。这无疑是正确的。不过，车尔尼雪夫斯基对再现的理解也有片面性。他认为艺术再现的美仅仅是充当现实的替代物。在他看来，现实美高于艺术美，艺术再现现实的目的并不是因为现实本身不够美，而只是使人人都能随时欣赏现实美。艺术和现实的关系犹如印画与它所由复制的原画的关系。与现实相比，艺术显得拙劣、粗糙和苍白。另外，车尔尼雪夫斯基不承认建筑是艺术，它认为建筑只是人类实际活动的一种。这也是不正确的。

既然艺术再现人的生活，而科学也研究人的生活，那么，车尔尼雪夫斯基像别林斯基一样，把艺术与科学相比较，肯定它们共同的认识作用。在比较艺术和历史时，车尔尼雪夫斯基指出：“艺术对生活的关系完全像历史对生活的关系一样……历史的第一个任务是再现生活；第二个任务……是说明生活……对于艺术也可以同样地说。”② 说明生活就是阐述生活的意义，更好地理解生活，这是艺术的第二个作用。在说明生活时，艺术不同于历史的地方在于，它“永远必须用鲜明清晰的形象来表现事物的主要特征”③，“艺术不是用抽象的概念而是用活生生的个别的事实去表现思想”④，这是艺术胜过现实的地方，因此一切偶然性的因素在艺术中都被省略了。这里涉及典型的问题，典型化是艺术形象地认识现实的手段。

在论述典型问题时，车尔尼雪夫斯基批判了类型化的创作方法。他写

---

① [俄] 车尔尼雪夫斯基：《艺术与现实的审美关系》，周扬译，人民文学出版社 1979 年版，第 91 页。
② [俄] 车尔尼雪夫斯基：《艺术与现实的审美关系》，周扬译，人民文学出版社 1979 年版，第 98 页。
③ [俄] 车尔尼雪夫斯基：《艺术与现实的审美关系》，周扬译，人民文学出版社 1979 年版，第 95 页。
④ [俄] 车尔尼雪夫斯基：《艺术与现实的审美关系》，周扬译，人民文学出版社 1979 年版，第 92 页。

道："人们通常说：'诗人观察了许多活生生的个人；他们中间没有一个可以作为完全的典型；但是他注意到他们中间每一个身上都有某些一般的、典型的东西；把一切个别的东西抛弃，把分散在各式各样的人身上的特征结合成为一个艺术整体，这样一来，就创造出了一个可以称为现实性格的精华的人物。'假定这一切是完全正确的，而且总是如此的吧；但是事物的精华通常并不像事物的本身：茶素不是茶，酒精不是酒；那些'杜撰家'确实就是照上面所说的法则来写作的，他们给我们写出的不是活生生的人，而是以缺德的怪物和石头般的英雄姿态出现的、英勇与邪恶的精华。"[①] 在类型化中，共性高于个性。按照这种方法创作出来的小说中，充满了专门谈恋爱的少男少女、只发议论的老人、只宠爱孙儿的祖母，等等。而典型是"活生生的人"，是"一个真实人物的形象"，其中个性高于共性。

艺术的第三个作用是对生活作判断。所谓对生活作判断，就是艺术家按照自己的主观思想对客观现实作出评价。"艺术的主要作用是再现现实中引起人的兴趣的事物。但是，人既然对生活现象发生兴趣，就不能不有意识或无意识地说出他对它们的判断；诗人或艺术家不能不是一般的人，因此对于他所描写的事物，他不能（即使他希望这样做）不作出判断；这种判断在他的作品中表现出来，就是艺术作品的新的作用，凭着这个，艺术成了人的一种道德的活动。"[②] 艺术家对生活作判断的时候，不能偏执于现实的某些方面，应该关注同时代人感兴趣的问题，关注生活所提出的主题。他对生活作判断的高度智慧来自对现实的观察。由于艺术再现生活，说明生活，并对生活作判断，那么，它就成为生活的教科书。这是艺术的第四种作用。车尔尼雪夫斯基美学强调了艺术的社会作用，艺术的崇高使命在于造就精神丰富、道德完善和审美发达的个性。

---

① ［俄］车尔尼雪夫斯基：《艺术与现实的审美关系》，周扬译，人民文学出版社 1979 年版，第 72 页。
② ［俄］车尔尼雪夫斯基：《艺术与现实的审美关系》，周扬译，人民文学出版社 1979 年版，第 96 页。

后记

在“文化大革命”后恢复研究生招生第一年的1978年，我考取了北京大学的研究生，这是我研究西方美学史的发端。1962—1968年我在北京大学读本科，那时北大文科学制5年、理科6年，由于“文化大革命”，我们的学制延长了一年。1963年我读大二时，在学校新华书店里见到了朱光潜先生刚出版的《西方美学史》(上卷)(人民文学出版社版)，这是我国第一部西方美学史著作，我迫不及待地买下。57年前买到这部书的欣欣然有喜色，迄今仍然记忆犹新。我根本没有想到，15年后我有幸成为朱先生的研究生，并且是他的关门弟子。

朱先生虽然是我国著名的美学家，但是他的本职工作却是北大西语系英语专业的教授，长期给高年级学生讲授翻译课。他是我国两位英语一级教授之一(另一位是南京大学原副校长范存忠)。1978年北大西语系英语专业招收4个方向的研究生：英国文学、美国文学、英语语言和西方文艺批评史。朱先生招收西方文艺批评史方向的研究生，实际上也就是西方美学史方向的研究生。我考的就是这个方向的研究生。所以，从事西方美学史研究应该是我最正宗的专业方向。

我在研究生毕业23年后才出版了《西方美学史》(北京大学出版社2004年版，2013年学林出版社出版了精装本)。北京大学资深教授叶朗在他的《美学原理》一书(北京大学出版社2009年版)中列举了“主要参考书目”，共9种，其中西方美学史两种，一种是朱光潜的《西方美学史》，另一种就是我的《西方美学史》(见《美学原理》第453页)。我的著作能够和自己的研究生导师的著作列在一起，我深感荣幸。

我原来并没有打算写《西方美学史》，因为独自撰写这样的著作有难度，2000 多年的西方美学史中重要人物很多，有的是我熟悉的，有的是不那么熟悉的，而写通史，就不能回避。我萌生撰写《西方美学史》的想法，是在 2001 年参加时任中国社会科学院副院长汝信主编的 4 卷本《西方美学史》的写作后。这是国家社科基金项目。在汝信手下工作，我感到很愉快，汝信夫妇还特地设宴款待我们。根据汝信的安排，我和徐恒醇撰写第一卷《古希腊罗马至中世纪美学》。徐恒醇是李泽厚的研究生，我们有过多次合作。在这一卷中，我写古希腊罗马美学，徐恒醇写中世纪美学，该书 2005 年由中国社会科学出版社出版，61.6 万字。

在写作过程中，我注意美学思想演进的内在逻辑，在写书的同时，发表了一些论文，如《希腊美学思想的演进》《希腊罗马和中世纪美学的几个关节点》《希腊化和罗马美学思想的演进》等。古希腊美学经历了早期、过渡期和鼎盛期三个发展阶段，在这三个相互衔接和承续的发展阶段中，古希腊美学思想呈现出某种演进的轨迹。早期希腊美学是宇宙学美学，把造型明确、几何形体固定的宇宙看作最重要的审美对象。过渡期希腊美学是人本主义美学，它思考的主要对象不是人的自然环境和宇宙，而是人和人的生活、主体、意识和自我意识问题，从对自然的研究转向对人和社会的研究。而柏拉图和亚里士多德把早期希腊的宇宙学美学和过渡期的人本主义美学有机地结合起来，从而把希腊美学推向鼎盛期。

写完希腊罗马美学后，我有了写作的冲动，想接下去写完西方美学史。恰巧我们同一届英国文学研究生、香港城市大学讲座教授张隆溪邀请我于 2003—2004 年去香港城市大学做客座研究员，提供优惠待遇，不要求我做任何工作，让我一心一意撰写《西方美学史》，这大大加快了我的写作进度。

在撰写《西方美学史》时我所追求的目标是“说清楚”。说清楚是理论深化的一种重要途径。后人应该在前人的基础上，把学术研究引向深入。

20 世纪初期，德国马堡新康德主义学派首领那托尔卜的希腊哲学史著作出版后，德国哲学史家策勒尔 19 世纪末期的希腊哲学史著作就显得有些幼稚。同样，那托尔卜 1914 —1921 年的希腊哲学史著作出版后，他本人于 1903 年出版的希腊哲学史著作就显得有些幼稚。这表明希腊哲学史有很大的阐释空间。较为晚近出版的著作之所以比先前出版的著作优秀一些，很重要的一点是因为在理论阐述上说得更清楚了。我的《西方美学史》有一些说得更清楚的具体例子。

波埃修是中世纪美学家，他曾被投入监狱，在狱中他写下了最后一部著作《哲学的安慰》。这样阐述读者自然是清楚的。如果把他的这部书和另一位中世纪美学家奥古斯丁的《忏悔录》相比较，进而指出：这两部书都是具有诗意风格的哲学著作，这两部具有世界性影响的著作都是人的心灵真诚的、坦率的流露。这样讲了读者就会更清楚。如果再进一步指出：所不同的是，奥古斯丁寻求灵魂的拯救，而波埃修只对理想的善和实际的恶之间的矛盾进行哲学阐述。《忏悔录》使读者震颤和激动，《哲学的安慰》则使躁动不安的读者获得哲学的宁静。这样的比较研究会使读者更清楚。

出版单位希望我以《西方美学史》为基础，写作《西方美学通识课》，要求做到通俗、生动、有很强的可读性。根据出版单位的要求，我在写作本书时所悬的目标是：在讲清楚西方美学史的主要内容时，要让没有读过美学著作、但是有一定文化修养的读者，能够比较轻松地、基本上无障碍地阅读本书。轻松阅读是本书追求的目标。本书利用了我的《西方美学史》《古希腊罗马至中世纪美学》《美学十五讲》的材料，其中，《美学十五讲》由北京大学出版社于 2003 年出版，迄至 2020 年累计印刷 25 次。敬请读者对本书提出宝贵意见。

凌继尧

2020 年冬于南京